MODERN HUMANITIES RESEARCH ASSOCIATION
CRITICAL TEXTS
VOLUME 56

Francisco Delicado,
Retrato de la Loçana andaluza

MODERN HUMANITIES RESEARCH ASSOCIATION
CRITICAL TEXTS

The MHRA Critical Texts series aims to provide affordable critical editions of lesser-known literary texts that are out of copyright or are not currently in print (or are difficult to obtain). The texts are taken from the following languages: English, French, German, Italian, Portuguese, Russian, and Spanish. Titles are selected by members of the distinguished Editorial Board and edited by leading academics. The aim is to produce scholarly editions rather than teaching texts, but the potential for crossover to undergraduate reading lists is recognized.

Editorial Board
Chair: Dr Claire White (University of Cambridge)
English: Professor Justin D. Edwards (University of Stirling)
French: Dr Claire White (University of Cambridge)
Germanic: Professor Ritchie Robertson (University of Oxford)
Hispanic: Professor Ben Bollig (University of Oxford)
Italian: Professor Jane Everson (Royal Holloway, University of London)
Portuguese: Dr Stephen Parkinson (University of Oxford)
Slavonic: Professor David Gillespie (University of Bath)

texts.mhra.org.uk

Francisco Delicado,
Retrato de la Loçana andaluza

Estudio y edición crítica de Rocío Díaz Bravo

Modern Humanities Research Association
Critical Texts 56
2019

Published by

*The Modern Humanities Research Association
Salisbury House
Station Road
Cambridge CB1 2LA
United Kingdom*

© Modern Humanities Research Association 2019

Rocío Díaz Bravo has asserted her right under the Copyright, Designs and Patents Act 1988 to be identified as the author of this work. Parts of this work may be reproduced as permitted under legal provisions for fair dealing (or fair use) for the purposes of research, private study, criticism, or review, or when a relevant collective licensing agreement is in place. All other reproduction requires the written permission of the copyright holder who may be contacted at rights@mhra.org.uk.

First published 2019

ISBN 978-1-78188-245-0

ÍNDICE

Introducción   1
  1. El "Retrato" de *La Loçana andaluza* y de su autor, Francisco Delicado   1
  2. La lengua y la literatura españolas en la Italia plurilingüe del siglo XVI   4
      2.1. Espacio comunicativo: el plurilingüismo en la Italia del siglo XVI   5
      2.2. Reimpreso "en la nuestra lengua Romance Castellana, que ellos llaman española, que cassi pocos la ygnoran": prestigio y difusión de la lengua y la literatura españolas en la Italia del siglo XVI   6
      2.3. "Y contiene munchas más cosas que la Celestina": la literatura española en la imprenta veneciana y su recepción en la Italia del siglo XVI   7
  3. La ortografía elocuente: la escritura encaminada hacia la voz   9
  4. "Compuse La Loçana en el común hablar de la polida Andaluzía": el español de Andalucía en el debate lingüístico del Siglo de Oro   11
      4.1. El espacio variacional. El debate lingüístico en el español del Siglo de Oro   12
      4.2. La valoración de Delicado acerca de las variedades del español y del español hablado en Andalucía   13
  5. El retrato de "lo que oý y vi"   16

Criterios de edición   23

Retrato de la Loçana andaluza   27
  \<Dedicatoria\> (a un "Illustre señor")   29
  "Argumento en el qual se contienen todas las particularidades que á de auer en la presente obra"   29

<Retrato> ... 31
    <Parte prima> (mamotretos I — XXIII) ... 31
    Parte secvnda (mamotretos XXIV — XL) ... 83
    Parte tercera (mamotretos XLI — LXVI) ... 123

<Apología> ("Cómo se escusa el Autor en la fin del Retrato de la Loçana, en laude de las mugeres") ... 175
  <Éxplicit o Tabla> ... 177
  <Epístola del Autor> ... 177
  "Carta de excomunión contra vna cruel donzella de sanidad" ... 179
  "Epístola de la Loçana a todas las que determinauan venir a uer Canpo de Flor en Roma" ... 182
  <Epílogo> ("Digressión que cuenta el autor en Venecia") ... 183

Bibliografía ... 185
  Ediciones del *Retrato de la Loçana andaluza* ... 185
  Ediciones de otras obras escritas o revisadas por Delicado ... 186
  Referencias bibliográficas ... 186

Tabla de personajes ... 191

A mis padres, Isabel y José María

ACKNOWLEDGEMENTS

I would like to express my gratitude to all the people and institutions that have contributed to this volume, especially, the academics Chris Pountain, Carla Perugini, Alex Samson and Kormi Anipa, for their invaluable comments and suggestions; the members of staff of the Austrian National Library, for their assistance with the illustrations published in this edition; Junta de Andalucía and University College London, for the funding provided; the MHRA editors Gerard Lowe and Alison Finch, for their constant support and always helpful advice. Finally, my warmest thanks to my parents, to whom this book is dedicated.

Rocío Díaz Bravo

INTRODUCCIÓN

1. El "Retrato" de *La Loçana andaluza* y de su autor, Francisco Delicado

El *Retrato de la Loçana andaluza* (en adelante, RLA) es una obra literaria compuesta en Roma por Francisco Delicado alrededor de 1524[1] y publicada de manera anónima en Venecia unos años después, probablemente hacia 1530[2] (Ugolini 1974-1975: 459). El único ejemplar[3] existente, en el que se basan todas las ediciones modernas, se conserva en Viena, en la Biblioteca Nacional de Austria.

Como indica el título, su autor realiza un retrato de su protagonista, la prostituta Loçana, y también de los numerosos personajes (139) que pueblan la Roma multicultural y plurilingüe anterior al saqueo de 1527. La "lengua hablada", o más exactamente su mímesis literaria, constituye un elemento central del retrato, pues Delicado caracteriza lingüísticamente tanto personajes como situaciones comunicativas e imita los mecanismos y estrategias de la dialogicidad oral, para aportar verosimilitud a la obra. El autor, corrector de libros en Venecia, poseía una fuerte conciencia lingüística, que le permitía distinguir los rasgos lingüísticos de andaluces, italianos, judíos, etc. Esta imitación de la inmediatez comunicativa es siempre una simulación (Oesterreicher 2004a: 756), basada a veces en estereotipos.

La complejidad estructural y discursiva del RLA lo convierte en una fuente excepcional para el estudio de la variación lingüística. Está constituido por 66 mamotretos (capítulos) distribuidos en tres partes, precedidos por una Dedicatoria y un Argumento, y seguidos por varios textos epilogales (cf. Damiani y Allegra 1975: 54-62, 421-42):

---

[1] Aunque posteriormente revisada, pues Delicado añadió, a modo de vaticinios, referencias al Saco de Roma (1527-1528).

[2] Los críticos proponen como fechas 1528-1530. Perugini (2004: XVI-XIX) defiende que existió una edición anterior, hoy perdida, y probablemente publicada unos meses antes que la única edición antigua conservada, considerada unánimemente como la príncipes.

[3] Consta de 12 cuadernos, indicados con sendas letras mayúsculas (A, B, C, D, E, F, G, H, J, K, L, M), y un último grupo de 6 folios dobles, indicado por N. Cada uno de estos cuadernos está numerado, sistemáticamente, en el segundo folio recto, mediante la mencionada letra mayúscula seguida de <ii> (<A ii>, <B ii>, etc.), lo cual presupone una numeración implícita desde <A i r> hasta <N vi v>. En total, de acuerdo con la foliación moderna, son 54 folios rectos (r) y 54 folios vueltos o versos (v), es decir, 108 páginas.

Estructura del *Retrato de la Loçana andaluza*	Variedades discursivas
<Dedicatoria> (a un "Illustre señor")	Epístola formal
<Argumento> ("Argumento en el qual se contienen todas las particularidades que á de auer en la presente obra")	Argumentación
<Retrato> (3 partes, 66 mamotretos)	Narración, monólogo y diálogo
<Apología> ("Cómo se escusa el Autor en la fin del Retrato de la Loçana, en laude de las mugeres")	Argumentación
<Éxplicit o Tabla>	Exposición
<Epístola del Autor>	Epístola formal
<Carta de excomunión> ("Carta de excomunión contra vna cruel donzella de sanidad")	Epístola formal
<Epístola de Lozana> ("Epístola de la Loçana a todas las que determinauan venir a uer Canpo de Flor en Roma")	Epístola informal
<Epílogo> ("Digressión que cuenta el autor en Venecia")	Epístola informal

TABLA 1. Variedades discursivas de las distintas partes del RLA

En la Dedicatoria, además de solicitar el favor del "Illustre señor" para "publicar el retrato de la señora Loçana", manifiesta su voluntad de realizar un retrato –acogiéndose a la *auctoritas* de Juvenal, que también "escriuió lo que en su tiempo pasaua", y Cicerón– por dar placer a los lectores y como consuelo por el dolor de la enfermedad que padece, la sífilis. El Argumento nos muestra a un autor con clara conciencia de su condición de artista que, amparándose nuevamente en los clásicos (Séneca, Eschines, Demóstenes), así como en sus propios argumentos, defiende su derecho de elección y decisión sobre su obra. Plantea otra vez el asunto del retrato e insiste en el tópico del retrato-pintura-barniz.

El Retrato[4] presenta una rica variedad de tipos discursivos: narraciones, diálogos estrechamente vinculados a la situación comunicativa, descripciones de las calles y casas de Roma, de sus habitantes y transeúntes... En estas conversaciones conocemos múltiples acciones (compras, alquileres...) y elementos de la cotidianidad (gastronomía, sexo...) de la Roma del primer cuarto del XVI. Estas acciones suceden tanto en espacios públicos –calles, plazas–, como privados (la casa), e incluso íntimos. Lo componen 66 mamotretos, distribuidos en tres partes. En la primera (23 mamotretos) se presenta a la protagonista, Aldonça, niña–joven cordobesa, que al quedar huérfana de padre,

---

[4] Me refiero con esta palabra, en mayúscula, al Retrato propiamente dicho, es decir, al núcleo central de la obra: los 66 mamotretos.

viaja con su madre por distintos pueblos y ciudades de Andalucía. Termina en Sevilla con una tía-alcahueta, donde conoce al mercader Diomedes, y escapa con él a Cáliz (Cádiz), después a Levante y otros puntos del Mediterráneo y de Europa: itinerarios –como casi todo en el RLA– cargados de dobles sentidos. Tras la separación de Diomedes, ya convertida en Lozana, llega a Roma, conoce a Rampín –quien, tras una noche apasionada, se convertirá en su pareja (criado ante los demás)– y se acomodan en una casa que les proporciona el corredor judío Trigo. En la segunda parte, (mamotretos XXIIII al XL), Lozana, plenamente integrada en la ciudad, conoce a numerosos y variados personajes con los que entabla vivos diálogos y experimenta múltiples situaciones que constituyen el núcleo de la obra y un fresco extraordinario de la Roma prostibularia en los años anteriores al saqueo de 1527. Al final de la tercera parte, en el mamotreto 66, Lozana decide abandonar Roma, mudar su nombre por el de Vellida y marcharse –eso declara al menos– a la isla de Lípari.

Tras el *Finis* que cierra los mamotretos, figuran la Apología en "laude de las mugeres" y el Éxplicit o Tabla, donde el autor nos informa del número de personajes de la obra, del significado de *mamotreto* y de los nombres de la protagonista. La Epístola del Autor o Epílogo consta de dos partes: en la primera se evocan los trágicos sucesos del Saco de Roma con un lenguaje lleno de tópicos, de tono muy distinto al resto de la obra; la segunda es una especie de Dedicatoria dirigida ahora al "señor Capitán del felicíssimo exército imperial". La "Carta de excomunión contra vna cruel donzella de sanidad" es un texto poético que aparentemente no guarda relación con el resto de la obra, a no ser que la destinataria –aunque existen pocos argumentos para creerlo– fuera la propia Lozana. Se trata, como señala Perugini (2004: 55), de una parodia religiosa, "que mezcla un título paródicamente cristianizante con un contenido pagano, pues los dioses invocados pertenecen todos al panteón clásico". Tras la Carta, figura una "Epístola de la Loçana" dirigida a sus iguales para avisarlas de la penosa situación de Roma, devastada tras el saqueo. Cierra la obra una "Digression que cuenta el autor en Venecia" en la que explica su salida "de Roma a diez días de febrero" (de 1528) y las razones o necesidades por las que dio "este retrato a vn estanpador por remediar" sus dificultades económicas.

Los datos que tenemos sobre el autor del RLA son muy escasos, la mayoría procedentes de sus propias obras. Nació en Córdoba (como su padre), aunque se crio en la Peña de Martos (el pueblo de su madre) (mamotreto XLVII). Emigra a Italia después de 1492, fecha del edicto de expulsión de los judíos[5]. Se ordenó sacerdote (desconocemos si antes o después de su marcha a Italia, de la que carecemos de datos específicos). Compaginó el sacerdocio con la escritura (como autor, editor y corrector). Caben pocas dudas de su condición

---

[5] Mucho se ha escrito sobre su posible ascendencia judía (véanse, entre otros, Márquez Villanueva 1973; Allaigre 1995).

de humanista. Tras el saqueo de los soldados españoles en Roma, se traslada a Venecia temiendo posibles represalias. Allí, sin otro medio de subsistencia, se dedica al trabajo de corrector de imprenta y como tal se ocupa de la edición de obras exitosas de la literatura española: *Tragicomedia de Calisto y Melibea* (1531, 1534), *Amadís de Gaula* (1533) y *Primaleón* (1534), y posiblemente también *Cárcel de Amor* (1531) y *Cuestión de Amor* (1533) (cf. Perugini 2004: XVII, LXXIV). Delicado añadió a los textos que editó prólogos, colofones y guías de pronunciación que demuestran su preocupación por la correcta pronunciación del español y su interés tanto por cuestiones relativas a la enseñanza del español para italianos, como por asuntos de norma y variación lingüística.

Aunque debe su fama al RLA, es autor también de diversas "obras menores": un tratado de medicina titulado *El modo de adoperare el legno de India occidentale* (Roma, 1526; Venecia[6], 1529), sobre la curación de la sífilis –enfermedad que él padeció, a la que también dedica *De consolaçione ynfirmorum*, hoy perdida–; y una obra de carácter devoto –*Spechio vulgare per li sacerdoti* (1525)–, de la que solo se conserva una reproducción del frontispicio en el estudio de su biógrafo Ugolini (1974-1975). Delicado escribe en latín, italiano y español. Para escribir su RLA elige la lengua española, consciente de que el español ya se ha consolidado como lengua de la literatura, así como del prestigio de la literatura española en Italia. Por todo ello, podemos afirmar que nuestro autor poseía la conciencia lingüística propia del autor literario y que está próximo al nivel de conciencia lingüística[7] de quien se ocupa de estudiar y reflexionar sobre la lengua.

2. La lengua y la literatura españolas en la Italia plurilingüe del siglo XVI

"De Roma a Venetia"
(frontispicio RLA)

Roma constituye tanto el espacio comunicativo de la mayor parte de la obra, como el lugar de composición de la misma (explícito desde el frontispicio: "Conpuesto en Roma"). El Retrato comienza en Andalucía (mamotretos I-IV) y termina, según anuncia el título del último mamotreto y reitera el autor en la Apología y en el Éxplicit, en Lípari, aunque la acción del mamotreto LXVI no lo refleja así. Las palabras del frontispicio "De Roma" "A Venetia" indican la trayectoria de Delicado y quizá también la de Lozana y Rampín, que viajan en una góndola rumbo a Venecia. Cabe suponer que "llegaron allí como personajes de la obra que Delicado llevó consigo" (Surtz 1992: 181), metáforas "de la composición literaria como un viaje" y del libro como barco o nave

---

[6] Solo se conservan copias de la edición veneciana.
[7] Sobre el concepto de *conciencia lingüística* en la Edad Moderna, véase Gauger (2004). Véase también un estudio sobre la conciencia lingüística de Delicado en Díaz-Bravo (2010a: 140-56).

(Surtz 1992: 182). Por tanto, es posible que Lozana acabe en Venecia (Perugini 2004: 343), como ocurre en su propio sueño.

El RLA circularía primero en Roma en versión manuscrita destinada a la lectura en voz alta entre grupos de amigos que obtendrían "plazer" (Dedicatoria) al leer-oír cosas de amor (cf. Bubnova 2008: xiv). Posteriormente, gracias a su publicación en la imprenta veneciana (1528–1530?), tendría una recepción mucho más amplia que incluiría otras ciudades italianas, especialmente aquellas bajo dominio español (Nápoles) o con fuerte presencia española.

2.1. Espacio comunicativo: el plurilingüismo en la Italia del siglo XVI

Tanto en Roma como en la llamada *Italia Española*[8] se hablaban[9] numerosas lenguas y variedades dialectales en la época en la que fue compuesto el RLA. Debido a la dominación aragonesa (siglos XIII-XV), y posteriormente española, en Cerdeña, Sicilia y el sur de Italia, el catalán (especialmente en Cerdeña) y, más adelante, el castellano, "asumieron importantes funciones en el ámbito de la distancia comunicativa[10], como lengua de la cancillería y, a partir del Siglo de Oro, también de la literatura. El italiano, también presente, no llegó a conquistar en estas zonas todo el ámbito de la distancia hasta el siglo XVIII" (Koch y Oesterreicher 2007: 322–23). En este contexto plurilingüe, el español ocupa un lugar privilegiado. Aspecto clave de este plurilingüismo es la masiva presencia de españoles de diferentes estratos sociales y oficios (Oesterreicher 2004b: 232).

En el resto de Italia, el español tuvo también bastante relevancia. Se han señalado como focos de la influencia española en Italia a Roma y Venecia (de carácter cultural), Nápoles y Milán (de carácter político) (Lucía Megías 1996: 8). La influencia del español no se circunscribía al mundo cortesano, sino también a otros ámbitos como la cultura y el comercio.

En 1492, a raíz del edicto de expulsión, empezaron a llegar "naves cargadas de judíos, provenientes unos de Sicilia y otros de España", que se establecieron en las ciudades italianas (Croce 2007: 135). En el RLA, el barrio romano de Pozo

---

[8] Desde el punto de vista lingüístico, podemos definir la *Italia Española* como el espacio comunicativo en el que las variedades italianas (toscano, napolitano, sardo, etc.) estuvieron en contacto con el catalán y el español, en un amplio periodo que comprendería desde 1282 hasta 1734 –periodo en que territorios de la Italia actual estaban bajo el dominio de la Corona de Aragón y, posteriormente, de la Corona Española (cf. Gruber 2013: 282, Kefrel 2013: 1–2).
[9] Véase Kefrel, Oesterreicher y Schwägerl-Melchior (eds.) (2013).
[10] Véase Koch y Oesterreicher (2007: 33–34) sobre los conceptos de *distancia comunicativa* o *escrituralidad concepcional* (estandarizada, usada en asuntos oficiales, generalmente escrita) e *inmediatez comunicativa* u *oralidad concepcional* (no estándar, usada en contextos de informalidad, generalmente oral en el sentido de realizada en el medio fónico).

Blanco está habitado por judíos españoles[11]. En Roma, donde Delicado compuso su RLA, hubo una fuerte presencia española, claramente reflejada en la obra. Los cálculos de la población española en Roma oscilan entre un tercio y un quinto (Gruber 2013: 283). La vida cultural de Venecia, lugar de publicación del RLA, "estaba marcada por el contacto con los españoles y su lengua" (Gruber 2013: 283).

2.2. Reimpreso "en la nuestra lengua Romance Castellana, que ellos llaman española, que cassi pocos la ygnoran": prestigio y difusión de la lengua y la literatura españolas en la Italia del siglo XVI

> "todos aquellos a quien plaze el romance castellano,
> por ser tan pelegrina lengua"
> ("Prohemio del corigidor delas letras mal endereçadas", *Amadís*)

El español se convierte en una lengua de comunicación internacional bajo el reinado de Carlos V, para quien lengua y poder van unidos. Nebrija así lo había afirmado en la célebre y casi profética frase de su *Gramática Castellana* (1492: 1r): "siempre la lengua fue compañera del imperio". Encontramos testimonios de la difusión y prestigio del español en numerosos textos literarios publicados en Italia en lengua original. En el propio RLA existen ejemplos y referencias a italianos que hablan español: "AUTOR: [...] ytaliano es, mas bien habla español y es mi conoçido" (mamotreto LXIII). Se refiere a Penacho, criado de Monseñor. También hallamos un valioso testimonio de su difusión en el "Prohemio del corigidor delas letras mal endereçadas" (*Amadís*), donde afirma Delicado: "No solamente españoles la tienen de leer, mas los latinos, italianos diuersos, toscanos, tudescos, franceses, ingleses, Vngaros & Portugueses y, finalmente, todos aquellos a quien plaze el romance castellano, por ser tan pelegrina lengua", es decir, una lengua que se expande más allá de sus fronteras. Delicado es consciente de que el romance castellano se ha convertido en una lengua de comunicación supranacional. Marcio, en el *Diálogo de la lengua*, corrobora el prestigio del español: "como buen cortesano quiriendo del todo entenderla (porque como veis ya en ytalia assi entre Damas como entre Caualleros se tiene por gentileza y galania saber hablar Castellano)" (Valdés 1535?: 36).

Las palabras de Delicado en los colofones a sus ediciones venecianas de la *Celestina* (1531, 1534) constituyen testimonio directo del conocimiento y prestigio del español y la literatura española:

> El libro presente, agradable a todas las estrañas naciones fue enesta ínclita ciudad de Venecia reimpresso [...] a petición y ruego de muchos magníficos señores desta prudentíssima señoría y de otros munchos forasteros los

---

[11] En el RLA aparecen quince personajes judíos/conversos, cinco de los cuales son españoles (cf. Díaz-Bravo 2010a: 694–706).

quales [...] mucho la tal comedia amen, máxime *enla nuestra lengua Romance Castellana, que ellos llaman española, que cassi pocos la ygnoran: y porque en latín ni en lengua ytaliana, no tiene ni puede tener aquel impresso sentido* que ledio su sapientíssimo auctor, y también *por gozar de su encubierta doctrina* encerada debaxo de su grande y marauilloso ingenio.
(Colofón de la *Tragicomedia de Calisto y Melibea*, Venecia, 1531 y 1534).

El plurilingüismo receptivo (Schwägerl-Melchior 2013) –comprensión mutua entre hablantes de lenguas similares genéticamente emparentadas–, favorecido por el plurilingüismo del espacio comunicativo de la Italia Española desde finales del XIII, constituye una clave de lectura importante para comprender la comunicación italo-española en la Italia del XVI. Desde esta perspectiva se pueden interpretar las palabras de Marcio en el *Diálogo de la lengua* ("como buen cortesano quiriendo del todo entenderla") (Valdés 1535?: 36), así como del propio Delicado en el citado colofón de la *Celestina* ("que casi pocos la ygnoran[12]"). En definitiva, a los numerosos españoles residentes en Italia y a los italianos que sabían hablar español, debemos añadir una gran parte de la población italiana, capaz de entender la lengua española gracias a su semejanza con el italiano y a la situación de contacto lingüístico prolongado durante siglos.

Podemos concluir que el prestigio y difusión de la lengua y la literatura españolas, junto al auge de la imprenta, propiciaron la publicación en Italia de numerosas obras literarias en español y son factores determinantes para conformar el espacio comunicativo de la Italia del XVI.

2.3. "Y contiene munchas más cosas que la Celestina": la literatura española en la imprenta veneciana y su recepción en la Italia del siglo XVI

Como acabamos de ver, los lectores potenciales de obras en español eran muy numerosos[13]. El auge de la imprenta veneciana en el siglo XVI favoreció la publicación de obras literarias españolas –entre ellas, las que corrigió Delicado– en versión original[14]. En Venecia se publicaban obras que podemos considerar *best sellers* de la literatura española y que representaban "una inversión segura" (Bognolo 2012: 245). Los principales factores que contribuyeron a la impresión de obras literarias españolas en la imprenta veneciana y al éxito de la literatura

---

[12] Véase Gruber (2013: 294), que aporta diferentes testimonios para justificar que "la repetida aserción (Delicado, Alessandri y Miranda) de que ya casi todos los italianos hablaban y entendían español es un tópico".
[13] Véase Bognolo (2012: 244): "Hay que tener en cuenta que en el momento de la eclosión de la imprenta buena parte de Italia era española. En la península italiana la convivencia de españoles e italianos era habitual: en la Nápoles aragonesa, en la Roma de los Borja y en los ducados de Ferrara, Mantua y Milán los lectores potenciales en castellano eran innumerables."
[14] Véanse Bognolo (2012) y Pallotta (1991), que ofrecen un análisis sobre el libro español y la literatura española en la imprenta de Venecia del siglo XVI, respectivamente.

española en el primer tercio del siglo XVI fueron los siguientes:

* el plurilingüismo (incluido el receptivo), así como la difusión y prestigio del español;

* el auge de la imprenta veneciana;

* el aumento de la lectura de libros en lenguas vernáculas (especialmente en italiano, pero también en español), que propició un nuevo tipo de lectores[15] (que leían en lenguas vernáculas y por placer);

* la colaboración entre el librero Giovan Battista Pedrezzano y los hermanos impresores Giovanni Antonio y Stefano Nicolini da Sabbio (Bognolo 2012: 246) –con los que trabajó Francisco Delicado como corrector–, todos interesados en publicar obras literarias españolas en lengua original.

Venecia, considerada el mayor centro italiano de impresión de libros en español durante el XVI (Pallotta 1991: 21), desempeñó un papel muy relevante tanto en la recepción de obras literarias españolas como, sobre todo, en su difusión (Maravall 1976: 160). Los impresores italianos eran conscientes de la existencia de un público amplio de lectores en español: cortesanos españoles e italianos, españoles residentes en el Reino de Nápoles[16] y en Roma, y judíos asentados en diferentes puntos de Italia tras ser expulsados de la Península Ibérica. De hecho, la mayoría de los libros españoles impresos en Venecia se exportaban fuera del territorio veneciano (Pallotta 1991: 21). Pallotta (1991: 26) destaca la correlación entre el éxito de obras españolas como la *Celestina* y el establecimiento de comunidades sefardíes en Italia[17] tras su expulsión en 1492, o la posterior llegada en 1510 de un gran número de conversos (o supuestos conversos) perseguidos por la Inquisición.

El subtítulo que aparece en el frontispicio del RLA "y contiene munchas más cosas que la Celestina" funciona como recurso publicitario para captar la atención de un público hispano-italiano, ya que la *Tragicomedia de Calisto y Melibea* empezó a conocerse en Italia por el nombre de la *Celestina* a partir de la reimpresión de Alfonso Ordóñez (1519), mientras que en España se usó el título original hasta la edición de Alcalá de Henares de 1569 (Hernández 1974: 128-29).

---

[15] Cf. Richardson (1994: 90-108).

[16] Con respecto al Reino de Nápoles debe destacarse la presencia de tres españoles de gran relevancia para la difusión de la cultura y la literatura españolas en la Italia del XVI: Garcilaso, Torres Naharro y Juan de Valdés. Ello, unido a la presencia de numerosos españoles de diferentes clases sociales, contribuyó a que Nápoles se convirtiera en un mercado importante para los impresores de textos españoles, muchos de los cuales se publicaban en Venecia (Pallotta 1991: 24-25).

[17] Los judíos españoles se establecieron en Roma, Nápoles, Ferrara, Ancona, Pesara y otras ciudades en las que cultivaron su lengua y costumbres (Pallotta 1991: 26).

3. La ortografía elocuente: la escritura encaminada hacia la voz

"Por poder dar solaçio y plazer a letores y audientes" (Epístola del Autor)

Los numerosos "tratados" de pronunciación que se escribieron en los siglos XVI y XVII, como explica Frenk (1983: 550, 2005: 87), "nos dicen que la escritura estaba encaminada hacia la voz, y ésta hacia quienes debían escucharla; que se escribía teniendo en mente a un lector que pronunciaba lo que leía y a unos oyentes que querían entenderlo". El término *lector* poseía diversas acepciones (Frenk 1999: 20): 'el que leía en voz alta' y 'el que escuchaba leer', es decir, designaba también al receptor de esas "lecturas", al oyente o conjunto de oyentes. "El "Prólogo al Lector" de muchos impresos tiene en mente a un oyente o "audiente", como lo llama Francisco Delicado en la Epístola del Autor que acompaña al RLA" (Frenk 1999: 20).

Delicado, como corrector de imprenta[18] en Venecia, poseía una elevada conciencia lingüística interna[19], que manifiesta de manera especial en aspectos fónicos. Su labor[20] incluía la incorporación de prólogos, colofones y otros textos a las obras literarias de las que se ocupó. Entre ellos, deben destacarse los opúsculos de pronunciación que añadió a sus ediciones venecianas del *Amadís de Gaula* (1533), *Primaleón* (1534) y *Tragicomedia de Calisto y Melibea* (1534), los cuales prueban la importancia que el "Delicado corretor" (como él mismo se autodenomina) concedía a la correcta pronunciación. Son breves tratados de fonética contrastiva en los que expone "las principales letras o sílabas en que discrepa la pronunciación Spañola dela ytaliana", "las quales ha de auertir cada uno que querrá leer corretamente el Spagnol".

Estos tratados de pronunciación que acompañaban a obras de éxito de la literatura española, preparados para la imprenta veneciana, desde la que se difundían a un amplio público español, pero también italiano, no deben interpretarse solo como "reglas de ortografía castellana y de fonética contrastiva con el italiano" (Perugini 2004: XXXV), sino, sobre todo, como instrucciones para una correcta pronunciación del español a la hora de leerlas en voz alta. No podría tener otro sentido que unas normas de pronunciación española acompañaran a textos literarios que iban a ser leídos ante un público de "letores y audientes" italianos o españoles residentes en Italia: la pronunciación correcta

---

[18] Véase el estudio de Trovato (1998: 131-65), con un análisis detallado sobre el trabajo de corrector y otros profesionales de la imprenta en los siglos XIV y XV.

[19] Es decir, relacionada con aspectos intrínsecos de la propia lengua, según sus distintos niveles lingüísticos: fonético-fonológico, léxico-semántico, morfosintáctico (cf. Gauger 2004).

[20] Su trabajo de corrector incluía no solo la corrección ortográfica, sino también cuestiones que exigían un profundo conocimiento de otros niveles de la lengua (morfosintáctico y léxico) y de la existencia de diferentes variedades, registros y estilos, como demuestra el propio Delicado en los prólogos y colofones que añadió a sus ediciones venecianas.

es necesaria para la comprensión de la obra por parte del público.

Defendemos, por tanto, que la configuración gráfica del texto del único ejemplar antiguo del RLA está conscientemente concebida teniendo en cuenta su modo de transmisión, la lectura en voz alta de un lector ante unos oyentes. Los argumentos que nos permiten fundamentar esta hipótesis son los siguientes:

1) La unión[21] no casual de palabras, realizada de manera consciente[22], pues:

* Las palabras unidas, con frecuencia, constituyen un sirrema[23] (por ejemplo: *putauieja, consugloria, desdechiquita, paraseruir*).

* La ausencia de espacios entre palabras se traduce en la lectura en voz alta como ausencia de pausas, imposibles en el interior de un sirrema.

* La mayoría de las palabras están unidas por la necesidad de apoyo acentual, como ocurre en la cadena hablada.

* La extensión de las palabras unidas nunca supera las ocho sílabas, extensión habitual (cf. Navarro 1948: 46; Quilis 1999: 418) del grupo fónico español.

Asimismo, el interés de Delicado en unir palabras está justificado por sus dificultades económicas. Él mismo reconoce en la "Digressión que cuenta el autor en Venecia", tras su huida a esta "ínclita[24] çibdá" debido al Saco de Roma, que se vio "obligado" a publicar el RLA:

> "Y esta neçessidad me conpelió a dar este retrato a vn estanpador por remediar mi no tener ni poder, el qual retrato me valió más que otros cartapacios que yo tenía por mis legítimas obras." (Epílogo).

Para abaratar el coste de su libro, Delicado podría haber intentado reducir el número de folios mediante la unión de palabras, al tiempo que ayudaba a los posibles "letores" que pronunciarían la obra en voz alta. No incluir la tabla (es decir, el índice) –como explica en el Éxplicit: "No metí la tabla, aunque estaua hecha, porque esto basta por tabla"– puede deberse a las prisas por publicar el RLA y a su intención de reducir el número de folios. Y lo mismo cabe decir sobre el cambio de tipo y tamaño de letra a partir del tercer folio. Asimismo, los grabados poseen decoración floral en los dos primeros cuadernos (A y

---

[21] No es significativa la unión de palabras que suelen escribirse juntas en los textos de aquella época (palabras átonas, monosílabos, contracciones arcaicas o poéticas). Lo que sí constituye una llamativa originalidad en el texto del RLA es la unión de palabras no pertenecientes a ninguno de estos casos, muchas de ellas unidas como se pronunciarían en la cadena hablada (Díaz-Bravo 2010a: 165).

[22] Para un análisis más detallado, véase Díaz-Bravo (2010a: 157–75), que aporta numerosos ejemplos para demostrar que la unión de palabras en la configuración del texto se había realizado de manera consciente.

[23] Quilis (1999: 372) define *sirrema* como "agrupación de dos o más palabras que constituyen una unidad gramatical, unidad tonal, unidad de sentido, y que, además, forman la unidad sintáctica intermedia entre la palabra y la frase". Asimismo, considera que "las palabras que constituyen un sirrema permanecen siempre íntimamente unidas, no permitiendo la realización de una pausa en su interior".

[24] 'Ilustre'.

B), pero a partir del cuaderno C deja de usarse esta ornamentación. Como afirma Perugini (2004: LXV), "la decoración es muy pobre: las letras capitales, menos una "I" inicial, no tienen ningún elemento ornamental y los marcos que encuadran las xilografías son de un único tipo muy modesto y repetitivo".

2) La selección de grafías contextuales[25] puede estar condicionada por el valor fonético de dichas grafías (*v*- inicial tiene valor oclusivo [b] y la -*u*- intervocálica tiene valor fricativo [β]). Dicha selección facilitaría la correcta lectura de su obra a los posibles lectores italianos, para los que la distinción entre las variantes fonéticas fricativa y oclusiva pasaría desapercibida. En los siglos XVI y XVII, la ortografía no solo atañía a la escritura, sino también y de manera especial a la lectura, pues el modo habitual de esta no era, como hoy, la silenciosa[26], sino la lectura en voz alta ante unos oyentes.

Todo esto demuestra la elevada conciencia lingüística de Delicado y la importancia que le concedía a la correcta pronunciación de sus textos. Por ello, podemos concluir, tomando prestado el sugerente sintagma usado por Margit Frenk (1983), que la escritura de Delicado es una *ortografía elocuente*, determinada por su conciencia lingüística, por la conciencia de la lectura en voz alta de las obras, es decir, de su realización oral: una escritura, por tanto, "encaminada hacia la voz" (Frenk 1983: 550; 2005: 87).

4. "Compuse La Loçana en el común hablar de la polida[27] Andaluzía": el español de Andalucía en el debate lingüístico del Siglo de Oro

Para valorar la variación lingüística existente en el RLA, es necesario entender el espacio variacional[28] –que se estructura en las tres conocidas dimensiones diatópica o geográfica, diastrática o social y diafásica o contextual– del castellano[29], ya considerado sinónimo de *español*[30] en la época en que Delicado escribe su obra, así como el debate lingüístico acerca de nuestra lengua en el Siglo de Oro. La norma toledana se erigió como modelo de prestigio: como

---

[25] Véase Díaz-Bravo (2010a: 160–65).
[26] Véase Saenger (1997), que explica los orígenes de la lectura silenciosa, su conexión con la separación de palabras en la escritura (y otras indicaciones como la puntuación o el uso de mayúsculas que facilitan una lectura más rápida) y los procesos cognitivos involucrados en este modo de lectura; frente a la lectura en voz alta o apagada, en la que la comprensión del mensaje se decodifica de manera fonética basándose en la memoria oral, tal y como hacían en la época clásica al leer textos latinos y griegos escritos en forma de *scritura continua*.
[27] "Agraciado y de buen parecer" (DLE, s.v. *pulido*).
[28] Sobre el concepto de *espacio variacional*, véase Oesterreicher (2002: 276–77).
[29] Sobre los nombres de nuestra lengua, *castellano* y *español*, desde una perspectiva diacrónica y en su marco literario, ideológico y político, véase Mondéjar (2002).
[30] Según Gauger (2004: 683): "En el Siglo de Oro, el castellano se hizo español. Castellano y español se convierten en sinónimos […]. Las demás formas del español […] se convierten en variantes diatópicas de la lengua española o castellana."

lengua de la distancia o formalidad, y también como lengua de la inmediatez comunicativa o informalidad; la variedad de Castilla la Nueva no estaba marcada diatópicamente ya desde fecha temprana (Koch y Oesterreicher 2007: 208).

4.1. El espacio variacional. El debate lingüístico en el español del Siglo de Oro

Esta época, en la que el castellano se va expandiendo como lengua del cada vez mayor imperio español, coincide con el interés creciente de los humanistas por las lenguas vulgares, hasta el punto de que, como consecuencia del desarrollo de la conciencia lingüística, se escriben obras de reflexión lingüística sobre el español, labor en la que destacaron Antonio de Nebrija y Juan de Valdés.

Valdés, enemigo de Nebrija, lo critica por ser andaluz: "porq̃ el era Andaluz adonde la lengua no sta muy pura" (Valdés 1535?: 39). Por otra parte, existe una polémica iniciada por Asensio (1961), para quien los comentarios del *Diálogo* en torno al *Amadís* constituyen una réplica indirecta a los criterios que Delicado expone en los prólogos de sus ediciones venecianas del *Amadís* (1533) y el *Primaleón* (1534). Las opiniones de Delicado que, según Asensio, provocaron la ira de Valdés serían las siguientes: "la exaltación del *Amadís* como cima de estilo y modelo de lenguaje, la glorificación del pulido lenguaje andaluz comparable al de Castilla la alta y el encomio de Nebrija" (Asensio 1960: 102). Creemos como Bubnova (2001: 89) que, al no nombrar Valdés a Delicado ni a ediciones específicas del *Amadís*, la identificación de Asensio entre la edición del *Amadís* citada por Valdés con la de Delicado "es tan difícil de refutar como de aceptar, por la ausencia de pruebas directas."

El debate originado en el Siglo de Oro en torno al español presenta una naturaleza distinta a la que tuvo en Italia o Francia, pues nadie cuestionó la superioridad del castellano frente a las demás variedades diatópicas. El debate se centró (Anipa 2001: 40) en aspectos como los orígenes del castellano, sus variantes geográficas y sociales, la norma literaria, el uso común o el valor de los refranes.

Aunque la supremacía de la lengua de Toledo empezó a decaer a partir de la segunda mitad del XVI[31], en la fecha de composición y publicación del RLA estaba plenamente vigente. Otro centro de prestigio lingüístico durante la primera mitad del XVI fue Sevilla. La norma lingüística sevillana aumentó en popularidad debido a una serie de hechos acaecidos en Andalucía desde finales del XV (Menéndez Pidal 1962: 104-05; Anipa 2001: 55-60): final de la Reconquista (que conllevó el aumento territorial de Andalucía); descubrimiento

---

[31] Véase Anipa (2001: 55-56). A partir de 1561, fecha en que Felipe II trasladó la corte a El Escorial, Madrid se convirtió en un nuevo centro de prestigio, lo que acarreó la inmigración de numerosos castellanos viejos. El castellano de Castilla la Vieja empezó a alzarse como modelo lingüístico.

de América[32] y publicación de la primera gramática de la lengua castellana, del sevillano Antonio de Nebrija (1492); el florecimiento cultural y literario (muchos autores de la Edad de Oro eran sevillanos). La preponderancia andaluza tuvo tanta importancia en el desarrollo y expansión del español, que llegó a ser "realmente amenazadora frente a Castilla durante esos siglos de oro literarios" (Menéndez Pidal 1962: 105), hasta el punto de que los escritores del sur no necesitaron adaptarse a la norma castellana (Anipa 2001: 57).

4.2. *La valoración de Delicado acerca de las variedades del español y del español hablado en Andalucía*

Delicado refleja, por tanto, una opinión bastante compartida en su época sobre el modelo lingüístico de prestigio (la variedad de Toledo):

> Pues entonçes quando se acabó de imprimir *Amadís de Gaula*, el qual porque no lo de prauasen como hazen a todos los otros libros que por acá fuera delos Reynos deSpaña se estampan y porque *aquel libro es muy uerdadera lengua castellana* y diruos he una machorrada,[33] que cierto los que se apartan dela gramática española que es encerrada en aquella grande y famosa ystoria de *Amadís de Gaula* son sin duda nueuos romancistas, como lo fui yo quando compuose [sic] *La Loçana enel común hablar dela polida Andaluzía-*, mas fízelo *por mejor la arrendar en la manera de su hablar*, así que yo mismo por poder deprender[34] aquella suauidá & raçonamientos y a quellos *fermosos uocablos* y *machuchas*[35] *palabras toledanas que en Amadís están*, lo tomé a corregir (Delicado: "Introdución del tercero libro" del *Primaleón*).

Este fragmento, en el que se declara autor de *La Loçana*, ofrece datos claves para determinar la conciencia lingüística externa[36] de Francisco Delicado relativa a la valoración de las variedades del español. La variedad castellana, concretamente, la norma de Toledo, representada en el *Amadís de Gaula*, constituye la variedad prestigiosa. La variedad andaluza, aunque también recibe elogios, queda relegada al ámbito de la inmediatez comunicativa. Delicado explica claramente por qué escogió la variedad andaluza cuando compuso "*La Loçana* en el común hablar de la polida Andaluzía": "fízelo por mejor la arrendar en la manera de su hablar". Su propósito de imitar la lengua oral para caracterizar a su protagonista

---

[32] La Casa de Contratación de las Indias, establecida en Sevilla desde 1503, convirtió a la ciudad andaluza en un centro comercial muy importante, centro de las relaciones económicas entre las colonias americanas y España.
[33] De *machorro*: 'estéril', 'infructífero' (DLE, s.v. *machorro*), por lo que puede referirse a una 'tontería'.
[34] 'Aprender'.
[35] 'Maduro, sossegado y juicioso' (*Autoridades*, s.v. *machucho*).
[36] La conciencia lingüística externa está relacionada con aspectos como la estandarización de una lengua frente a sus dialectos, o como las valoraciones y actitudes sobre una determinada lengua o variedad lingüística (Gauger 2004: 681–89).

por su forma de hablar demuestra clara conciencia lingüística de autor literario.

Delicado destaca que en el RLA no compuso "modo de hermoso dezir" (Argumento), pues no usó la variedad toledana, sino la andaluza. En este fragmento de la Apología identifica de nuevo la lengua castellana como variedad prestigiosa y justifica por qué no van muchas palabras "en perfeta lengua castellana":

> Y si quisieren reprehender que por qué *no van munchas palabras en perfeta lengua castellana*, digo que, siendo *andaluz y no letrado y escriuiendo para darme solaçio* y passar mi fortuna que en este tienpo el Señor me hauía dado, *conformaua mi hablar al sonido de mis orejas*, que es *la lengua materna* y su *común hablar entre mugeres*. Y si dizen por qué puse *algunas palabras en ytaliano*, púdelo hazer escriuiendo en Ytalia, pues Tulio escriuió en latín y dixo munchos vocablos griegos y con letras griegas. Si me dizen que por qué no fui más elegante, digo que soy *yñorante* y no *bachiller*. (Apología).

Estos son sus argumentos: que es andaluz, no letrado[37]; que escribe para darse "solaçio" ('consuelo'); que escribe tal y como escuchaba su "lengua materna" (el andaluz); y, por último, "su común hablar entre mujeres". La razón por la que no fue "más elegante" (cualidad que le atribuye a la lengua toledana[38]) es: "soy yñorante y no bachiller". Interpretamos estos argumentos como justificación de la variedad empleada en el RLA, una variedad de la inmediatez comunicativa, usada con objeto de retratar a Loçana, como justifica en el Argumento. Por tanto, podemos establecer una correlación entre lengua de la inmediatez o de la oralidad concepcional –es decir, la lengua hablada e informal (del "común hablar", "muy claríssima")– y las siguientes variables: andaluz; no letrado, "yñorante", no bachiller; finalidad de entretenimiento[39] para "cosas ridiculosas" (Epílogo), no serias; lengua "no perfeta" y "no elegante"; mugeres. Y asimismo podemos establecer una correspondencia entre la inmediatez comunicativa (que es "no perfeta" ni "elegante") y las variedades marcadas en la época diatópicamente (el andaluz), así como las variedades marcadas negativamente desde el punto de vista diastrático (incultos o sin estudios: no letrado, "yñorante", no bachiller; mujeres) y diafásico (que trata de asuntos no serios o "cosas ridiculosas" y con una finalidad de entretenimiento[40]). Queda clara la oposición entre el andaluz como variedad de la inmediatez frente al castellano (y concretamente, la variedad toledana) como lengua de la distancia comunicativa.

En la "Introdución del tercero libro" del *Primaleón* también encontramos

---

[37] Tópico de modestia claramente falso, pues es evidente que es un hombre culto.
[38] "*Hijo* es más elegante por ser toledano" ("Prohemio del corigidor delas letras mal endereçadas", *Amadís*)
[39] Para "dar solaçio y plazer a letores y audientes" (Epístola del Autor).
[40] Tanto a los "letores y audientes" como a sí mismo durante su enfermedad, la sífilis.

información acerca de las variedades diatópicas (geográficas) y diastráticas (sociales):

> digo que deprendí la Orthografía de Castilla la alta porque soy de Castilla la baxa y junto ami tierra dizen *zarro* y enla uestra dizen *jarro* y acá dezimos *cueros* y allá uosotros *odres*, por ser más elegante uocablo, demanera que *más presto se deue escuchar el hablar de un rudo toledano* en su *çafio* razonar *que no al gallego letrado nial polido cordobés*, & aquí daré yo mi alcaldada[41], y es que todas las otras prouincias que son fuera de Castilla la alta son bárbaros a los castellanos, saluo los de la fermosa Andaluzía. ("Introducción del tercero libro" del *Primaleón*)

Delicado le concede prioridad absoluta a la variedad toledana, por encima de las demás variedades, tanto desde el punto de vista diatópico (por encima del andaluz y del gallego), como diastrático (mejor escuchar al "rudo toledano" que "al gallego letrado" o al cordobés agraciado) y diafásico (la variedad de un toledano es superior incluso si se trata de un razonamiento vulgar o "çafio"). El siguiente pasaje demuestra que es consciente de la existencia de variables regionales y sociales. Delicado considera que el habla de Andalucía es la mejor después de la toledana:

> La razón es esta: porque ningunos otros se conforman tanto enel hablar castellano como ellos [...]. Toledo con toda el Andaluzía, ¿no fue la última a ganarse delas manos delos moros? Quando el Rey don Fernando el que ganó a Seuilla ya Córdoua y ala frontera, echados losmoros, mandola *poblar de los castellanos* como assí mismo hizieron los siempre católicos Reyes de in mortal memoria don Fernando y doña Ysabel quando ganaron el Reyno de Granada. Pues ¿*de dónde se pobló toda aquella Bética*, sino de los *hombres y mugeres castellanos* que *uinieron de Castilla la uieja apoblar el Andaluzía?* ("Introducción del tercero libro" del *Primaleón*).

La causa, según Delicado, de que la lengua de la "muy polida Andaluzía" sea tan similar a la de los castellanos y, por tanto, la mejor después de la castellana, es que la repoblación de Toledo y Andalucía[42] durante la Reconquista se realizó con castellanos.

---

[41] "Metaphoricamente se dice qualquiera accion u dicho executado con afectación de autoridád, superioridád o soberanía" (*Autoridades*, s.v. *alcaldada*).
[42] El concepto actual de Andalucía no corresponde con el de la época, en cuanto a territorios se refiere, pues fue a partir de 1492, fecha en que los Reyes Católicos tomaron definitivamente el Reino de Granada, cuando este pasó a formar parte de Andalucía. Y Delicado establece esta distinción en su *Retrato*, concretamente en la enumeración del Valijero sobre la procedencia de las prostitutas que hay en Roma: "Ay españolas castellanas, vizcaýnas, montañessas, galicianas, asturianas, toledanas, *andaluzas, granadinas* [...]" (mamotreto XXI).

5. El retrato de "lo que oý y vi"

"el qual retrato demuestra lo que en Roma passaua" (frontispicio RLA)

El plurilingüismo es una de las características más sobresalientes del RLA: el "retrato" sonoro de la voz polifónica de la Roma multicultural y plurilingüe constituye una de sus mayores riquezas lingüísticas y literarias. Como anuncia el título, Delicado pretende realizar un retrato, no solo de su protagonista Loçana ("Retrato de la Loçana andaluza"), sino también de Roma ("el qual retrato demuestra lo que en Roma passaua"): fundamentalmente, la sociedad italo-española de la Roma anterior al saqueo, teniendo en cuenta de manera especial el mundo de la prostitución. En el Retrato propiamente dicho, en el que los diálogos de los personajes son constantes, predomina el español, como explicita el título: "en lengua española muy claríssima"; pero aparecen también el portugués, el catalán, el latín, y, sobre todo, el italiano; y dos variedades dialectales (el judeoespañol y el español de Andalucía), usados para caracterizar a sus personajes desde el punto de vista lingüístico.

Nuestro autor eligió una palabra clave para el título de su obra, "retrato"[43], que mantenemos deliberadamente en esta edición. Nuestro autor compara su retrato con el de un pintor (Dedicatoria, Argumento) y le otorga una gran importancia a la observación y a los sentidos (fundamentalmente, oído y vista) como fuente de conocimiento, lo que garantiza la objetividad, la veracidad, el "realismo" de lo representado. Defiende la naturalidad del retrato de Loçana en que está "sacado de sus actos y meneos y palabras" (Argumento). En el mismo Argumento destaca la "plática" ('conversación') de su protagonista como elemento clave del retrato: "Dezirse á primero la cibdad, patria y linaje, ventura, desgraçia y fortuna, su modo, manera y *conuersación*, su trato, *plática* y fin, porque solamente gozará deste *retrato* quien todo lo leyere." Tanto el narrador como los personajes enfatizan constantemente la elocuencia de Lozana ("qué lauia", "habladera", "todo su hecho es palabras", "bien hablar", "qué lengua"…).

Francisco Delicado utiliza la *mímesis de lo hablado*[44] como recurso para realizar un retrato lingüístico de su protagonista y de sus variados personajes. Es un recurso literario muy usado en el Siglo de Oro en el discurso directo de comedias, novelas picarescas, pasos, entremeses, etc. que consiste en la imitación de la lengua hablada, con objeto de caracterizar personajes y situaciones comunicativas (Oesterreicher 2004a: 755). Se debe insistir, no obstante, en que esta imitación es siempre una simulación (Oesterreicher 2004a: 756): es el autor

---

[43] Cf. Wardropper (1953), Bubnova (2012).
[44] Incluye las denominadas 'ficción conversacional', 'mímesis conversacional' o 'mímesis de la conversación', en las que el autor imita también las estrategias y mecanismos de las interacciones conversacionales o del discurso dialogado, como una exigencia del decoro, para que la dialogicidad oral parezca verosímil (cf. Vian Herrero 1987, 1988; Iglesias Recuero 1998).

del texto literario, más precisamente la conciencia lingüística del autor, la que selecciona rasgos lingüísticos considerados propios de la lengua hablada.

Para retratar fielmente "lo que oyó", usa, por un lado, el plurilingüismo y la variación diatópica, y por otro, la variación diastrática. Así, caracteriza a sus personajes por su origen geográfico y social, respectivamente. Asimismo, imita la lengua hablada característica de diferentes situaciones comunicativas (de enfado, íntimas, informales o formales) a través de la variación diafásica o contextual. También emplea estrategias y mecanismos propios de la lengua hablada y de la conversación, a través de rasgos universales de lo hablado[45], especialmente en las secuencias que pueden clasificarse como *interacción oral prototípica*, es decir, "el tipo de discurso que mejor representa o imita la interacción oral real y que constituye más de la mitad del texto de RLA" (Díaz-Bravo y Fernández 2018: 362).

Según afirma Delicado en el Éxplicit o Tabla: "Son por todas las personas que hablan en todos los mamotretos o capítulos çiento y veynte e çinco". No obstante, hemos contabilizado 139 personajes[46], de los cuales "hablan" ciento treinta y cinco. Los restantes son únicamente receptores.

Los nombres de los personajes nos aportan datos relevantes para un análisis sociolingüístico: muchos de ellos reciben el nombre de su profesión (camisera, lavandera, paje, médico, autor, mercader, estufero, canónigo, escudero, etc.) o tipo social (villano, vagabundo, etc.), edad (mozos, viejo), religión (judío), raza (esclava negra), origen geográfico (sevillana, granadina, napolitana, etc.). Esta información constituye un dato clave, pues con ella el autor pretende caracterizar a su personaje, especialmente desde el punto de vista lingüístico.

Delicado se sirve de algunos estereotipos pero, sobre todo, usa rasgos lingüísticos más sofisticados, seleccionados por su conciencia lingüística de autor literario y de corrector de imprenta. Por otra parte, existen rasgos característicos de Delicado, en su condición de hablante andaluz, que aparecen no solo en los diálogos, sino también en la narración y en los paratextos afines a la distancia comunicativa.

Como ejemplo de este último caso podemos destacar la neutralización de *r/l* (*Chiple, clines, faránduras*) y la epéntesis nasal[47] (generalmente precediendo a un elemento oclusivo: *concho, anonche, nanbo, truncha, nientos, hinzo, conbijaré,*

---

[45] Estos rasgos son considerados universales en tanto que poseen una vinculación directa con las estrategias de verbalización y condiciones comunicativas universales en las que se fundamenta el ámbito de la comunicación inmediata (Koch y Oesterreicher 2007: 71).
[46] Véase una tabla completa de todos los personajes del RLA al final de esta edición, tras la bibliografía.
[47] El fenómeno de la epéntesis nasal no es exclusivo de las hablas andaluzas, pero sí especialmente frecuente. Véase un análisis de la epéntesis nasal en el RLA en Díaz-Bravo (2010a: 281–84).

çienga, nunblo, lingar* y, de manera especialmente frecuente, *muncho*[48] y su paradigma), que aparecen indistintamente en las intervenciones de personajes de origen geográfico diverso, o en diferentes variedades discursivas del RLA.

El análisis[49] de las formas verbales con -ie- del condicional (*serién*) y, sobre todo, del imperfecto de indicativo (*tinié, pudié, devié, querié, conoçién, sabién, dizién, siruiedes, sabiedes, aviedes*...) demuestra que esta desinencia, usada en el español medieval, aún tenía cierta difusión en esta época y que estaba vinculada a la variedad andaluza y al habla de Toledo, las variedades diatópicas prestigiadas para nuestro autor y mencionadas por Correas[50]. Por ello, la usa en la interacción oral prototípica para la caracterización de algunas andaluzas y, sobre todo, de personajes letrados que representan su *alter ego*, así como en otras variedades discursivas propias de la distancia comunicativa (no solo en el RLA, sino también en la "Introducción del tercero libro del *Primaleón*").

En cuanto al léxico, encontramos algunos andalucismos en la enumeración gastronómica en la que Lozana le cuenta a su tía las recetas de cocina que sabe, en concreto: *alfaxor, xopaypas* 'sopaipas', *çahínas, boronía* ('alboronía'), así como en otras intervenciones de Lozana (*apañá* 'coged', *torrontés, yerua canilla*) (cf. Frago 1988: 47–48).

No obstante, la caracterización lingüística de los personajes desde el punto de vista geográfico, más que a través de variedades diatópicas del español (como el andaluz), se realiza a través de la alternancia de códigos: mediante un número muy elevado de italianismos[51] que emplean tanto los personajes italianos como los españoles que llevan algún tiempo viviendo en Italia (por ejemplo, *putana* y *escanfarda* 'prostituta', *rufiana* y *tabaquina* 'alcahueta'), de lusismos (*boa* 'buena', *Deus* 'Dios'), en un breve diálogo entre Lozana y Portogés; así como de distintas variedades (cf. Joset y Gernert 2007: 39 y 399) del catalán, en el diálogo del mamotreto X. Asimismo, Lozana, por acomodación lingüística a su interlocutor Sagüesso, vagabundo gallego, usa *rapazeja* para referirse a la anciana prostituta Divicia (ya que *rapaz/a* es una palabra identificada con el habla de gallegos).

Desde el punto de vista diastrático, Delicado también utiliza estereotipos. Así, para caracterizar a Penda, esclava negra, utiliza dos rasgos empleados en textos literarios del XVI con intención cómica (Baranda 1989): el *xexeo*[52] y el

---

[48] También ampliamente documentado en textos judeoespañoles.
[49] Véase Díaz-Bravo (2010a: 291–97).
[50] "Por dialecto particular en Castilla la Nueva, Mancha, i Estremadura i partes de Andaluzia" (Correas (1627: 269): *Arte de la lengua española castellana*, edición de Emilio Alarcos García (1954), Madrid, CSIC, p. 269, *apud* CORDE).
[51] Ropero (1973: 12–33) ofrece un estudio de los italianismos fonético-fonológicos, léxicos y morfosintácticos del RLA.
[52] El *xexeo* se usa en la primera mitad del siglo XVI para imitar o caricaturizar el habla de los negros, mientras que a partir de las comedias de Lope de Rueda, se usará exclusivamente como rasgo caracterizador del habla de los moriscos (Baranda 1989: 318).

uso del infinitivo en lugar de las formas conjugadas. El primero consiste en la palatalización de la consonante alveolar /s/ > [š] (prepalatal fricativa sorda). En el RLA aparece en palabras muy básicas como *xeñora* o *xí*. Respecto al segundo, Lozana usa varios infinitivos en lugar del imperativo y el presente de indicativo, en un ejemplo de acomodación lingüística[53] hacia su interlocutora.

Delicado caracteriza a sus personajes judíos mediante la palatalización de /-s[54] + k-/ > en *moyca*[55] (mosca), *moycada* (moscada), los diptongos irregulares[56] [jé, wé] en *quienze* (quince), *quieréys* (queréis), *cueréys* (curéis 'preocupéis') o las formas sin diptongo (*hizese, linpo* 'limpio'), rasgos característicos del judeoespañol usados en boca de personajes judíos en la interacción oral prototípica (Díaz-Bravo 2010a: 276–80). Del mismo modo, el término *guayas* y la expresión *guayosa de vos* son usados exclusivamente por personajes judíos en la interacción oral prototípica. En el CORDE encontramos escasos ejemplos de *guaya(s)*, todos de los siglos XV y XVI, la mayoría de los cuales aparecen en textos ladinos o referentes a judíos[57]. En el RLA se emplea con el mismo significado que la interjección 'ay' (DLE, s.v. *guayas*) o el sustantivo 'lamento'.

Los personajes letrados[58] son caracterizados a través del sufijo *-ísimo*, de los adverbios en *-mente*, de cultismos[59], del determinante relativo posesivo *cuyo* y

---

[53] "En el caso del habla de los negros, los demás personajes entienden perfectamente su jerga, e incluso la remedan para dirigirse a ellos" (Baranda 1989: 316).

[54] Se trata de un rasgo característico del judeoespañol, delante no solo de la velar /k/ sino también de otras oclusivas como /t/, en palabras como *moshka, bushkar* o *moshtrar*, recogidas en diccionarios (Nehama, s.v. *moška, moškeado*…), refranes (como "Si las *moshkas* bailan en shabbat, aresenta la sevada de tu greniero", compilado por Sánchez Pérez 2010: 57) e incluso en un poema de Rebecca Scherer que trata sobre una mosca recogido en la revista de los judíos de Bélgica llamada *Los Muestros*, nº 76 (2009).

[55] Usa la grafía <y>, por lo que cabe pensar en una pronunciación palatal diferente a la del sonido prepalatal fricativo sordo, representado mediante la grafía <x> en palabras como *máxcara* o como las empleadas para caricaturizar a la esclava negra. Sobre el trueque de s/x en español antiguo, incluida su dimensión social, véase Del Valle (2015).

[56] Existen numerosos testimonios de formas con diptongo (*testamiento, dientro, siervan, niegará, cuentra*…) y sin diptongo (*quero, diecisés, risgo, vente, detas*…) en fuentes judeoespañolas del siglo XVI, en concreto, en las respuestas editadas y transliteradas por Benaim (2011).

[57] El siguiente fragmento es especialmente interesante: "Y así todos los refranes que comienҫan por esta palabra, "guay," o "*guayas*," que son otros muchos que aquí no se ponen por su prolixidad denotan manera de amenaza y tristeza [...]. Por manera que la palabra, "guay," o "guaya," de los *judíos* es lo mismo que nosotros dezimos, "ay," sino que no lo lloramos ni guayamos como ellos." (Sebastián de Horozco (1570–1579): *Libro de proverbios glosados*, edición de Jack Weiner (1994), Reichenberger, Kassel, *apud* CORDE).

[58] Los mismos rasgos lingüísticos los encontramos en los títulos y textos añadidos por Delicado al RLA, así como en su tratado sobre la curación de la sífilis, todos ellos afines a la distancia comunicativa.

[59] Frago (1988: 56) destaca la abundancia de cultismos léxicos en el RLA, "ya sea en forma de latinismos puros de nueva o muy reciente introducción (*cliéntulos, cúpida, grávida, lapídeo, laude, puericia*…), ya se trate de voces con un cierto arraigo en español, que incluso pueden

su paradigma, así como de palabras o breves intervenciones en latín, como se puede observar en este fragmento de un extenso parlamento de Silvano, *alter ego* de Delicado, que da "señas de la patria del autor" (su patria chica: la Peña de Martos) a Lozana:

> SILUANO: Final*mente*, es vna felice patria donde, siendo el rey, personal*mente* mandó despeñar los dos ermanos Caruajales, ombres animos*íssimos*, acusados falsa*mente* de tiranos, la *cuia*[60] *sepultura*[61] o *mausoleo*[62] permaneçe en la capilla de Todos Santos, que antigua*mente* se dezía la Santa *Santorum*[63], y son en la dicha capilla los huesos de fort*íssimos* reyes y *animossos*[64] maestres de la dicha *orden* de Calatraua. (Mamotreto XLVII).

Suele usar los superlativos con *-ísimo* para enfatizar las cualidades positivas de santos, reyes, militares y aspectos relacionados con él mismo (como su patria o su madre). Tanto dichos sufijos[65] como los adverbios terminados en *-mente* son llamativamente frecuentes en las extensas intervenciones de Silvano. También encontramos dos adverbios en *-mente* en intervenciones del médico (Físico).

Con respecto a los tipos sociales desprestigiados, destaca el uso de voces marcadas como bajas desde el punto de vista diastrático o vulgarismos. A modo de ejemplo, se pueden citar los disfemismos *hoder*, *cojones*, *papo* 'parte externa del aparato genital femenino' (DLE, s.v.), *coño* (especialmente en contextos de enfado), todos ellos empleados por Lozana y otras prostitutas, así como la voz del léxico de la germanía *bagasa* 'prostituta', usada por Moços cuando hablan con Lozana.

La caracterización de los tipos sociales desprestigiados se produce por su manera de hablar, pero sobre todo por la forma en la que sus interlocutores se dirigen a ellos. El único personaje homosexual, Sieteconicos, es calificado de *vellaco* y de *borracha* por Loçana, quien lo insulta mediante este vocativo en femenino[66]. Tanto Sieteconicos como el villano, los vagabundos, los criados y la esclava negra reciben la forma de tratamiento *tú*, usado en aquella época para dirigirse a "vn muy inferior" (Valdés 1535?: 71).

---

manifestar algún paso evolutivo romance de mayor o menor antigüedad: *cordial, deducción, discreción, fantástiga, gódicas, ligítimo-legítimas, letores, prójimos...*".
[60] El uso del relativo *cuyo/a* es otro rasgo culto que aparece también en los textos epilogales de Delicado, frente a la estructura sintáctica coloquial "que su", que aparece en los diálogos.
[61] Latinismo.
[62] Latinismo: "Del lat. *Mausolēum* 'sepulcro de Mausolo', rey de Caria. Sepulcro magnífico y suntuoso." (DLE, s.v.).
[63] Uso del genitivo plural latino: 'santa de los santos'.
[64] Latinismo.
[65] Además de Silvano, personaje que registra la mayor frecuencia del sufijo *-ísimo*, encontramos dicho sufijo también en intervenciones de acomodación lingüística de Lozana hacia sus interlocutores cultos.
[66] Curiosamente, emplea el femenino *borracha*, pero el masculino *bueno*.

El sistema de tratamientos del siglo XVI es uno de los recursos mejor empleados por el autor para caracterizar personajes y situaciones comunicativas. Su análisis en el RLA permite descubrir rasgos de sexismo en el lenguaje, especialmente en las relaciones entre esposos y entre madres e hijos/hijas: mientras que a los varones se les trata de *vos*, a los personajes femeninos se les trata de *tú*. Por otra parte, el uso de las formas de tratamiento también dependía de factores pragmáticos. Así, *vos* es característico de situaciones comunicativas íntimas, y es intercambiado por Lozana y sus clientes cuando están en la cama; en cambio, en otros contextos más formales, cuando están negociando el "pago", se hablan de *vuestra merced*. También Lozana y Rampín se tratan de *vos* la primera noche que pasan juntos y cuando están a solas (pues era el tratamiento habitual entre novios y esposos), pero delante de otros personajes, Lozana tutea a Rampín, pues fingen que es su criado[67].

La imitación de estrategias y mecanismos de la conversación se produce a través de rasgos universales de lo hablado[68]: numerosas contracciones o sinalefas (como *d'abaxo, digo's*); las onomatopeyas *hi hi* (para la risa), *çape* (para ahuyentar a los gatos), *tif taf* (para llamar a la puerta), rasgos estereotípicos usados en otros textos literarios de la época. Asimismo, son propias de la lengua hablada las abundantes repeticiones, las también numerosas creaciones léxicas espontáneas[69] (por ejemplo, las siguientes denominaciones expresivas del órgano sexual masculino, cuyo sufijo aumentativo está relacionado con el tamaño del mismo: *frojolón, dinguilindón* y *mandragulón*) y los marcadores conversacionales[70] (como *sí haré*, que se usa en la conversación de textos literarios del Siglo de Oro en situaciones de enredo para aceptar peticiones, órdenes o consejos; o *mira* y sus variantes *mirá, mire*, etc.).

Concluimos afirmando que el *Retrato de la Loçana andaluza* constituye un excelente ejemplo de mímesis de lo hablado en el español del siglo XVI y que esta mímesis se produce, sobre todo, a partir de rasgos universales de lo hablado y a través del plurilingüismo y de la interferencia de lenguas. Respecto de los rasgos idiomáticos que configuran el espacio variacional del español hablado en el siglo XVI, Delicado, además de algunas características propias de variedades diatópicas, diastráticas o diafásicas usadas para la caracterización de sus personajes (por su origen geográfico o social) o de situaciones comunicativas, también emplea estereotipos y deja traslucir algunos rasgos propios de su condición de hablante andaluz.

---

[67] Véase el estudio de Pountain (2009) sobre las formas de tratamiento en las *Comedias* de Lope de Rueda, en el que analiza la variación existente dentro de la misma díada conversacional, "debido a cambios en la relación entre dos interlocutores, la presencia de otros personajes y, sobre todo, a cambios de actitud" (2009: 283).

[68] Véase Díaz-Bravo (2010a: 240-76).

[69] Para una definición de *creaciones léxicas espontáneas*, véase Vigara (2005: 296).

[70] Véase Díaz-Bravo y Fernández (2018).

Por todo ello, podemos concluir que Francisco Delicado, clérigo andaluz, residente en Roma, nos ofreció un retrato de Loçana, una prostituta, andaluza como él, que es a la vez un retrato de la misma Roma, y que este retrato incluía como componente esencial el habla. Así que Delicado, con intuición y sensibilidad de autor literario, nos ofrece un fresco vivísimo de Roma que incluye de manera muy especial las voces multiculturales de sus calles. Y ese retrato de lo que vio y oyó lo escribió con consciencia de que su obra estaba destinada a la lectura colectiva en voz alta, y casi nos permite oír –y ese es uno de sus grandes logros– los ecos de esas múltiples voces perdidas del español hablado en la Italia del siglo XVI.

CRITERIOS DE EDICIÓN

Esta edición está basada en el facsímil[71] de Pérez Gómez (1950), del único ejemplar antiguo del RLA, publicado en Venecia (1528-1530?) y que se encuentra actualmente en la Biblioteca Nacional de Austria, con la signatura 66.G.30(3) Alt Rara. He consultado el texto original de Viena para contrastar algunos casos que no se visualizan con claridad en el facsímil.

Con el fin de facilitar la lectura y comprensión del texto he separado las intervenciones de los personajes[72] en diferentes párrafos; asimismo, he modernizado la acentuación[73], el uso de mayúsculas[74] y minúsculas, así como la puntuación, de acuerdo con las normas ortográficas actuales. Además, respecto a la peculiar unión de palabras que encontramos en el único ejemplar antiguo del RLA, las palabras se presentan separadas por espacio de acuerdo con el uso actual[75], incluidos los casos en los que existe polimorfismo en el original (por ejemplo: *aunque, aun que; assimismo, assi mismo*). Las palabras compuestas[76] se han transcrito en una sola palabra, tanto si es una palabra inventada por Delicado como si se trata de un lema recogido en el DLE. En cuanto a los adverbios en *-mente*, transcribimos en una sola palabra el único ejemplo que aparece escrito separado (*santa mente*). Los pronombres átonos objeto *me, te, se, le, lo, la, los, las, les, nos, os, gelo* se unen o separan al verbo o entre ellos siguiendo los usos del español actual. Las elisiones vocálicas y sinalefas[77] (por ejemplo: *d'abaxo, d'agua, entr'ellas, suplico's*) se han señalado

---

[71] La edición facsímil consta de una tirada de 218 ejemplares numerados, dos de los cuales he consultado en las bibliotecas de las universidades de Málaga y Cambridge, con los números 148 y 173, respectivamente. Asimismo, me he servido de la digitalización del facsímil que está disponible en línea en la Biblioteca Virtual Miguel de Cervantes.

[72] Al final de esta edición, tras la bibliografía, se incluye una tabla con todos los personajes, las diversas denominaciones que reciben y los mamotretos en los que aparecen.

[73] Existen usos especiales de la tilde diacrítica que afectan a los textos antiguos, de manera que he acentuado los siguientes monosílabos tónicos: *á, é, dó* y *só* cuando son formas verbales (verbos *haber, dar* y *ser*); *dó* también lleva acento ortográfico cuando equivale a los adverbios 'dónde' y 'adónde' con valor interrogativo o exclamativo; *ál* lleva tilde cuando significa 'otro'.

[74] La *R* alta, muy frecuente en el texto en posición inicial de palabra –que equivale a un fonema vibrante múltiple– se ha transcrito como *r-* en dicha posición (o *R-* si se trata de un nombre propio) y como *-rr-* en posición interior de palabra.

[75] Ello facilita tanto la lectura como el análisis lingüístico automático (por ejemplo, la lematización automática) con la ayuda de programas informáticos. Díaz-Bravo (2010a) ofrece las concordancias lematizadas completas del RLA.

[76] Véase una enumeración de las palabras que presentan polimorfismo en cuanto a su unión o separación, así como de las palabras compuestas en el RLA en Díaz-Bravo (2010a: 392-95).

[77] Véase una relación completa en Díaz-Bravo (2010a: 396-400).

mediante apóstrofo, dejando completa la palabra tónica (sustantivos, adjetivos, verbos, pronombres tónicos, adverbios) y elidiendo la vocal perteneciente al elemento átono (preposiciones, conjunciones, artículos, pronombres átonos). No se separan los integrantes de las palabras que en el DLE aparecen con las marcas 'pron. dem. poét', (*aqueste/a/as; aquesas*), 'pron. dem. p. us.' (*estotro/s*) o 'contrac. desus.'[78] (*dese/o/a/os/as; dello/a/os/as*), respetando así el texto original.

La tilde nasal o lineta se transcribe como *n* o *m*. Cuando precede a *p* y *b*, se resuelve como *n*, pues la mayoría de las veces en que la secuencia aparece explícitamente y no con abreviatura, lo hace *np* y *nb*. Se trata de una escritura fonológica, pues refleja la neutralización de las nasales alveolar y bilabial en posición implosiva. El caso *ombre/hombre* es una excepción, pues solo una vez aparece como *honbre* en el texto de Venecia, mientras que en todas las demás ocurrencias está transcrito sistemáticamente como *hombre*, por lo que se ha desarrollado la tilde nasal como *m* (*ombre/hombre*). En palabras latinas en caso acusativo (*ipsam bestiam*) se ha resuelto como *m*.

Finalmente, con objeto de que la edición pueda usarse con fines lingüísticos, he conservado las grafías[79] originales (esencial para el análisis fonético-fonológico[80]). Asimismo, he indicado las posibles erratas (corregidas en la edición) tal y como aparecen en el texto original (*orig.*) en notas a pie de página. Por razones de espacio tan solo he incluido notas sobre la fijación del texto o de carácter lingüístico, ya sea por tratarse de formas que normalmente los editores han corregido (por ejemplo, arcaísmos como *delantre, meitad, perrochiana, alquilés, hodor, secaçes, labrios*; variantes diatópicas como *meatad*, o diastráticas como *açiprés*), o por su interés lingüístico para investigadores y estudiantes de historia de la lengua española o de variación y cambio lingüístico.

---

[78] Tal y como se explica en el DLE ("Advertencias para el uso de este diccionario") en relación con los arcaísmos, las acepciones con la marca *poco usado* (p. us.) son aquellas que se emplean todavía "después de 1900, pero cuyo uso actual es difícil o imposible de documentar", y las acepciones con la marca *desusado* (desus.) son aquellas "cuya última documentación es posterior a 1500, pero no a 1900".

[79] En cambio, he unificado las figuras pictográficas con un mismo valor ortográfico (por ejemplo, la *s* corta y larga).

[80] Por ejemplo, es posible estudiar la variación de timbre vocálico (*rofianas/rufianas, vizina/vezina*…). Dicha variación lingüística también se ha mantenido en el nombre de los personajes: *Teresa, Teressa*…)

Todas las abreviaturas se han resuelto tal y como se indica en la tabla

Desarrollo de abreviaturas	
Abreviatura	**Resolución**
ꝯ	con-
ẟ	de
gr̃a	graçia
gñales	generales
nr̃os	nuestros
p	per-, par-
p̃	pre- *prae-* (latín)
ꝑ	pro-
pñte	presente
ph̃o	philósopho
q̃	qua-, quan-, que-, que
ꝗ	qui-
vr̃a	vuestra
vr̃o	vuestro
vr̃os	vuestros
V.M.	vuestra merçed[81]
xp̃iana xp̃ianos Xp̃o	christiana christianos Christo
&	*et* (latín) *e* (italiano) *y* (español)

TABLA 2. Desarrollo de abreviaturas.

[81] Transcribimos *vuestra merçed* en todos los casos en que aparece abreviada la forma de tratamiento. En esta fecha aún no ha evolucionado en formas como *vuesa merced* o *vuesarced*. Excepto en tres ejemplos en que está registrado con *c*, en el resto de los casos (163 ocurrencias) está transcrito con *ç*, por lo que hemos decidido resolver la abreviatura con esta última grafía.

Retrato de la Loçana andaluza
en lengua española muy claríssima.[1]
Conpuesto en Roma. El qual retrato demuestra lo
que en Roma passaua y contiene munchas
más cosas que la Celestina

---

[1] El empleo del superlativo "claríssima" en el título podría ser una forma de captar la atención del público veneciano, ya que *claríssimo* es "renombre y título honorífico con que en algunas Repúblicas, y especialmente en la de Venecia, se distinguen algunos sugetos o familias de conocida nobleza" (*Autoridades*, s.v. *claríssimo*).

Xilografía 1 (fol. A1r)

Frontispicio: góndola que indica la trayectoria realizada por Delicado y probablemente también por Lozana y Rampín ("De Roma" "A Venetia"). Observamos a Loçana, sin nariz –debido a la sífilis– y depilando cejas, y a su marido Rampín –retratado con una gran nariz y moviendo un remo de tamaño considerable (símbolos de su masculinidad)–. En el extremo izquierdo, una loba (en latín e italiano *lupa* 'prostituta') representa a la loba que amamantó a Rómulo y Remo, míticos fundadores de Roma, la ciudad prostituta por antonomasia (cf. Perugini 2001: 3). Este grabado aparecerá repetido –sin marco floreado– al inicio de la segunda parte.

<Dedicatoria>

Illustre señor[2]:

Sabiendo yo que vuestra señoría toma plazer quando oye hablar en cossas de amor, que deleytan a todo ombre, y máxime quando siente dezir de personas que mejor se supieron dar la manera para administrar las cosas a él perteneçientes, y porque en vuestros tienpos podéys gozar de persona que para sí y para sus contenporáneas, que en su tiempo florido fueron en esta alma cibdad, con ingenio mirable y arte muy sagaz, diligençia grande, vergüença y conciençia por el çerro de Úbeda, ha administrado ella y vn su pretérito criado, como abaxo diremos, el arte de aquella muger que fue en Salamanca en tiempo de Çelestino segundo; por tanto, he derigido este retrato a vuestra señoría para que su muy virtuoso senblante me dé fauor para publicar el retrato de la señora Loçana. Y mire vuestra señoría que solamente diré lo que oý y vi, con menos culpa que Juuenal, pues escriuió lo que en su tiempo pasaua; y si, por tiempo, alguno se marauillare que me puse a escriuir semejante materia, respondo por entonçes que *epistola enim non erubescit*, y assí mismo que es passado el tienpo que estimauan los que trabajauan en cosas meritorias. Y como dize el coronista Fernando del Pulgar, "assí daré oluido al dolor", y tanbién por traer a la memoria munchas cosas que en nuestros tienpos passan, que no son laude a los presentes ni espejo a los a venir. Y assí vi que mi yntençión fue mezclar natura con bemol[3], pues los santos ombres por más saber, y otras vezes por desenojarse, leýan libros fabulosos y cogían entre las flores las mejores. Y pues todo retrato tiene neçesidad de barniz, suplico a vuestra señoría se lo mande dar, fauoresciendo mi voluntad, encomendando a los discretos letores el plazer y gasajo que de leer a la señora Loçana les podrá suçeder.

Argumento en el qual se contienen todas las particularidades que á de auer en la presente obra

Dezirse á primero la cibdad, patria y linaje, ventura, desgraçia y fortuna, su modo, manera y conuersación, su trato, plática y fin, porque solamente gozará deste retrato quien todo lo leyere.

Protesta el autor que ninguno quite ni añada palabra ni razón ni lenguaje, porque aquí no conpuse modo de hermoso dezir, ni saqué de otros libros, ni

---

[2] En el corpus de cartas de particulares en Indias del siglo XVI estudiado por Fernández Alcaide, un total de 35 cartas están encabezadas por "Ilustre señor", concretamente, son cartas formales en las que no existe una relación familiar entre el que escribe y el destinatario (2009: 57-58).

[3] La ambigüedad de los términos musicales aparece en la literatura erótica de la época (véase Alzieu *et alii* 2000: 162, 194).

hurté eloquençia, porque para dezir la verdad poca eloquencia basta, como dize Séneca; ni quise nonbre, saluo que quise retraer munchas cosas retraiendo vna, y retraxe lo que vi que se deuría retraer, y por esta conparaçión que se sigue verán que tengo razón.

Todos los artífices que en este mundo trabajan dessean que sus obras sean más perfectas que ningunas otras que jamás fuessen. Y véese mejor esto en los pintores que no en otros artífiçes, porque quando hazen vn retrato procuran sacallo del natural, e a esto se esfuerçan, y no solamente se contentan de mirarlo e cotejarlo, mas quieren que sea mirado por los transeúntes e çircunstantes, y cada vno dize su parescer, mas ninguno toma el pinzel y emienda, saluo el pintor que oye y vee la razón de cada uno, y assí emienda, cotejando *tamen*[4] lo que vee más que lo que oye, lo que munchos artífices no pueden hazer, porque después de auer cortado la materia y dádole forma, no pueden sin pérdida emendar. Y porque este retrato es tan natural, que no ay persona que aya conoscido la señora Loçana en Roma o fuera de Roma que no vea claro ser sacado de sus actos y meneos y palabras;[5] y assí mismo porque yo he trabajado de no escreuir cosa que primero no sacasse en mi dechado la lauor, mirando en ella o a ella. Y viendo, vi muncho mejor que yo ni otro podrá escreuir, y diré lo que dixo Eschines, philósopho, leyendo vna oración o processo que Demóstenes auía hecho contra él; no pudiendo expremir la muncha más eloquencia que auía en el dicho Demóstenes, dixo: "¿Qué haría si oyérades a él?" (*Quid si ipsam audissetis bestiam?*); y por esso verná[6] en fábula. Muncho más sabía la Loçana que no mostraua, y viendo yo en ella munchas vezes manera y saber que bastaua para caçar sin red y enfrenar a quien muncho pensaua saber, sacaua lo que podía, para reduzir a memoria, que en otra parte más alta que vna picota fuera mejor retrayda que en la presente obra; y porque no le pude dar mejor matiz, no quiero que ninguno añada ni quite; que si miran en ello, lo que al principio faltase hallará al fin, de modo que, por lo poco, entiendan lo muncho más ser como dedución de canto llano; y quien el contrario hiziere, sea sienpre enamorado y no querido. *Amen*[7].

---

[4] Otros editores corrigen en *también*. Preferimos mantener el original en latín: *tamen* 'sin embargo', 'no obstante'.
[5] Delicado le concede una gran importancia a la lengua hablada en su retrato.
[6] Anipa (2001: 119-63) analiza el uso de las formas del futuro con metátesis como *verná* (54 en el RLA), frente a las formas con síncopa como *vendrá* (2 en el RLA), y atribuye la frecuencia de las formas con metátesis a los rasgos coloquiales que caracterizan al RLA (ya que estas formas serían mucho más frecuentes en la lengua hablada que en la escrita en la tercera década del siglo XVI).
[7] Mantenemos la forma inacentuada y en cursiva para destacar la ambigüedad entre el imperativo *amen*, del verbo *amar*, y la interjección *amén* 'así sea' procedente del hebreo, usada al "final de una oración" (DLE, s.v.).

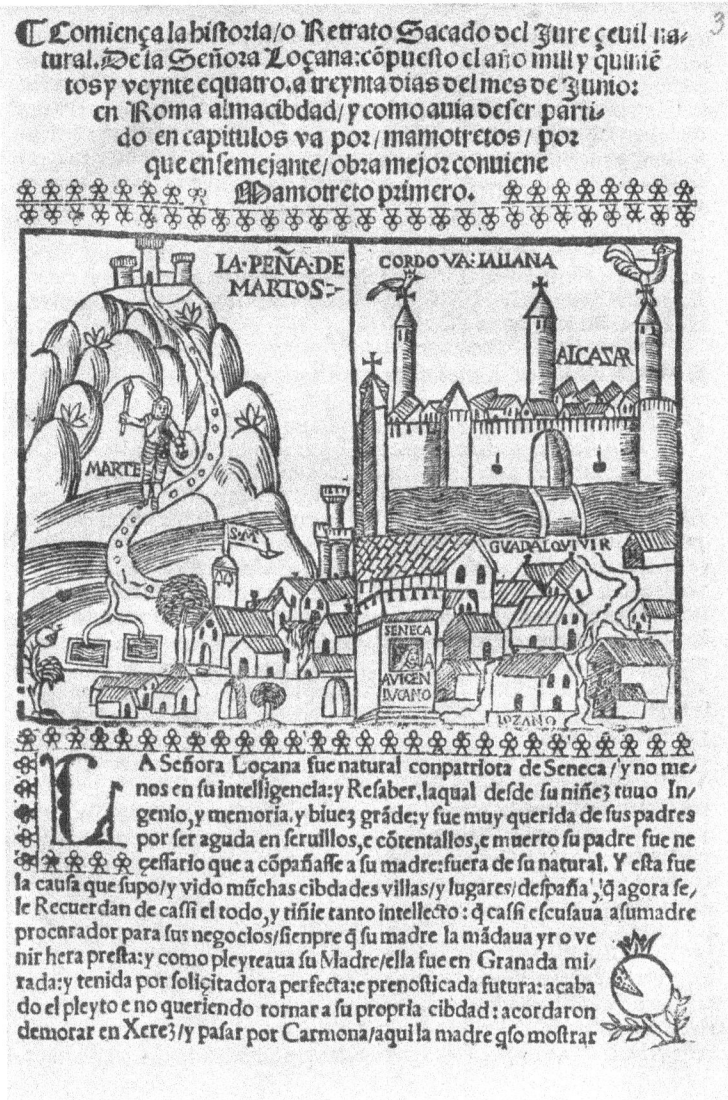

Xilografía 2 (fol. A 3r)

Ciudades andaluzas: La Peña de Martos y Córdoba –esta última, ciudad natal tanto de Lozana como de Delicado (y de su padre), aunque nuestro autor se considera natural de la primera (pueblo de su madre)–. Este doble grabado está repetido –sin ornamentos florales– en el mamotreto XLVII, en el que Silvano "da señas de la patria del autor", así como en el *Modo de adoperare el legno de India occidentale*. En la esquina inferior derecha del folio observamos una granada, en alusión a la ciudad andaluza, pero también como símbolo del sexo femenino.

\<Retrato\>

\<Parte prima\>

Comiença la historia o retrato sacado del jure çeuil natural de la señora Loçana; conpuesto el año mill y quinientos y veynte e quatro, a treynta días del mes de junio, en Roma, alma cibdad; y como auía de ser partido en capítulos, va por mamotretos, porque en semejante obra mejor conuiene.

Mamotreto primero

La señora Loçana fue natural conpatriota de Séneca, y no menos en su intelligencia y resaber, la qual desde su niñez tuuo ingenio y memoria y biuez grande, y fue muy querida de sus padres por ser aguda en seruillos e contentallos[8]. E muerto su padre, fue neçessario que aconpañasse a su madre fuera de su natural; y esta fue la causa que supo y vido munchas cibdades, villas y lugares d'España, que agora se le recuerdan de cassi el todo; y tiñié[9] tanto intellecto, que cassi escusaua a su madre procurador para sus negocios. Sienpre que su madre la mandaua yr o venir, hera presta; y como pleyteaua su madre, ella fue en Granada mirada y tenida por soliçitadora perfecta e prenosticada futura. Acabado el pleyto, e no queriendo tornar a su propria cibdad, acordaron de morar en Xerez y pasar por Carmona. Aquí la madre quiso mostrarle texer, el qual officio no se le dio ansí como el hordir y tramar[10], que le quedaron tanto en la cabeça, que no se le an podido oluidar. Aquí conuersó con personas que la amauan por su hermosura y gracia; assimismo, saltando vna pared sin licençia de su madre, se le derramó la primera sangre que del natural tenía. Y muerta su

---

[8] Infinitivos seguidos de pronombres enclíticos ('servirlos', 'contentarlos'). "La asimilación de la /-r/ final del infinitivo y la /l-/ inicial del pronombre átono [...] era un hecho frecuente en la lengua medieval, pero desde el primer tercio del siglo XVI, según Juan de Valdés, va a quedar como recurso del verso, mientras que la solución no asimilada (*dezirle, dexarlo*) se identificará con la prosa y la lengua hablada." (Girón Alconchel 2004: 867).
[9] Mantenemos la variante palatalizada, con la grafía ñ (como más adelante, *tiñén*, en el mamotreto VII; y *tiñé*, mamotreto XV) de la tercera persona del pretérito imperfecto de indicativo ('tenía'), acentuada en la *é*, siguiendo a Correas (Correas (1627: 269): *Arte de la lengua española castellana*, edición de Emilio Alarcos García (1954), Madrid, CSIC, p. 269, *apud* CORDE).
[10] El oficio de la costurera (tejer, urdir, tramar) es uno de los que aparece frecuentemente con connotaciones sexuales en el RLA y la literatura erótica de la época.

madre, y ella quedando huérfana, vino a Seuilla, adonde[11] halló vna su parienta, la qual le dezía: "Hija, sed buena, que ventura no's faltará"; y assimismo le demandaua de su niñez, en qué era estada criada, y qué sabía hazer, y de qué la podía loar a los que a ella conoscían. Entonçes respondíale desta manera: "Señora tía[12], yo quiero que vuestra merçed vea lo que sé hazer, que quando era biuo mi señor padre, yo le guisaua guisadicos que le plazían, y no solamente a él, mas a todo el parentado, que, como estáuamos en prosperidad, teníamos las cosas necessarias, no como agora, que la pobreza haze comer sin guisar, y entonçes las espeçias, y agora el apetito; entonçes estaua ocupada en agradar a los míos, y agora a los estraños".

Mamotreto II. Responde la tía y prosigue

<TÍA>: Sobrina, más ha de los años treynta que io no vi a vuestro padre, porque se fue niño; y después me dixeron que se casó por amores con vuestra madre, y en vos veo io que vuestra madre hera hermossa.

LOÇANA: ¿Yo, señora? Pues más paresco a mi agüela[13] que a mi señora madre; y por amor de mi agüela me llamaron a mí Aldronça[14]; y si esta mi agüela biuía, sabía yo más que no sé, que ella me mostró guissar[15], que en su poder deprendí hazer fideos, enpanadillas, alcuzcuçú con garuanzos, arroz entero, seco, grasso, albondiguillas redondas y apretadas con culantro verde, que se conoscían las que yo hazía entre ciento. Mirá, señora tía, que su padre de mi padre dezía: "¡Estas son de mano de mi hija Aldonça!" Pues ¿adobado no hazía? Sobre que quantos traperos auía en la cal de la Heria querían prouallo, y máxime quando hera vn buen pecho de carnero. ¡Y qué miel! Pensá, señora, que la teníamos de Adamuz, y çafrán de Peñafiel, y lo major del Andaluzía venía en casa desta mi agüela. Sabía hazer hojuelas, prestiños, rosquillas de alfaxor, textones de cañamones y de ajonjolí,

---

[11] Orig. *a dāde*.
[12] Como ocurre en la *Celestina*, el campo semántico del parentesco se emplea en el mundo de la prostitución, de forma que *tía* y *madre* son la 'alcahueta'; *padre* 'rufián'.
[13] El trueque de [-bwé-] por [-gwé-] documentado en *agüelo/a/as* es un rasgo propio de la lengua hablada de la época, documentado en los diálogos del RLA, en cartas privadas escritas desde América (Fernández Alcaide 2009) y en actas de la Inquisición (Eberenz y de la Torre 2003), en las que se transcriben las palabras de testigos o acusados (Díaz-Bravo 2010a: 284–86). En la actualidad, todavía se utiliza en Andalucía pero su uso está estigmatizado.
[14] Mantenemos la variante del nombre con *r*, tal y como aparece en el original, en el que encontramos otros ejemplos de oclusiva + vibrante simple: *faltaría, quitraría, delantre, labrios*, etc. Estas dos últimas están documentadas en el CORDE, como se especifica más adelante en las notas correspondientes.
[15] En este mamotreto Lozana le cuenta a su tía los diferentes platos y postres que sabe preparar. Véase Leiva (2002), que estudia el vocabulario cordobés de los siglos XV-XVI a partir del RLA y las Ordenanzas de Córdoba (1435).

nuégados, xopaypas, hojaldres, hormigos torçidos con azeyte, taluinas, çahínas y nabos sin toçino y con comino, col murciana con alcarauea, y holla reposada no la comía tal ninguna barua. Pues ¿boronía no sabía hazer? ¡Por marauilla! Y caçuela de verengenas moxíes en perfiçión; caçuela con su agico[16] y cominico, y saborcico de vinagre (esta hazía yo sin que me la vezasen); rellenos, quajarejos de cabritos, pepitorias y cabrito apedreado con limón çeutí; y caçuelas de pescado çecial con oruga, y caçuelas moriscas por marauilla, y de otros pescados que sería luengo de contar; letuarios de arope para en casa, y con miel para presentar, como eran de menbrillos, de cantueso, de huuas, de verengenas, de nuezes y de la flor del nogal para tiempo de peste, de orégano y hieruabuena para quien pierde el apetito. Pues ¿ollas en tiempo de ayuno? Estas y las otras ponía yo tanta hemencia en ellas, que sobrepujaua a Platina, *De voluptatibus*, y Apicio Romano, *De re coquinaria*, y dezía esta madre de mi madre: "Hija Aldonça, la olla sin çebolla es boda sin tamborín." Y si ella me biuiera, por mi saber y linpieza (dexemos estar hermosura), me casaua, y no salía yo acá por tierras agenas con mi madre, pues que quedé sin dote, que mi madre me dexó solamente vna añora con su huerto, y saber tramar, y esta lançadera para texer quando tenga premideras.

TÍA: Sobrina, esto que vos tenéys y lo que sabéys será dote para vos, y vuestra hermosura hallará axuar cosido y sorzido, que no os tiene Dios oluidada, que aquel mercader que vino aquí ayer me dixo que quando torne, que va a Cáliz, me dará remedio para que vos seáys casada y honrrada, mas querría él que supiésedes labrar.

LOÇANA: Señora tía, yo aquí traygo el alfilelero, mas ni tengo aguja ni alfiler, que dedal no faltraría[17] para apretar; y por esso, señora tía, si vos queréys, yo le hablaré antes que se parta, por que no pierda mi ventura, siendo huérfana.

Mamotreto III. Prosigue la Loçana[18] y pregunta a la tía

\<LOÇANA\>: Señora tía, ¿es aquel que está paseándose con aquel que suena los órganos? ¡Por su vida, que lo llame! ¡Ay, cómo es dispuesto! ¡Y qué ojos tan lindos! ¡Qué çeja partida! ¡Qué pierna tan seca y enxuta! ¿Chinelas

---

[16] El sufijo diminutivo -ico, empleado en este fragmento con valor afectivo, "se empleó generalmente [en el Siglo de Oro] como sufijo cariñoso en las dos Castillas, sin la limitación geográfica que tiene hoy a Aragón, Murcia y Andalucía Oriental"(Medina Morales 2005: 203). Por otra parte, dicho sufijo diminutivo es común en judeoespañol (Benaim 2011: 163).
[17] Volvemos a mantener la r, como en el original. Puesto que encontramos diversos ejemplos de una vibrante simple epentética tras una oclusiva en el RLA, así como en otros textos literarios del Siglo de Oro (Medina Morales 2005: 176-177), podemos suponer que este fenómeno gozaba de cierta difusión.
[18] Orig. *Leçana*.

trae? ¡Qué pie para galochas[19] y çapatilla zeyena! Querría que se quitasse los guantes por verle qué mano tiene. Acá mira. ¿Quiere vuestra merçed que me asome?

TÍA: No, hija, que yo quiero yr abaxo, y él me verná a hablar, y quando él estará abaxo, vos vernéys. Si os hablare, abaxá la cabeça y pasaos y, si yo os dixere que le habléys, vos llegá cortés y hazé vna reuerençia y, si os tomare la mano, retraeos hazia'trás, porque, como dizen: "Amuestra a tu marido el copo, mas no del todo". Y desta manera él dará de sí y veremos qué quiere hazer.

LOÇANA: ¿Veislo? Viene acá.

MERCADER: Señora, ¿qué se haze?

TÍA: Señor, seruiros y mirar en vuestra merçed la lindeza de Diomedes el Rauegnano.

MERCADER: Señora, pues ansí me llamo yo. Madre mía, yo querría ver aquella vuestra sobrina. Y por mi vida que será su ventura y vos no perderéys nada.

TÍA: Señor, está rebuelta y mal aliñada, mas porque vea vuestra merçed cómo es dotada de hermosura, quiero que pase aquí abaxo su telar y verala cómo texe.

DIOMEDES: Señora mía, pues sea luego.

TÍA: ¡Aldonça! ¡Sobrina! ¡Desçíos acá, y veréys mejor!

LOÇANA: Señora tía, aquí veo muy bien, avnque tengo la vista cordouesa, saluo que no tengo premideras.

TÍA: Desçí, sobrina, que este gentil ombre quiere que le texáys vn texillo, que proueheremos de premideras. Vení aquí, hazé vna reuerençia a este señor.

DIOMEDES: ¡Oh, qué gentil dama! Mi señora madre, no la dexe yr, y suplícole que le mande que me hable.

TÍA: Sobrina, respondé a esse señor, que luego torno.

DIOMEDES: Señora, su nonbre me diga.

LOÇANA: Señor sea vuestra merçed de quien mal lo quiere. Yo me llamo Aldonça, a seruicio y mandado de vuestra merçed.

DIOMEDES: ¡Ay, ay, qué herida! Que de vuestra parte qualque vuestro seruidor me á dado en el coraçón con vna saeta dorada de amor.

LOÇANA: No se marauille vuestra merçed, que quando me llamó que viniese abaxo, me pareçe que vi vn mochacho, atado vn paño por la frente, y me tiró no sé con qué; en la teta yzquierda me tocó.

DIOMEDES: Señora, es tal ballestero que de vn mismo golpe nos hirió a los dos. Ecco adonque due anime in vno core. ¡O, Diana! ¡O, Cupido! ¡Socorred el vuestro sieruo! Señora, si no remediamos con socorro de médicos sabios,

---

[19] Orig. *galochãs*.

dubdo la sanidad, y pues yo voy a Cáliz, suplico a vuestra merçed se venga comigo.

LOÇANA: Yo, señor, verné a la fin del mundo, mas dexe subir a mi tía arriba y, pues quiso mi ventura, seré sienpre vuestra más que mía.

TÍA: ¡Aldonça! ¡Sobrina! ¿Qué hazéys? ¿Dónde estáys? ¡O, pecadora de mí! El ombre dexa el padre y la madre por la muger, y la muger oluida por el ombre su nido. ¡Ay, sobrina! Y si mirara bien en vos, viera que me auíedes de burlar, mas no tenéys vos la culpa[20], sino yo, que teniendo la yesca, busqué el eslauón. ¡Mirá qué pago, que si miro en ello, ella misma me hizo alcagüeta[21]! ¡Va, va, que en tal pararás!

MAMOTRETO IV. Prossigue el autor

Ivntos a Cáliz, y sabido por Diomedes a qué sabía su señora, si era concho o veramente asado, començó a ynponella según que para luengos tienpos durasen iuntos; y viendo sus lindas carnes y lindeza de persona, y notando en ella el agudeza que la patria y parentado le auían prestado, de cada día le crescía el amor en su coraçón, y ansí determinó de no dexalla. Y passando él en Leuante con mercadançía, que su padre era vno de los primos mercaderes de Italia, lleuó consigo a su muy amada Aldonça, y de todo quanto tenía la hazía partícipe; y ella muy contenta, viendo en su caro amador Diomedes todos los géneros y partes de gentil ombre, y de hermosura en todos sus mienbros, que le paresçía a ella que la natura no se auía reseruado nada que en su caro amante no huuiese puesto; e por esta causa, miraua de ser ella presta a toda su voluntad; y como él era único entre los otros mercadantes, sienpre en su casa auía concurso de personas gentiles y bien criadas; y como veýan que a la señora Aldonça no le faltaua nada, que sin maestro tenía ingenio y saber, y notaua las cossas mínimas por saber y entender las grandes y arduas, holgauan de ver su eloquencia; y a todos sobrepujaua, de modo que ya no auía otra en aquellas partes que en más fuesse tenida, y era dicho entre todos de su loçanía, ansí en la cara como en todos sus mienbros. Y viendo que esta loçanía era de su natural, quedoles en fábula que ya no entendían por su nonbre Aldonça, saluo la Loçana; y no solamente entre ellos, mas entre las gentes de aquellas tierras dezían la Loçana por cosa muy nonbrada. Y si muncho sabía en estas partes, muncho más supo en aquellas prouincias, y procuraua de ver y saber quanto a su facultad pertenesçía. Siendo en Rodas, su caro Diomedes la[22] preguntó: "Mi

---

[20] Orig. *calpa*.
[21] El cambio de /ué/ por /gué/ es un "fenómeno castizo del castellano medieval y del español clásico, ya que se encuentra en la prosa de los mejores escritores de nuestra literatura hasta el siglo XVII, y en la popular del XVIII, hoy relegado a los ambientes rústicos y suburbiales" (Mondéjar 2001: 189).
[22] Este ejemplo de laísmo no es un caso aislado en el RLA. Encontramos otros ejemplos en textos de distancia comunicativa (como en las narraciones del autor) o en intervenciones

señora, no querría se os hiziese de mal venir a Leuante, porque yo me tengo de disponer a seruir y obedeçer a mi padre, el qual manda que vaya en Leuante, y andaré toda la Berbería, y principalmente donde tenemos trato, que me será fuerça de demorar y no tornar tan presto como yo querría, porque solamente en estas cibdades que agora oirés tengo de estar años, y no meses, como será en Alexandría, en Damasco, en Damiata, en Barut, en parte de la Soria, en Chiple, en El Cayre y en el Xío, en Constantinópoli, en Corinthio, en Tesalia, en Boecia, en Candía, a Venecia y Flandes, y en otras partes que vos, mi señora, veréys si queréys tenerme conpañía[23]".

LOÇANA: ¿Y quándo quiere vuestra merçed que partamos? ¡Porque yo no delibro de boluer a casa por el mantillo!

Vista por Diomedes la respuesta y voluntad tan suscinta que le dio con palabras antipensadas[24], muncho se alegró y suplicola que se esforçasse a no dexarlo por otro ombre, que él se esforçaría a no tomar otra por muger que a ella. Y todos dos, muy contentos, se fueron en Leuante y por todas las partidas que él tenía sus tratos, e fue d'él muy bien tratada y de sus seruidores y sieruas muy bien seruida y acatada. Pues ¿de sus amigos no hera acatada y mirada? Vengamos a que, andando por estas tierras que arriba diximos, ella señoreaua y pensaua que jamás le auía de faltar lo que al presente tenía y, mirando su loçanía, no estimaua a nadie en su ser y en su hermosura y pensó que, en tener hijos de su amador Diomedes, auía de ser vanco perpetuo para no faltar a su fantasía y triunfo, y que aquello no le faltaría in ningún tienpo. Y siendo ya en Candía, Diomedes le dixo: "Mi señora Aldonça, ya vos veys que mi padre me manda que me vaya en Italia. Y como mi coraçón se á partido en dos partes, la vna en vos, que no quise ansí bien a criatura, y la otra en vuestros hijos, los quales enbié a mi padre; y el deseo me tira, que a vos amo, y a ellos deseo ver; a mí me fuerça la obediencia suya, y a vos no tengo de faltar, yo determino yr a Marsella, y de allí yr a dar cuenta a mi padre y hazer que sea contento que yo vaya otra vez en España, y allí me entiendo casar con vos. Si vos soys contenta, vení comigo a Marsella, y allí quedaréys hasta que yo torne; y vista la voluntad de mi padre y el amor que tiene a vuestros hijos, haré que sea contento con lo que yo le dixere; y ansí vernemos en nuestro fin deseado".

LOÇANA: Mi señor, yo yré de muy buena voluntad donde vos, mi señor, me mandáredes; que no pienso en hijos, ni en otra cosa que dé fin a mi

de personajes cultos. Por tanto, Delicado asocia el laísmo a un rasgo prestigioso, pues es característico de la corte y de la variedad castellana (cf. Medina Morales 2005: 278–281, que justifica el laísmo en el RLA argumentando que Delicado pudo estar influido por el contacto con otros españoles que emigraron a Roma).

[23] Orig. *copañia*.
[24] De *ante-* (prefijo que denota 'anterioridad') y *pensadas*: 'premeditadas'. Mantenemos *antipensadas* por reflejar la variación vocálica.

esperanza, sino en vos, que soys aquella; y por esto os demando de merçed que dispongáys de mí a vuestro talento, que yo tengo sienpre de obedesçer.

Assí vinieron en Marsella y, como su padre de Diomedes supo, por sus espías, que venía con su hijo Diomedes Aldonça, madre de sus nietos, vino él en persona, muy disimulado, amenazando a la señora Aldonça. Mas ya Diomedes le auía rogado que fuesse su nonbre Loçana, pues que Dios se lo auía puesto en su formaçión, que muncho más le conuenía que no Aldonça, que aquel nonbre, Loçana, sería su ventura para el tienpo por venir. Ella consintió en todo quanto Diomedes hordenó. Y estando vn día Diomedes para se partir a su padre, fue lleuado en prisión a instançia de su padre, y ella, madona Loçana, fue despojada en camisa, que no saluó sino vn anillo en la boca. Y assí fue dada a vn barquero que la echase en la mar, al qual dio çien ducados el padre de Diomedes, por que ella no paresciese; el qual, visto que hera muger, la echó en tierra y, movido a piedad, le dio vn su vestido que se cubriese. Y viéndose sola y pobre, y a qué la auía traýdo su desgracia, pensar puede cada uno lo que podía hazer y dezir de su boca, ençendida de muncha pasión. Y sobre todo se daua de cabeçadas, de modo que se le siguió vna gran alxaqueca, que fue causa que le veniese a la frente vna estrella, como abaxo diremos. Finalmente, su fortuna fue tal, que vido venir vna nao que venía a Liorna y, siendo en Liorna, vendió su anillo, y con él fue hasta que entró en Roma.

Mamotreto V. Cómo se supo dar la manera para biuir, que fue menester que hussase audaçia *pro sapientia*

Entrada la señora Loçana en la alma çibdad y proveýda de súbito consejo, pensó: Yo sé muncho; si agora no me ayudo en que sepan todos, mi saber será ninguno. Y siendo ella hermosa y habladera, y dezía a tienpo, y tinié graçia en quanto hablaua, de modo que enbaýa a los que la oían. Y como hera plática y de gran conuersaçión, e auiendo sienpre sido en conpañía de personas gentiles, y en muncha abundancia, y viéndose que sienpre fue en grandes riquezas y conbites y gastos[25], que la hazían triunfar, dezía entre sí: "Si esto me falta seré muerta, que sienpre oý dezir que el çibo vsado es el prouechoso". Y como ella tenja gran ver e ingenio diabólico y gran conoscer, y en uer vn ombre sabía quánto valía, y qué tenja, y qué la podía dar, y qué le podía ella sacar; y miraua tanbién cómo hazían aquellas que entonçes heran en la çibdad, y notaua lo que le paresçía a ella que le auía de aprouechar para ser sienpre libre y no suejeta[26] a ninguno,

---

[25] En Andalucía aún se usa como arcaísmo con el significado de 'convite'.
[26] Mantenemos la forma con el diptongo irregular, pues dichas diptongaciones están documentadas en textos literarios del siglo XVI (véase Medina Morales 2005: 108-110) y, especialmente, en responsas judeoespañolas de esta misma época (véase Benaim 2011).

como despuoés[27] veremos. Y, acordándose de su patria, quiso saber luego quién estaua aquí de aquella tierra y, avnque fuesen de Castilla, se hazía ella de allá por parte de vn su tío, y si hera andaluz, mejor, y si de Turquía, mejor, por el tiempo y señas que de aquella tierra daua, y enbaucaua a todos con su gran memoria. Halló aquí de Alcalá la Real, y allí tenía ella vna prima, y en Vaena otra, en Luque y en la Peña de Martos, natural parentela. Halló aquí de Arjona y Arjonilla y de Montoro, y en todas estas partes tenía parientas y primas, saluo que en la Torre don Ximeno que tenía vna entenada, y pasando con su madre a Jaén, posó en su casa, y allí fueron los primeros grañones[28] que comió con huessos de toçino. Pues, como daua señas de la tierra, halló luego quien la fauoresçió, y diéronle vna cámara en conpañía de vnas buenas mugeres españolas. Y otro día hizo quistión con ellas sobre vn jarillo, y echó las quatro las escaleras abaxo; y fuese fuera, y demandaua por Pozo Blanco, y procuró entre aquellas camiseras castellanas qualque estançia o qualque buena copañía. Y como en aquel tiempo estuviesse en Pozo Blanco vna muger napolitana con vn hijo y dos hijas, que tenían por ofiçio hazer solimán y blanduras y afeytes y çerillas, y quitar cejas, y afeitar nouias, y hazer mudas de açúcar candi y agua de açofeyfas y, qualque buelta, apretaduras, y todo lo que pertenesçía a su arte tenían sin falta, y lo que no sabían se lo hazían enseñar de las judías, que tanbién biuían con esta plática, como fue Mira, la judía que fue de Murcia, Engraçia, Perla, Jamila, Rosa, Cufa, Cintia y Alfarutía, y otra que se dezía la judía del vulgo, que hera más plática y tinié más conuersación[29]. Y auéys de notar que pasó a todas estas en este oficio, y supo más que todas, y diole mejor la manera, de tal modo, que en nuestros tienpos podemos dezir que no ay quien huse el ofiçio mejor ni gane más que la señora Loçana, como abaxo diremos, que fue entre las otras como Auicena entre los médicos. *Non est mirum acutissima patria.*

Mamotreto VI. Cómo en Pozo Blanco, en casa de vna camisera, la llamaron

Vna Seuillana, muger biuda, la llamó a su casa, viéndola pasar, y le demandó:

<SEUILLANA>: Señora mía, ¿soys española? ¿Qué buscáys?

LOÇANA: Señora, avnque vengo vestida a la ginouesa, soy española y de Córdoua.

---

[27] Asimismo, no corregimos la forma del texto original. La variante *duespués* está documentada en el corpus de respuestas judeoespañolas del siglo XVI transliteradas y estudiadas por Benaim (2011: 185).

[28] "Especie de sémola hecha de trigo cocido en grano." (DLE, s.v. *grañón*). En el *Libro de guisados* de Ruberto Nola (Logroño, 1529), cocinero mayor del Rey "don Hernando de Nápoles" (fol. Ir), encontramos la receta de "grañones" bajo la sección "Viandas de Quaresma" (fol. LXVIIIv). En Andalucía se utiliza actualmente como arcaísmo *garañones* con el significado de 'palomitas de maíz'.

[29] Orig. *conuesacion*.

SEUILLANA: ¿De Córdoua? ¡Por vuestra vida, aý tenemos todas parientes! ¿Y a qué parte moráuades?

LOÇANA: Señora, a la Cortiduría.

SEUILLANA: ¡Por vida vuestra, que vna mi prima casó aý con vn cortidor rico! ¡Así goze de vos, que quiero llamar a mi prima Teresa de Córdoua, que os vea! ¡Mencía, hija! Va, llama a tu tía y a Beatriz de Baeça y Marina Hernández, que traygan sus costuras y se vengan acá. Dezime, señora, ¿quánto ha que venistes?

LOÇANA: Señora, ayer de mañana.

SEUILLANA: ¿Y dónde dormistes?

LOÇANA: Señora, demandando de algunas de la tierra, me fue mostrada vna casa donde están siete o ocho españolas. Y como fuy allá, no me querían acoger, y yo venía cansada, que me dixeron que el Santo Padre iua a encoronarse. Yo, por verlo, no me curé de comer.

SEUILLANA: ¿Y visteslo, por mi vida?

LOÇANA: Tan lindo es, y bien se llama León Décimo, que así tiene la cara.

SEUILLANA: Y bien, ¿diéronos algo aquellas españolas a comer?

LOÇANA: Mirá qué vellacas, que ni me quisieron yr a demostrar la plaça. Y en esto vino vna que, como yo dixe que hera de los buenos de su tierra, fueme por de comer, y después fue comigo a enseñarme los señores. Y como supieron quién yo y los míos heran, que mi tío fue muy conosçido, que quando murió le hallaron en las manos los callos tamaños de la vara de la justiçia, luego me mandaron dar aposento. Y enbió comigo su moço, y Dios sabe que no osaua sacar las manos afuera por no ser vista, que traygo estos guantes, cortadas las cabeças de los dedos, por las encobrir.

SEUILLANA: ¡Mostrad, por mi vida! ¡Quitad los guantes! ¡Biuáys vos en el mundo y aquel Criador que tal crió! ¡Lograda y engüerada seáys, y la bendiçión de vuestros pasados os venga! Cobrildas, no las vea mi hijo, y acabame de contar cómo os fue.

LOÇANA: Señora mía, aquel moço mandó a la madre que me acogiese y me diese buen lugar, y la puta vieja barbuda, estrellera, dixo: "¿No veys que tiene greñimón?". Y ella, que es estada mundaria[30] toda su vida, y agora que se vido harta y quita de pecado, pensó que, porque yo traygo la toca baxa y ligada a la ginouesa, y son tantas las cabeçadas que me he dado yo misma, de vn enojo que he auido, que me marauillo cómo só biua; que como en la nao no tenía médico ni bien ninguno, me á tocado entre çeja y çeja, y creo que me quedará señal.

SEUILLANA: No será nada, por mi vida. Llamaremos aquí vn médico que la uea, que pareçe vna estrellica.

---

[30] 'Prostituta, mujer de mundo'. Esta palabra, que en su inicio es de carácter culto por el sufijo que presenta, gozó de cierta difusión en el siglo XV, pero dejó de usarse a partir de la primera mitad del siglo XVI (Díaz-Bravo 2010b: 178).

Mamotreto VII. Cómo vienen las parientas y les dize la Seuillana

<SEUILLANA>: Norabuena vengáys. Ansí goze yo de todas, que os asentéys y oiréis a esta señora que ayer vino y es de nuestra tierra.

BEATRIZ: Bien se le pareçe, que ansí son todas frescas, graçiosas y lindas, como ella, y en su loçanía se ue que es de nuestra tierra. ¿Quánto ha, señora mía, que salistes de Córdoua?

LOÇANA: Señora, de honze años fuy con mi señora a Granada, que mi padre nos dixó vna casa en pleyto por ser él muy putañero y jugador, que jugara el sol en la pared.

SEUILLANA: ¡Y duelos le vinieron! ¿Teniendo hijas donzellas, jugaua?

LOÇANA: ¡Y qué hijas! Tres héramos y trayámos çarçillos de plata. Y yo hera la mayor. Fui festejada de quantos hijos de caualleros huuo en Córdoua, que de aquello me holgaua yo. Y esto puedo jurar, que desde chiquita me comía lo mío, y en ver ombre se me desperezaua y me quisiera yr con alguno, sino que no me lo daua la hedad; que vn hijo de vn caballero nos dio vnas harracadas muy lindas, y mi señora se las escondió por que no se las jugase, y después las vendió ella para vezar a las otras a labrar, que yo ni sé labrar ni coser y el filar se me á oluidado.

CAMISERA: Pues, ¡guayas de mi casa!, ¿de qué biuiréys?

LOÇANA: ¿De qué, señora? Sé hazer alheña y mudas y tez de cara, que deprendí en Leuante, sin lo que mi madre me mostró.

CAMISERA: ¿Que soys estada en Leuante? ¡Por mi vida, yo pensé que veníades de Génoua!

LOÇANA: ¡Ay, señoras! Contaros he marauillas. Dexame yr a verter aguas que, como eché aquellas putas viejas alcoholadas por las escaleras abaxo, no me paré a mis necesidades. Y estaua allí vna beata de Lara, el coño puto y el ojo ladrón, que creo hizo pasto a quantos brunetes van por el mar oçéano.

CAMISERA: ¿Y qué os hizo?

LOÇANA: No quirié que me lauasse con el agua de su jarillo. Y estaua allí otra havacera, que de su tierra acá no vino mayor rauanera, villana, tragasantos[31], que dize que viene aquí por vna bulda[32] para vna ermita, y trayé consigo vn ermano frayre de la Merçed que tiene vna nariz como asa de cántaro y el pie como remo de galera, que anonche la vino aconpañar, ya tarde, y esta mañana, en siendo de día, la demandaua; y enbiésela lo más presto que pude: rodando. Y, por el Dios que me hizo, que si me hablara, que estaua determinada comerle las sonaderas porque me parasçiera. Y viniéndome para acá, estauan quatro españoles allí, cabe vna grande

---

[31] "Persona beata que tiene gran devoción a las imágenes de los santos" (DLE, s.v. *tragasantos*). Palabra compuesta formada por el verbo *tragar* y el sustantivo *santos*, usado aquí con claras connotaciones obscenas.

[32] "Lo mismo que bula. Es voz antigua que entre los rústicos tiene algún uso" (*Autoridades*, s.v. *bulda*).

plaça[33], y tiñén munchos dineros de plata en la mano, y díxome el vno: "Señora, ¿queresnos contentar a todos? Y tomá". Yo presto les repondí, si me entendieron.

CAMISERA: ¿Qué? ¡Por mi vida, ansí gozéys!

LOÇANA: Díxeles: "Ermanos, no ay çeuada para tantos asnos". Y perdoname, que luego torno, que me meo toda.

BEATRIZ: Ermana, ¿vistes tal hermosura de cara y tez? ¡Si tuviese asiento para los antojos! Mas creo que si se cura, que sanará.

TERESA HERNÁNDEZ: ¡Andá ya, por vuestra vida, no digáys! Súbele más de mitad de la frente: quedará señalada para quanto biuiere. ¿Sabéys qué podía ella hazer? Que aquí ay en Canpo de Flor munchos d'aquellos charlatanes que sabrían medicarla por abaxo de la uanda yzquierda.

CAMISERA: ¡Por vida de vuestros hijos, que bien dezís! Mas, ¿quién se lo osará dezir?

TERESA: Esso de quién, yo, hablando hablando, se lo diré.

BEATRIZ: ¡Ay, prima Hernández, no lo hagáys, que nos deshonrrará como a mal pan! ¿No veys qué lauia y qué osadía que tiene y qué dezir? Ella se hará a la vsanza de la tierra, que verá lo que le cunple. No querría sino saber della si es confesa, porque hablaríamos sin miedo.

TERESA: ¿Y esso me dezís? Avnque lo sea, se hará christiana linda.

BEATRIZ: Dexemos hablar a Teresa de Córdoua, que ella es burlona y se lo sacará.

TERESA: Mirá en qué estáys. Digamos que queremos torcer hormigos o hazer alcuzcuçú, y si los sabe torcer, aý veremos si es *de nobis*, y si los tuerçe con agua o con azeyte.

BEATRIZ: Biuáys vos, que más sabéys que todas. No ay peor cosa que confesa nesçia.

SEUILLANA: Los cabellos os sé dezir que tiene buenos.

BEATRIZ: ¿Pues no veys que dize que auía doze años que jamás le pusieron garuín ni alvanega, sino vna prinçeta labrada, de seda verde, a vsanza de Jaén?

TERESA: Ermana, Dios me acuerde para bien, que por sus cabellos me he acordado, que çien vezes os lo he quesido dezir: ¿Acordaysos el otro día, quando fuymos a uer la parida, si vistes aquella que la seruía, que es madre de vna que vos bien sabéys?

CAMISERA: Ya os entiendo. Mi hijo le dio vna camisa de oro labrada y las bocas de las mangas con oro y azul. ¿Y es aquella su madre? Más moça pareçe que la hija. ¡Y qué cabellos ruuios que tenía!

TERESA: ¡Hi, hi! ¡Por el paraýso de quien acá os dexó, que son alheñados por cobrir la ñeue de las navidades! Y las çejas se tiñe cada mañana, y aquel

---

[33] Orig. *placa*.

lunar, postizo es, porque, si miráys en él, es negro y vnos días más grande que otros; y los pechos, llenos de paños para hazer tetas; y quando sale, lleua más dixes que vna negra, y el tocado muy plegado por henchir la cara, y piensa que todos la miran, y a cada palabra su reuerençia; y quando se asienta no paresce sino depósito mal pintado. Y sienpre va con ella la otra Marixorríquez, la regatera, y la cabrera, que tiene aquella boca que no paresçe sino tragacaramillos, que es más vieja que Satanás. Y sálense de noche de dos en dos, con sonbreros, por ser festejadas, y no se osan descobrir, que no vean el ataúte carcomido.

BEATRIZ: Dezime, prima, ¡muncho sabéys vos!, que yo soy vna boua que no paro mientes en nada de todo esso.

TERESA: Dexame dezir, que ansí dizen ellas de nosotras quando nos ven que ymos a la estufa[34] o veníamos: "¿Veys las camiseras? ¿Son de Pozo Blanco y baticulo[35] lleuan?". A osadas que no van tan espeso a missa y no se miran a ellas, que son putas públicas. ¿Y quándo vieron ellas confessas putas y deuotas? Çiento entre vna.

CAMISERA: Dexá esso y notá que me dixo esta forastera que tenía vn tío que murió con los callos en las manos, de la vara de la justiçia, y devié de ser que sería cortidor.

TERESA: Callá, que viene. Si no, será peor que con las otras que echó a rodar.

Mamotreto VIII. Cómo torna la Loçana y pregunta

<LOÇANA>: Señoras, ¿en qué habláys, por mi vida?

TERESSA: En que para mañana querríamos hazer vnos hormigos torçidos.

LOÇANA: ¿Y tenéys culantro verde? Pues dexá hazer a quien de vn puño de buena harina y tanto hazeyte, si lo tenéys bueno, os hará vna almofía llena, que no los olvidéys avnque muráys.

BEATRIZ: Prima, ansí gozéys, que no son de perder. Toda cosa es bueno prouar, quanto más pues que es de tan buena maestra que, como dizen, "la que las sabe las tañe". (¡Por tu vida, que es *de nostris*!). Señora, sentaos y dezinos vuestra fortuna cómo os á corrido por allá por Leuante.

LOÇANA: Bien, señoras, si el fin fuera como el principio; mas no quiso mi

---

[34] Las estufas (italianismo) eran baños públicos o establecimientos termales usados originalmente con fines terapéuticos que acabaron usándose también como burdeles (Díaz-Bravo 2010b: 175–76).

[35] Frente a otros editores, lo dejamos inacentuado, de acuerdo con el DLE (s.v. 4): "p. us. Vestido cuyos vuelos dan en el culo".

desdicha, que podía yo pareçer delantre[36] a otra que[37] fuera en todo el mundo de velleza y bien quista[38], delante a quantos grandes señores me conosçían, querida de mis esclauas, de los de mi casa toda, que a la marauilla me querían ver quantos de acá yvan. Pues oýrme hablar, no digo nada. Que agora este duelo de la cara me afea, y por marauilla venían a uer mis dientes, que creo que[39] muger naçida tales los tuuo, porque es cosa que podéys ver, bien que me veys ansí, muy cubierta de vergüença, que pienso que todos me conoscen. Y quando sabréys cómo á pasado la cosa, os marauillaréys, que no me faltaua nada, y agora no es por mi culpa, sino por mi desuentura. Su padre de vn mi amante, que me tenía tan honrrada, vino a Marsella, donde me tenía para enbiarme a Barçelona, a que lo esperase[40] allí en tanto que él yua a dar la cuenta a su padre; y por mis duelos grandes, vino el padre primero y a él echó en prisión y a mí me tomó y me desnudó fin a la camisa, y me quitó los anillos, saluo vno que yo me metí en la boca, y mandome echar en la mar a vn marinero, el qual me saluó la vida viéndome muger y posome en tierra; y assí, venieron vnos de vna nao y me vistieron y me traxeron a Liorna.

CAMISERA: ¡Y mala entrada le entre al padre desse vuestro amigo! ¿Y si mató vuestros hijos tanbién que le auíades enbiado?

LOÇANA: Señora, no, que los quiere muncho. Mas porque lo quería casar a este su hijo, a mí me mandó de aquella manera.

BEATRIZ: ¡Ay, lóbrega de vos, amiga mía! ¿Y todo esso avéys pasado?

LOÇANA: Pues no es la mitad de lo que os diré, que tomé tanta malenconía que daua con mi cabeça por tierra, y porrazos me he dado en esta cara que me marauillo que esta alxaqueca no me á çegado.

CAMISERA: ¡Ay, ay! ¡Guayosa de vos! ¿Cómo no soys muerta?

LOÇANA: No quiero deziros más porque el llorar me mata, pues que soy venida a tierra que no faltará de qué biuir, que ya é vendido el anillo en nueue ducados, y di dos al harriero, y con estotros me remediaré si supiese[41] hazer melcochas o mantequillas.

---

[36] La búsqueda a través del CORDE nos permite comprobar que esta variante está documentada desde el siglo XII y que adquirió cierta difusión en el español medieval; a partir de 1500, los testimonios son muy escasos en este corpus. Sin embargo, encontramos algunos ejemplos del siglo XVI en cartas privadas escritas por españoles que emigraron a América durante la época de la colonización (editadas por Fernández Alcaide 2009), en concreto, *delantre* aparece en las cartas 39, 66 y 71; y *adelantre*, en las cartas 71 y 143. Asimismo, la forma *delantre* está documentada en responsas judeoespañolas del siglo XVI (Benaim 2011: 214, 354).
[37] Orig. *qu*.
[38] "Querido o estimado", desus. (DLE, s.v. *quisto*).
[39] Orig. *qne*.
[40] Orig. *esparese*.
[41] Orig. *susupiese*.

Mamotreto IX. Vna pregunta que haze la Loçana para se informar

<LOÇANA>: Dezime, señoras mías, ¿soys casadas?
BEATRIZ: Señora, sí.
LOÇANA: ¿Y vuestros maridos, en qué entienden?
TERESSA: El mío es canbiador, y el de mi prima lençero, y el de essa señora que está cabo uos es borzeguinero.
LOÇANA: ¡Biuan en el mundo! ¿Y casastes aquí o en España?
BEATRIZ: Señora, aquí. Mi ermana, la biuda, vino casada con vn trapero rico.
LOÇANA: ¿Y quánto ha que estáys aquí?
BEATRIZ: Señora mía, desde el año que se puso la Inquisiçión.
LOÇANA: Dezime, señoras mías, ¿ay aquí judíos?
BEATRIZ: Munchos, y amigos nuestros. Si huuiéredes menester algo dellos, por amor de nosotras hos harán honrra y cortesía.
LOÇANA: ¿Y tratan con los christianos?
BEATRIZ: Pues, ¿no los sentís?
LOÇANA: ¿Y quáles son?
BEATRIZ: Aquellos que lleuan aquella señal colorada.
LOÇANA: ¿Y ellas lleuan señal?
BEATRIZ: Señora, no; que van por Roma adobando nouias y vendiendo solimán labrado y aguas para la cara.
LOÇANA: Esso querría yo ver.
BEATRIZ: Pues yd vos allí, a casa de vna Napolitana, muger de Jumilla, que mora aquí arriba en Calabraga, que ella y sus hijas lo tienen por ofiçio, y aun creo que os dará ella recabdo, porque saben munchas casas de señores que os tomarán para guarda de casa y conpañía a sus mugeres.
LOÇANA: Esso querría yo si me mostrasse este niño la casa.
CAMISERA[42]: Sí hará. Ven acá, Aguilarico.
LOÇANA: ¡Ay, señora mía! ¿Aguilarico se llama? Mi pariente deue ser.
BEATRIZ: Ya podría ser, pues aý junto mora su madre.
LOÇANA: Beso las manos de vuestras merçedes, y si supieren algún buen partido para mí, como si fuesse estar con algunas donzellas, en tal que yo lo sirua, me auisen.
BEATRIZ: Señora, sí; andad con bendiçión. ¿Auéys visto? ¡Qué lengua, qué saber! Si a esta le faltaran partidos, dezí mal de mí. ¡Mas beato el que le fiara su muger!
TERESA: Pues andaos a dezir gracias. No, sino gouernar donzellas, mas no mis hijas. ¿Qué pensáys que sería? Dar carne al lobo. Antes de ocho días sabrá toda Roma, que esta en son la ueo yo que con los christianos será christiana; y con los jodíos, jodía; y con los turcos, turca; y con los

---

[42] Orig. *Camisara*.

hidalgos, hidalga; y con los ginoueses, ginouesa; y con los franceses, francesa; que para todos tiene salida.

CAMISERA: No veía la ora que la enbiásedes de aquí, que si viniera mi hijo no la dexara partir.

TERESA: Esso quisiera yo ver, cómo hablaua y los gestos que hiziera, y por ver si se cubriera. Mas no curéys, que presto dará de sí como casa vieja, pues a casa ua que no podría mejor hallar a su propósito, y endemás, la patrona, que pareçe a la judía de Çaragoza, que la lleuará consigo y a todos contará sus duelos y fortuna.

MAMOTRETO X. El modo que tuuo yendo con Aguilarico, espantándose que le hablauan en catalán, y dize vn baruero, Mossén Sorolla

<SOROLLA>: Ven asçí, mon cosín Aguilaret. Veniv asçí, mon fill. ¿On sev estat? Que ton pare t'en demana.

AGUILARET: Non vul venir, que vaich[43] con aquesta dona.

SOROLLA: Ma comare, feu vos asçí. Veureu vostron fill.

SOGORBESA: Vens asçí, tacañet.

AGUILARET: ¿Què voleu, ma mare? Ara uing.

SOGORBESA: ¡Not cures, penjat, traydoret! Aquexa dona, ¿hon te á tengut tot vuy?

LOÇANA: Yo, señora, agora lo vi, y le rogaron vnas señoras que me enseñase aquí junto a vna casa.

SOGORBESA. Anau al burdell y laxau estar mon fill.

LOÇANA: Yd vos, y besaldo[44] donde sabéys. ¡Mirá la çegijunta con qué me salió!

MALLORQUINA: Veniu açí, bona dona. No's prengau ab aquexa dona, ma ueyna. On anau?

LOÇANA: Por mi vida, señora, que no sé el nonbre del dueño de vna casa por aquí que aquel niño me querié mostrar.

MALLORQUINA: ¿Deueu de fer llauors o res? Que asçí ma filla vos farà tot quan vos le comenareu.

LOÇANA: Señora, no busco esso, y sienpre halla el ombre lo que no busca, máxime en esta tierra. Dezime, así biuáys: ¿Quién es aquella hija de corcobado y catalana, que, no conoçiéndome, me desonrró? Pues ¡guay della si soltaua yo la maldita! Ni vi su hijo, ni quisiera ver a ella.

MALLORQUINA: No us cureu, filla; anav vostron uiaje y si vos manau res, lo farem nosaltres de bon cor.

---

[43] Orig. *vacih*.
[44] Sobre las formas de imperativo en el Siglo de Oro, véase Anipa (2001: 165-85), según el cual, de 49 ocurrencias de imperativo seguido por pronombre enclítico con *l*- inicial en el RLA, 48 son variantes con metátesis (2001: 179–80).

LOÇANA: Señora, no quiero nada de vos, que yo busco vna muger que quita çejas.

MALLORQUINA: ¡Anav en mal guañy! ¿I axò voliav? Çercaula.

LOÇANA: ¡Válalas el diablo, y locas son estas mallorquinas! ¡En Valençia ligarosían a vosotras! ¡Y herraduras an menester, como bestias! Pues no me la yrán a pagar a la pellegería de Burgos. ¡Cul de sant Arnav! ¡Som segurs! ¡Quina gent de Deu!

Mamotreto XI. Cómo llamó a la Loçana la Napolitana que ella buscaua y dize a su marido que la llame

<NAPOLITANA>: Hoýslo[45], ¿quién es aquella muger que anda por allí? Ginouesa me pareçe. Mirá si quiere nada de la botica. Salí allá, quiçá que trae guadaño.

JUMILLA: Salí vos, que en ver ombre se espantará.

NAPOLITANA: Dame acá esse morteruelo de açófar. Dezí, hija, ¿echastes aquí el atanquía y las pepitas de pepino?

<HIJA>: Señora, sí.

<NAPOLITANA>: ¿Qué miráys, señora? ¡Con essa tez de cara no ganaríamos nosotros nada!

LOÇANA: Señora, no's marauilléys que solamente en oýros hablar me alegré.

NAPOLITANA: Ansí es, que no en balde se dixo "por do fueres, de los tuyos halles". Quiçá la sangre os tira. Entrá, mi señora, y quitaos dese sol. ¡Ven acá tú! Sácale aquí a esta señora con que se refresque.

LOÇANA: No haze menester que, si agora comiesse, me ahogaría del enojo que traygo de aquesas vuestras vezinas. Mas si biuimos y no nos morimos, a tiempo seremos. La vna porque su hijo me venía a mostrar a vuestra casa, y la otra porque demandé de vuestra merçed.

NAPOLITANA: ¡Hi, hi! Son enbidiosas y por esso mirá quál va su hija el domingo afeitada de mano de Mira, la jodía, o como las que nosotras afeitamos, ni más ni ál[46]. Señora mía, el tiempo os doy por testigo. La vna es de Sogorbe y la otra mallorquina y, como dixo Juan del Enzina, que "cul y cap y feje y cos echan fuera a uoto a Dios".

LOÇANA: ¡Mirá si las conoçí yo! Señora mía, ¿son donzellas estas vuestras hijas?

NAPOLITANA: Son y no son; sería largo de contar. Y vos, señora, ¿soys casada?

LOÇANA: Señora, sí; y mi marido será agora aquí, de aquí a pocos días, y en este medio querría no ser conosçida y enpeçar a ganar para la costa. Querría

---

[45] Tratamiento cariñoso usado entre esposos.
[46] "El pronombre *ál* ('otra cosa') es ya un arcaísmo a principios del siglo XVI" (Girón Alconchel 2004: 864).

estar con personas honestas por la honrra y quiero primero pagaros que me siruáys. Yo, señora, vengo de Leuante y traygo secretos marauillosos, que, máxime en Grecia, se husan muncho las mugeres que no son hermosas procurar de sello y, porque lo veáys, póngase aquesto vuestra hija la más morena.

NAPOLITANA: Señora, yo quiero que vos misma se lo pongáys y, si eso es, no auíades vos menester padre ni madre en esta tierra, y esse vuestro marido que dezís será rey. ¡Oxalá fuera vno de mis dos hijos!

LOÇANA: ¿Que tanbién tenéys hijos?

NAPOLITANA: Como dos pinpollos de oro; trauiesos son, mas no me curo, que para esso son los ombres. El vno es ruuio como vnas candelas y el otro crespo. Señora, quedaos aquí y dormiréys con las donzellas y si algo quisiéredes hazer para ganar, aquí a mi casa vienen moros y jodíos que, si os conosçen, todos os ayudarán; y mi marido va vendiendo cada día dos, tres y quatro çestillas desto que hazemos, y lo que basta para vna persona, basta para dos.

LOÇANA: Señora, yo lo dó por resçebido. Dad acá si queréys que os ayude a esso que hazéys.

NAPOLITANA: Quitaos primero el paño y mirá si traés ninguna cosa que dar a guardar.

LOÇANA: Señora, no, sino vn espejo para mirarme; y agora veo que tengo mi pago, que solía tener diez espejos en mi cámara para mirarme, que de mí misma estaua como Narcisso y agora como Tisbe a la fontana, y si no me miraua çien vezes, no me miraua vna. Y he auido el pago de mi propia merçed. ¿Quién son estos que vienen aquí?

NAPOLITANA: Ansí goze de vos, que son mis hijos.

LOÇANA: Bien pareçen a su padre y, si son estos los pinos de oro, a sus ojos.

NAPOLITANA: ¿Qué dezís?

LOÇANA: Señora, que pareçen hijos de rei, naçidos en Badajoz. Que veáys nientos dellos.

NAPOLITANA: Ansí veáys vos de lo que paristes.

LOÇANA: Mançebo de bien, llegaos acá y mostrame la mano. Mirá qué señal tenés en el monte de Mercurio y huñas de rapina. Guardaos de tomar lo[47] ageno, que peligrarés.

NAPOLITANA: A estotro bizarro me mirá.

LOÇANA: Esse barbitaheño, ¿cómo se llama? Vení, vení. Este monte de Venus está muy alto. Vuestro peligro está señalado en Saturno, de vna prisión, y en el monte de la Luna, peligro por mar.

RANPÍN: Caminar por do ua el buey.

LOÇANA: Mostrá esotra mano.

---

[47] Orig. *le*.

RANPÍN: ¿Qué queréys ver? Que mi ventura ya la sé. Dezime vos, ¿dónde dormiré esta noche?
LOÇANA: ¿Dónde? Donde no soñastes.
RANPÍN: No sea en la prisión, y venga lo que veniere.
LOÇANA: Señora, este vuestro hijo más es venturoso que no pensáys. ¿Qué hedad tiene?
NAPOLITANA: De diez años le sacamos los braçicos y tomó fuerça en los lomos.
LOÇANA: Suplico's que le deys liçençia que vaya comigo y me muestre esta çibdad.
NAPOLITANA: Sí hará, que es muy seruidor de quien lo mereçe[48]. Andá, meteos essa camisa y seruí a essa señora honrrada.

Mamotreto XII. Cómo Ranpín le va mostrando la cibdad y le da ella vn ducado que busque donde çenen y duerman, y lo que pasaron con vna lauandera

LOÇANA: Pues hazé vna[49] cosa, mi hijo, que, por do fuéremos, que me digáys cada cosa qué es y cómo se llaman las calles.
RANPÍN: Esta es la Çeca, do se haze la moneda, y por aquí se va a Canpo de Flor y al Colisseo, y acá es el puente, y estos son los vanqueros.
LOÇANA: ¡Ay, ay! No querría que me conosçiesen, porque sienpre fuy mirada.
RANPÍN: Vení por acá i mirá. Aquí se venden munchas cosas, y lo mejor que en Roma y fuera de Roma naçe se trae aquí.
LOÇANA: Por tu vida, que tomes este ducado y que conpres lo mejor que te paresçiere, que aquí jardín me pareçe más que otra cosa.
RANPÍN: Pues adelante lo veréys.
LOÇANA: ¿Qué me dizes? Por tu vida, ¡que conpres aquellas tres perdizes, que çenemos!
RANPÍN: ¿Quáles, aquestas? Astarnas[50] son, que el otro día me dieron a comer de vna en casa de vna cortesana[51], que mi madre fue a quitar las çejas y yo le lleué los afeites.
LOÇANA: ¿Y dó biue?
RANPÍN: Aquí abaxo, que por allí auemos de pasar.
LOÇANA: Pues todo esso quiero que vos me mostréys.

---

[48] Orig. *meroçe*. Doble sentido con connotaciones sexuales. El cultismo *meretriz* –"propiamente, 'la que se gana la vida ella misma'"– procede del verbo *merecer* (DCECH, s.v. *merecer*).
[49] Orig. *hna*.
[50] Italianismo: "Perdiz pardilla" (DLE, s.v. *estarna*).
[51] En el siglo XVI, el italianismo *cortesana* "se emplea en textos literarios para designar a la 'prostituta de más nivel': eran las que gozaban de mayor lujo, belleza y nivel económico, ya que solían tener varios criados y casa propia (Díaz-Bravo 2010b: 175).

RANPÍN: Sí haré.
LOÇANA: Quiero que vos seáys mi hijo, y dormiréys comigo. Y mirá no me lo hagáys, que esse boço d'ençima demuestra que ya soys capón.
RANPÍN: Si vos me prouásedes, no sería capón.
LOÇANA: ¡Por mi vida! ¡Hi, hi! Pues conprá de aquellas hostias vn par de jullios, y acordá dónde yremos a dormir.
RANPÍN: En casa de vna mi tía.
LOÇANA: ¿Y vuestra madre?
RANPÍN: ¡Que la quemen!
LOÇANA: Lleuemos vn cardo.
RANPÍN: Son todos grandes.
LOÇANA: Pues ¿qué se nos da? Cueste lo que costare, que, como dizen, "ayunar o comer truncha".
RANPÍN: Por esta calle hallaremos tantas cortesanas juntas como colmenas.
LOÇANA: ¿Y quáles son?
RANPÍN: Ya las veremos a las gelosías. Aquí se dize el Vrso. Más arriba veréys munchas más.
LOÇANA: ¿Quién es este? ¿Es el obispo de Córdoua?
RANPÍN: ¡Ansí biua mi padre! Es vn obispo espigacensis de mala muerte.
LOÇANA: Más triunfo lleua vn mamelluco.
RANPÍN: Los cardenales son aquí como los mamellucos.
LOÇANA: Aquellos se hazen adorar.
RANPÍN: Y estos tanbién.
LOÇANA: Gran soberuia lleuan.
RANPÍN: El año de veinte i siete me lo dirán.
LOÇANA: Por ellos padeçeremos todos.
RANPÍN: Mal de munchos, gozo es. Alçá los ojos arriba, y veréys la manifatura de Dios en la señora Clarina. Allí me mirá vos. ¡Aquella es gentil muger!
LOÇANA: Ermano, hermosura en puta y fuerça en bastajo.
RANPÍN: Mirá esta otra.
LOÇANA: ¡Qué presente para triunfar! Por esso se dixo, "¿quién te hinzo puta? El vino y la fruta".
RANPÍN: Es fauorida[52] de vn perlado. Aquí mora la galán portuguesa.
LOÇANA: ¿Qué es, amiga de algún ginoués?
RANPÍN: Mi agüelo es mi pariente, de çiento y otros veynte.
LOÇANA: ¿Y quién es aquella handorra[53] que va con sonbrero tapada, que va culeando y dos moças lleua?

[52] La voz *favorida* aparece sustantivada en el RLA para referirse a las cortesanas. También se usa como adjetivo en los sintagmas *cortesanas favoridas* o *favorescidas* (es decir, 'preferidas').
[53] *Andorra* es 'la mujer que todo lo anda, amiga de callejear' (Covarrubias, s.v. *andar*; *Autoridades*, s.v.; DLE, s.v.) pero por extensión, se empleó también para designar tanto a las prostitutas como a las alcahuetas que andan por las calles en busca de clientes (Díaz-Bravo 2010b: 172).

RANPÍN: ¿Essa? Qualque cortesanilla por aý. ¡Mirá qué traquinada dellas van por allá, que paresçen enxanbre, y los galanes tras ellas! A estas oras salen ellas desfraçadas.

LOÇANA: ¿Y dó van?

RANPÍN: A perdones.

LOÇANA: ¿Sí? Por de más lo tenían. ¿Putas y perdoneras?

RANPÍN: Van por recoger para la noche.

LOÇANA: ¿Qué es aquello? ¿Qué es aquello?

RANPÍN: Lléualas la iusticia.

LOÇANA: Esperá, no's enboluáys con essa gente.

RANPÍN: No haré, luego vengo.

LOÇANA: ¡Mira agora dónde va Braguillas! ¡Guayas si la sacó Perico el Brauo! ¿Qué era, por mi vida, hijo?

RANPÍN: No, nada, sino el tributo que les demandauan, y ellas an dado por no ser vistas, quién anillo, quién cadena, y después enbiará cada una qualque litigante por lo que dio, y es vna cosa, que pagan cada una vn ducado al año al capitán de Torre Sabela.

LOÇANA: ¿Todas?

RANPÍN: Saluo las casadas.

LOÇANA: Mal hazen, que no auían de pagar sino las que están al burdel.

RANPÍN: Pues por esso es la mayor parte de Roma burdel, y le dizen: "Roma putana".

LOÇANA: ¿Y aquellas qué son? ¿Moriscas?

RANPÍN: ¡No, cuerpo del mundo, son romanas!

LOÇANA: ¿Y por qué van con aquellas almalafas?

RANPÍN: Non son almalafas; son baticulo o batirabo, y paños listados.

LOÇANA: ¿Y qué quiere dezir que en toda la Ytalia lleuan delante sus paños listados o velos?

RANPÍN: Después acá de Rodriguillo español van ellas ansí.

LOÇANA: Esso quería yo saber.

RANPÍN: No sé más de quanto lo oý ansí, e os puedo mostrar al Rodriguillo españolo de bronzo, hecha su estatua en Canpidolio, que se saca vna espina del pie y está desnudo.

LOÇANA: ¡Por mi vida, que es cosa de saber y ver, que dizen que en aquel tienpo no avía dos españoles en Roma, y agora ay tantos. Verná tienpo que no aurá ninguno, y dirán, "Roma mísera", como dizen "España mísera".

RANPÍN: ¿Veys allí la estufa do salieron las romanas?

LOÇANA: ¡Por vida de tu padre que vamos allá!

RANPÍN: Pues dexame lleuar esto en casa de mi tía, que cerca estamos, y hallarlo hemos aparejado.

LOÇANA: Pues ¿dónde me entraré?

RANPÍN: Aquí, con esta lauandera milagrosa.

LOÇANA: Bueno será.

RANPÍN: Señora mía, esta señora se quede aquí, así Dios os guarde, a reseruirlo hasta que torno.

LAUANDERA: Intrate, madona; seate bien venuta.

LOÇANA: Beso las manos.

LAUANDERA: ¿De doue siate?

LOÇANA: Señora, só española; mas todo mi bien lo he auido de vn ginoués que estaua para ser mi marido y, por mi degraçia, se murió; y agora vengo aquí porque tengo de auer de sus parientes gran dinero que me á dexado para que me case.

LAUANDERA: ¡Ánima mía, Dios os dé mejor ventura que a mí, que avnque me veys aquí, soy española!

LOÇANA: ¿Y de dónde?

LAUANDERA: Señora, de Nájara. Y soy estada dama de grandes señoras, y vn traydor me sacó, que se auía de casar comigo, y burlome.

LOÇANA: No ay que fiar. Dezime, ¿quánto ha que estáys en Roma?

LAUANDERA: Quando vino el mal del França, y esta fue la causa que yo quedase burlada. Y, si estoy aquí lauando y fatigándome, es para me casar, que no tengo otro deseo, sino verme casada y honrrada.

LOÇANA: ¿Y los aladares de pez?

LAUANDERA: ¿Qué dezís, señora?

LOÇANA: Que gran pena tenéys en maxcar.

LAUANDERA: ¡Ay, señora! La humidad desta casa me á hecho pelar la cabeça, que tenía vnos cabellos como hebras de oro, y en vn solo cabello tenía añudadas sesenta nauidades.

LOÇANA: ¿Y la humidad os haze hundir tanto la boca?

LAUANDERA: Es de mío, que todo mi parentado lo tiene, que quando comen pareçe[54] que mamillan.

LOÇANA: Muncho ganaréys a este lauar.

LAUANDERA: ¡Ay, señora!, que quando pienso pagar la casa, y comer, y leña, y çeniza, y xabón y caldera, y tinas, y canastas, y agua, y cuerdas para tender, y mantener la casa de quantas cosas son menester, ¿qué esperáys? Ningún amigo que tengáys os querrá bien si no le days, quándo la camisa, quándo la capa, quándo la gorra, quándo los hueuos frescos, y ansí de mano en mano, do pensáys que ay toçinos no ay estacas. Y con todo esto, a mala pena quieren venir cada noche a teneros conpañía, y por esto tengo dos, porque lo qu'el vno no puede, supla el otro.

LOÇANA: Para tornar los gañiuetes, ¿este que se va de aquí quién es?

LAUANDERA: Ytaliano es, canauario o bottiller de vn señor;[55] sienpre me viene cargado.

---

[54] Orig. *parçe*.
[55] Orig. *señnor*.

LOÇANA: ¿Y sábelo su señor?
LAUANDERA: No, que es casa abastada. ¡Pues estaría fresca si conprase el pan para mí, y para todas essas gallinas y para quien me viene a lauar, que son dos mugeres, y doyles vn carlín, o vn real y la despensa, que beuen más que hilan! Y vino, que en otra casa beuerían lo que yo derramo porque me lo traygan fresco, que en esta tierra se quiere beuer como sale de la bota. Veys aquí do viene el otro mi amigo, y es español.
LOÇANA: A él veo engañado.
LAUANDERA: ¿Qué dezís?
LOÇANA: Que este tal mancebo quien quiera se lo tomaría para sí. ¡Y sobre mi cabeça, que no ayuna!
LAUANDERA: No, a osadas[56], señora, que tiene buen señor.
LOÇANA: No lo digo por esso, sino a pan y vos.
LAUANDERA: Es como vn ángel; ni me toma ni me da. ¿Qué quieres? ¿A qué vienes? ¿Dó eres estado oy? ¡Guarda, no quiebres essos hueuos!
ESPAÑOL: ¿Quién es essa señora?
LAUANDERA: Es quien es.
ESPAÑOL: ¡Oh, pese a la grulla, si lo sabía, callaua, por mi honrra! ¡Essa fruta no se vende al Puente!
LOÇANA: No, por mi vida, señor, que agora pasé yo por allí y no la vi.
ESPAÑOL: Bofetón en cara agena.
LAUANDERA: ¿No te quieres yr de aý? ¡Si salgo allá! ¿Qué os pareçe, señora? Otro fuera que se enojara. Es la misma bondad, y mirad que me á traýdo çeuada, que no tiene otra[57] cossa, la que le dan a él para la mula de su amo.
LOÇANA: Otra cosa mejor pensé que os traýa.
LAUANDERA: ¡Andá, señora, harto da quien da lo que tiene!
LOÇANA: Sí, verdad es, mas no lo que hurta.
LAUANDERA: Hablame alto, que me duele este oýdo.
LOÇANA: Digo que si lauáys a españoles solamente.
LAUANDERA: A todo hago por ganar, y tanbién porque está aquí otra española, que me á tomado muchas casas de señores, y laua ella a la ytaliana, y no haze tanta espesa como yo.
LOÇANA: ¿Qué differençia tiene el lauar ytaliano?
LAUANDERA: ¿Qué? ¡Grande! Nosotras remojamos y damos vna mano de xabón y después encanastamos, y colamo, y si quedan los paños allí la noche, que cuele la lexía, porque de otra manera serían los paños de color de la lexía; y ellas al remojar no meten xabón y dexan salir la lexía, que dizen que come las manchas, y tornan la çeniza al fuego a requemar, y después no tiene virtud.

[56] Orig. *osados*.
[57] Orig. *ota*.

LOÇANA: Agora sé lo que no pensé. ¿Quién es esta que viene acá?
LAUANDERA: Aquí junto mora, mi vezina.
VIZINA: Española, ¿por qué no atas aquel puerco? No te cures, será muerto.
LAUANDERA: ¡Anda, uete, bésalo en el buz del yerua!
VEZINA: Bien, yo te auisso.
LAUANDERA: Pues mira, si tú me lo miras o tocas, quiçá no será puerco por ti. ¿Pensa tú que ho paura del tu esbirro? ¡A ti y a él os lo haré comer crudo!
VEZINA: Bien, espera.
LAUANDERA: ¡Va d'aquí, borracha, y a vn como tú he lauado yo la cara con quajares!
LOÇANA: ¿Qué, tanbién tenéys cochino?
LAUANDERA: Pues yré yo a lleuar toda esta ropa a sus dueños y traeré la suzia. Y de cada casa, sin lo que me pagan los amos, me vale más lo que me dan los moços: carne, pan, vino, fruta, azeytunas seuillanas, alcaparras, pedaços de queso, candelas de seuo, sal, presuto, ventresca, vinagre, que yo lo dó a toda esta calle, y caruón, çeniza, y más lo que traygo en el cuerpo y lo que puedo garuear, como platos y escudillas, picheles, y cosas que el ombre no haya de conprar.
LOÇANA: Desa manera no ay galera tan proueída como las casas de las lauanderas desta tierra.
LAUANDERA: Pues no's marauilléys, que todo es menester; que quando[58] los moços se parten de sus amos, bien se lo pagamos, que nos lo ayudan a comer. Que este bien ay en esta tierra, que cada mes ay nueuos moços en casa, y nosotras los auisamos que no an de durar más ellos que los otros, que no sean ruynes, que quando el mundo les faltare, nosotras somos buenas por dos meses. Y tanbién los enbiamos en casa del tal, que se partió vn moço, mas no sabe el amo que lo toma que yo se lo encaminé, y por esto ya el moço me tiene puesto detrás de la puerta el frasco lleno, y el resto, y si viene el amo que me lo uee tomar, digo que yo lo dexé allí quando sobí. ¿Veys?, aquí viene[59] aquel moçuelo que os dexó aquí.
RANPÍN: ¿Qué se haze? ¡Sus, vamos! A uos, muchas graçias, señora.
LAUANDERA: Esta casa está a vuestro seruiçio. Gana me viene de cantar: "Andá, puta, no serás buena. No seré, no, que só de Llerena". Yo te lo veo en esa piel nueua[60]; yo te é mirado en ojo que no mentiré: que tú huecas de husos harás.
LOÇANA: Por mi vida, hermano, que he tomado plazer con esta borracha, amenguada como hilado de beuda. ¿Qué quiere dezir estrega, vos que sabéys? ¿Santochada?

---

[58] Orig. *qnando*.
[59] Orig. *visne*.
[60] Orig. *nueuua*.

RANPÍN: Quiere dezir bruxa, como ella.
LOÇANA: ¿Qué es aquello que dize aquel?
RANPÍN: Son chanbelas que va vendiendo.
LOÇANA: ¿Y de qué se hazen estas rosquitas?
RANPÍN: De harina y agua caliente[61], y sal, y matalahúua, y poco açúcar, y danles vn bulle en agua y después metellas en el horno.
LOÇANA: Si en España se comiesen dirían que es pan çençeño.
RANPÍN: Porque allá sobra la leuadura.
LOÇANA: Entrá vos y mirá si está ninguno allá dentro.

Mamotreto XIII. Cómo entran en la stufa Ranpín y la Loçana y preguntan

<RANPÍN>: ¿Está gente dentro, ermano?
ESTUFERO: Andás aquí, andás; no ay más que dos.
RANPÍN: Veyslas, aquí salen.
LOÇANA: ¡Callente está, por mi vida! Tráeme agua fría, y presto salgamos de aquí.
RANPÍN: Tanbién auía bragas para uos.
LOÇANA: Poco sabéys, ermano: al honbre, braga de hierro; a la muger, de carne. Gana me viene de os açotar. Tomá esta nauaja, tornásela, que ya veo que vos no la tenéys menester. ¡Vamos fuera, que me muero! Dame mi camissa.
RANPÍN: Vení, vení, tomá vna chanbela. Va tú, haz venir del vino. Toma, págalo, ven presto. ¿Eres venido?
ESTUFERO: Ecome que vengo. Señora, tomad, beued, beué más.
LOÇANA: Beue tú, que torrontés paresçe.
RANPÍN: Vamos fuera prestamente, que ya son pagados estos borrachas[62].
ESTUFERO: Señora, das aquí la mancha[63].
LOÇANA: Si tú no me la has echado, no tenía yo mancha ninguna.
RANPÍN: No dize esso el beudo, sino que llama el aguinaldo *mancha*, que es vsança.
LOÇANA: Pues dalde lo que se suele dar, que gran vellaco paresçe.
RANPÍN: Adío.
ESTUFERO: ¡Adío, cauallieros de castillos!
LOÇANA: ¿Por dó hemos de yr?

---

[61] Orig. *calienle*.
[62] Rampín usa "estos borrachas" refiriéndose a hombres (el estufero y los que cobran en la estufa), por lo que la concordancia exigiría el masculino. La repetición del fenómeno (ya que también se usa "borracha" dirigiéndose al único hombre homosexual, Sieteconicos) y la existencia de la rima (*borrachas, mancha, usanza*), de la que frecuentemente se sirve Delicado, prueban que no se trata de una errata. Téngase en cuenta además que las faltas de concordancia son frecuentes en la lengua hablada.
[63] Orig. *macha*.

RANPÍN: Por acá, que aquí çerca está mi tía. Veysla a la puerta.
LOÇANA: ¿Y qué es aquello que conpra? ¿Son ráuanos y negros son?
RANPÍN: No son sino romarachas, que son como ráuanos y dizen en esta tierra que quien come la romaracha y va en Nagona torna otra vez a Roma.
LOÇANA: ¿Tan dulçe cosa es?
RANPÍN: No ssé; ansí se dize, es refrán.
TÍA: ¡Caminá, sobrino, prestame vn quatrín!
RANPÍN: De buena gana[64]. Y vn julio.
TÍA: ¡Norabuena vengáys, reyna mía! ¡Toda venís sudada y fresca como vna rosa! ¿Qué buscáys, sobrino? Todo está aparejado sino el vino; yd por ello y vení. Çenaremos, que vuestro tío está boluiendo el assador.
RANPÍN: Pues lauame essa calabaça[65] en que lo trayga, que en dos saltos vengo.
TÍA: ¿Qué os pareçe, señora, deste mi sobrino[66], que ansí fue sienpre seruiçial?
LOÇANA: Señora, que querría que fuese venido mi marido para que lo tomase y le hizese bien.
TÍA: ¡Ay, señora mía, que merçed ganaréys, que son pobres!
LOÇANA: No curéys, señora; mi marido les dará en qué ganen.
TÍA: Por mi vida, y a mi marido tanbién, que bien sabe de todo y es persona sabida, avnque todos lo tienen por vn asno, y es porque no es malicioso. Y por su bondad no es él agora canbiador, que está esperando vnas receptas y vn estuche para ser médico. No se cura de honrras demasiadas, que aquí se está ayudándome a repulgar y echar cayreles a lo que yo cosso. ¿Venís, sobrino? Asentaos aquí cabe mí. Comed, señora.
LOÇANA: Sí haré, que hanbre tengo.
<TÍA>: Oýslo, vení, asentaos junto a essa señora, que os tiene amor y quiere que os asentéys cabe ella.
VIEJO: Sí haré de buen grado.
RANPÍN: ¡Paso, tío, cuerpo de sant, que echáys la mesa en tierra! Alçá el braço, mirá que derramaréys! ¿Quién me lo dixo a mí que lo auíades de hazer?
TÍA: Assí, ansí veys caýdo el vanco. Y la señora se aurá hecho mal.
LOÇANA: No he, sino que todo el vino me cayó ençima. Buen señal.
TÍA: Yd por más. ¿Y veys lo echo? ¡Passaos aquí, que sienpre hazéys vuestras cosas pesadas! ¡No cortés! Que vuestro sobrino cortará. ¿Veys? ¡Ay, çape, çape! ¡Allá ua! Lo mejor se lleua el gato. ¿Por qué no esperáys? ¡Que paresçe que no auéys comido!
VIEJO: Dixame hazer y terné mejor aliento para beuer.
TÍA: ¿Venís, sobrino?
RANPÍN: Vengo por alguna cosa en que lo trayga.
TÍA: ¿Y las dos garrafas?

---

[64] Orig. *gāna*.
[65] Orig. *calabaca*.
[66] Orig. *sobrinõ*.

RANPÍN: Caý y quebrelas.
TÍA: Pues tomá este jarro.
RANPÍN: Este es bueno. Y si me dize algo el tauernero, dalle é con él.
TÍA: Ansí lo hazé. Señora mía, yo me querría meter en vn agugero[67] y no ver esto quando ay gente forastera en casa. Mas vos, señora, auéys de mirar que esta casa es vuestra.
LOÇANA: Más gana tengo de dormir que de otra cosa.
TÍA: Sobrino, çená vossotros en tanto que uo e la ayudo a desnudar.
RANPÍN: Señora, sí.

Mamotreto XIV. Cómo torna su tía y demanda dónde á de dormir Ranpín, y lo que passaron la Loçana y su futuro criado en la cama

<TÍA>: Dime, sobrino, ¿as de dormir allí con ella? Que no me á dicho nada y por mi vida que[68] tiene lindo cuerpo.
RANPÍN: ¡Pues qué, si la viérades vos desnuda en la estufa!
TÍA: Yo quisiera ser ombre, tan bien me ha paresçido. ¡O, qué pierna de muger! Y el neçio de su marido que la dexó venir sola a la tierra de Cornualla, deve de ser qualque babión, o veramente que ella deue de ser buena de su cuerpo.
RANPÍN: Yo lo veré esta noche, que, si puedo, tengo de pegar con sus bienes.
TÍA: A otro que tú auría ella de menester, que le hallase mejor la bezmellerica y le hinchese la medida.
RANPÍN: Andá, no curés, que debaxo yaze buen beuedor, como dizen.
TÍA: Pues allá[69] dexé el candil. Va pasico, que duerme. Y cierra la puerta.
RANPÍN: Sí haré. Buenas noches.
TÍA: Va en buen ora.
LOÇANA: ¡Ay, hijo! ¿Y aquí os hechastes? Pues dormí y cobijaos, que harta ropa ay. ¿Qué hazéys? ¡Mirá que tengo marido!
RANPÍN: Pues no está agora aquí para que nos vea.
LOÇANA: Sí, mas sabello ha.
RANPÍN: No hará. Esté queda vn poquito.
LOÇANA: ¡Ay, qué bonito! ¿Y desos soys? ¡Por mi vida que me leuante!
RANPÍN: No sea desa manera, sino por ver si soy capón, me dixéys deziros dos palabras con el dinguilindón.
LOÇANA: ¡No haré! La verdad te quiero dezir, que estoy virgin.
RANPÍN: ¡Andá, señora, que no tenéys vos ojo de estar virgen! ¡Dexame agora hazer, que no paresçerá que os toco!
LOÇANA: ¡Ay, ay, soys muy muchacho y no querría hazeros mal!

[67] Orig. *agupero*.
[68] Orig. *qne*.
[69] Orig. *pue allas*.

RANPÍN: No haréys, que ya se me cortó el frenillo.

LOÇANA: ¿No os basta besarme y gozar de mí ansí, que queréis tanbién copo y condedura? ¡Catá que me apretáys! ¿Vos pensáys que lo hallaréys? Pues hago's saber que esse hurón no sabe caçar en esta floresta.

RANPÍN: Abrilde vos la puerta, que él hará su ofiçio a la machamartillo.

LOÇANA: Por vna buelta soy contenta. ¿Mochacho heres tú? Por esto dizen: "guárdate del moço quando le naçe el boço". Si lo supiera, más presto soltaua las riendas a mi querer. Pasico, bonico, quedico, no me ahinquéys. Andá conmigo, ¡por aý van allá! ¡Ay, qué priesa os days, y no miráys que está otrie en pasamiento sino vos! Catá que no soy de aquellas que se quedan atrás. Esperá, vezaros he: ¡ansí, ansí, por aý seréys maestro! ¿Veys como va bien? Esto no sabiedes vos; pues no[70] se os olvide. ¡Sus, dalde, maestro, enlodá, que aquí se uerá el correr desta lança, quién la quiebra! Y mirá que, por muncho madrugar, no amanesçe más ayna. En el cosso te tengo, la garrocha es buena, no quiero sino vérosla tirar. Buen principio lleuáys. Caminá, que la liebre está chacada. ¡Aquí va la honrra![71]

RANPÍN: Y si la venço, ¿qué ganaré?

LOÇANA: No curéys, que cada cosa tiene su premio. ¿A vos vezo yo, que naçistes vezado? Daca la mano y tente a mí, que el almadraque es corto. Aprieta y caua y ahoya y todo a vn tiempo. ¡A las clines, corredor! ¡Agora, por mi vida, que se ua el recuero! ¡Ay, amores, que soy vuestra, muerta y biua! Quitaos la camissa, que sudáys. (¡Quánto auía que no comía cocho! Ventura fue en contar el ombre tan buen partiçipio a vn pasto. Este tal majadero no me falte, que yo apetito tengo dende que nasçí, sin ajo y queso, que podría prestar a mis vizinas. Dormido se á. En mi vida vi mano de mortero tan bien hecha. ¡Qué gordo que es, y todo parejo! ¡Mal año para nanbo de Xerez! Pareçe bissoño de Frojolón. La habla me quitó, no tenía por do resollar. ¡No es de dexar este tal vnicornio!) ¿Qué auéys, amores?

RANPÍN: No, nada, sino demandaros de merçed que toda esta noche seáys mía.

LOÇANA: No más, ansí gozéys.

RANPÍN: Señora, ¿por qué no? ¿Falté algo en la pasada? Emendallo hemos, que la noche es luenga.

LOÇANA: Disponé como de vuestro, con tanto que me lo tengáys secreto. ¡Ay, qué miel tan sabrosa! ¡No lo pensé! ¡Aguzá, aguzá! "Dale si le das, que me llaman en casa". ¡Aquí, aquí, buena como la primera, que no le falta vn pelo! Dormí, por mi vida, que yo os conbijaré. Quite Dios de mis días y ponga en los tuyos, que quanto enojo traýa me as quitado. (Si fuera yo

---

[70] Orig. *uo*.
[71] Delicado retrata admirablemente a Lozana como una mujer con predilección por la linguofilia, preferencia comportamental de la sexualidad que consiste en la obtençión de placer mediante la palabra hablada.

gran señora, no[72] me quitara jamás este de mi lado.) ¡Oh, pecadora de mí! ¿y desperteos? No quisiera.

RANPÍN: Andá, que no se pierde nada.

LOÇANA: ¡Ay, ay, así ua, por mi vida, que tanbién camine yo! ¡Allí, allí me hormiguea! ¿Qué? ¿Que pasaréys por mi puerta? Amor mío, todavía ay tienpo. Reposá, alçá la cabeça,[73] tomá esta almohada. (¡Mira qué sueño tiene que no puede ser mejor! Quiérome yo dormir.)

AUCTOR: Qvisiera saber escriuir vn par de ronquidos, a los quales despertó él y, queriéndola besar, despertó ella, y dixo:

<LOÇANA>: ¡Ay, señor! ¿Es de día?

RANPÍN: No sé, que agora desperté, que aquel cardo me á hecho dormir.

LOÇANA: ¿Qué hazéys? ¿Y quatro? A la quinta canta el gato. ¡No estaré queda, no estaré queda hasta que muera! Dormí, que ya es de día, y yo tanbién. Matá aquel candil, que me da en los ojos. Echaos y tirá la ropa a vos.

AUCTOR: Allí junto moraua vn herrero, el qual se leuantó a media noche y no les[74] dexaua dormir. Y él se leuantó a uer si era de día y, tornándose a la cama, la despertó, y dixo ella:

<LOÇANA>: ¿De dó venís?, que no's sentí leuantar.

RANPÍN: Fui allí fuera, que estos vezinos hazen de la noche día. Están las Cabrillas sobre este horno, que es la punta de la media noche y no nos dexan dormir.

LOÇANA: ¿Y en cueros salistes? Frío venís.

RANPÍN: Vos me escallentaréys.

LOÇANA: Sí haré, mas no dessa manera. ¡No más, que estoy harta, y me gastaréys la çena!

RANPÍN: Tarde acordastes, que dentro yaz que no rabea. Harta me decís que estáys, y pareçe que començáys agora. Cansada creería yo más presto, que no harta.

LOÇANA: Pues, ¿quién se harta que no dexe vn rincón para lo que viniere? ¡Por mi vida, que tan bien batís vos el hierro como aquel herrero! ¡A tiempo y fuerte, que es azero! Mi vida, ya no más, que basta hasta otro día, que yo no puedo mantener la tela, y lo demás sería gastar lo bueno. Dormí, que almorçar quiero en leuantándome.

RANPÍN: No curéys, que mi tía tiene gallinas y nos dará de los hueuos y muncha manteca y la calabaça llena.

---

[72] Orig. *uo*.

[73] Orig. *cabeca*.

[74] Delicado considera que el leísmo es un rasgo prestigioso. Por ello, a pesar de que él fuera andaluz (zona en la que tradicionalmente se mantiene el sistema de casos latinos), lo emplea en textos de la distancia comunicativa (como en las narraciones) y en intervenciones de personajes cultos. En este ejemplo, se trata de un leísmo plural, que no era frecuente en aquella época (Medina Morales 2005: 277).

LOÇANA: Señor, sí diré yo como dezía la buena muger depués[75] de bien harta.
RANPÍN: ¿Y cómo dezía?
LOÇANA: Dixo: "Harta de duelos con muncha manzilla", como lo sabe aquella que no me dexará mentir.
AUCTOR: Y señaló a la calabaça.
RANPÍN: Puta vieja hera essa, a la manteca llamaua *manzillalobos*.
LOÇANA: Luenga vala, júralo, moço, y ser de Córdoua me salua. El sueño me viene; reposemos.
RANPÍN: Soy contento. A este lado, y metamos la ylesia sobre el canpanario.
AUCTOR: (Prosigue) Hera mediodía quando vino la tía a despertallos, y dize:
<TÍA>: ¡Sobrino, abrí, catá el sol que entra por todo! ¡Buenos días! ¿Cómo auéys dormido?
LOÇANA: Señora, muy bien, y vuestro sobrino como lechón de biuda, que no ha meneado pie ni pierna hasta agora, que yo ya me sería leuantada sino por no despertallo. Que no he hecho sino llorar pensando en mi marido, qué haze o dó está que no viene.
TÍA: No toméys fatiga, andad acá, que quiero que veáys mi casa agora que no está aquí mi marido. Veys aquí en qué paso tienpo. ¿Queréys que os las quite a vos?
LOÇANA: Señora, sí, y después yo os pelaré a vos por que veáys qué mano tengo.
TÍA: Esperá, traeré aquel pelador o escoriador y veréys que no dexa vello ninguno, que las jodías lo husan muncho.
LOÇANA: ¿Y de qué se haze este pegote o pellejador?
TÍA: ¿De qué? De trementina y de pez greca, y de calçina virgen y çera.
LOÇANA: Aquí do me lo posistes se me á hinchado y es cosa suzia. Mejor se haze con uidrio sotil y muy delgado, que lleua el vello y haze mejor cara. Y luego vn poco de olio de pepitas de calabaça y agua de flor de hauas a la veneciana, que haze vna cara muy linda.
TÍA: Esso quiero que me vezéys.
LOÇANA: Buscá vna redomilla quebrada. Mirá qué suaue que es, y es cosa linpia.
TÍA: No curéys, que si os caen en el rastro las cortesanas, todas querrán prouar, y con esso que vos le sabéys dar vna ligereza, ganaréys quanto quisiéredes, Dios delante. ¿Veys aquí dó viene mi marido?
VIEJO: Estéys en buen ora.
LOÇANA: Seáys bienvenido.
VIEJO: Señora, ¿qué os ha paresçido de mi sobrino?

---

[75] Encontramos tres ejemplos del arcaísmo *depués* en el original de Venecia (*V*), escrito como *de pues*. A través de la consulta del NTLLE podemos comprobar que la forma *depués* está registrada a principios del siglo XVII por Francisco del Rosal (1611, s.v. *después* o *depués*) y por diccionarios del siglo XIX con la marca *ant*.

LOÇANA: Señor, ni amarga ni sabe a fumo.
TÍO: Por mi vida, que tenéys razón, mas yo fuera más al propósito que no él.
TÍA: ¡Mirá que se dexará dezir! ¡Se pasan los dos meses que no me dize qué tienes aý y se quiere agora hazer gallo! ¡Para quien no's conosçe tenéys vos palabra!
LOÇANA: Señora, no os alteréys, que mi bondad es tanta que ni sus palabras, ni su sobrino no me enpreñarán. Vamos, hijo, Ranpín, que es tarde para lo que tenemos de hazer.
TÍA: Señora, yd sana y salua, y torname a uer con sanidad.

Mamotreto XV. Cómo fueron mirando por Roma, hasta que vinieron a la Judería, y cómo hordenó de poner casa

LOÇANA: ¿Por dó hemos de yr?
RANPÍN: Por aquí, por Plaça Redonda, y verés el tenplo de Panteón, y la sepultura de Lucrecia Romana, y el aguja de piedra que tiene la ceniza de Rómulo y Rémulo, y la Colona labrada, cosa marauillosa, y veréys Setemzonéis, y reposarés en casa de vn conpaño mío que me conosce.
LOÇANA: Vamos, que aquel vuestro tío sin pecado podría traer aluarda. Ella paresçe de buena condiçión. Yo la tengo de vezar munchas cosas que sé.
RANPÍN: Deso os guardá. No vezéys a ninguna lo que sabéys; guardadlo para quando lo auréys menester, y si no viene vuestro marido, podréys vos ganar la vida, que yo diré a todas que sabéys más que mi madre. Y si queréys que esté con vos, os yré a vender lo que hiziéredes, y os pregonaré que traés secretos de Leuante.
LOÇANA: Pues vení acá, que esso mismo quiero yo, que vos estéys comigo. Mirá que yo no tengo marido ni péname el amor, y de aquí os digo que os terné vestido y harto como barua de rey. Y no quiero que fatiguéys, sino que os hagáys sordo y bouo, y calléys avnque yo os riña y os trate de moço, que vos lleuaréys lo mejó, y lo que yo ganare sabeldo vos guardar, y veréys si avremos menester a nadie. A mí me quedan aquí quatro ducados para remediarme. Id y conprame vos solimán, y lo haré labrado, que no lo sepan mirar quantas lo hazen en esta tierra, que lo hago a la cordouesa, con saliua y al sol, que esto dizen que es lo que haze la madre a la hija; essotro es lo que haze la cuñada a la cuñada, con agua y al fuego, y si miran que no salte, ni se queme, sería bueno, y desto haré yo para el común. Mas agora é menester que sea loada y, como la primera vez les hará buena cara, sienpre diré que lo paguen bien, que es de muncha costa y gran trabajo[76].
RANPÍN: Aquí es el Aduana, mirá si queréys algo.
LOÇANA: ¿Qué aduanaré? Vos me auéys lleuado la flor.

[76] Orig. *trabojo*.

RANPÍN: ¿Veys allí vna casa que se alquila?

LOÇANA: Veámosla.

RANPÍN: Ya yo la he visto, que moraua vna putilla allí, y tiene vna cámara y vna saleta, y paga diez ducados de carlines al año, que son siete e medio de oro, y ella la pagaua de en tres en tres meses, que serién veynte e çinco carlines por tres meses. Y buscaremos vn colchón y vna silla para que hincha la sala, y así pasaréys hasta que vays entendiendo y conosçiendo.

LOÇANA: Bien dezís. Pues vamos a mercar vn morterico chiquito para comenzar a hazer qualque cosa que dé prinçipio al arte.

RANPÍN: Sea ansí. Yo os lo traeré. Vamos primero a hablar con vn jodío, que se llama Trigo, que él os alquilará todo lo que auéys menester y avn tomará la casa sobre sí.

LOÇANA: Vamos. ¿Conoçés alguno?

RANPÍN: Mirá, es judío plático; dexá hazer a él, que él os publicará entre ombres de bien que paguen la casa y avn el comer.

LOÇANA: Pues esso hemos menester. Dezime, ¿es aquel?

RANPÍN: No, que él no trae señal, que es judío que tiene fauor, y lleua ropas de seda vendiendo[77], y ésse no lleua sino ropa vieja y çulfaroles.

LOÇANA: ¿Qué plaça es esta?

RANPÍN: Aquí se llama Nagona, y si venís el miércoles veréys el mercado, que quiçá desde que naçistes no aués visto mejor horden en todas las cosas. Y mirá qué es lo que queréys, que no falta nada de quantas cosas naçen en la tierra y en el agua, y quantas cosas se pueden pensar que sean menester abundantemente, como en Venecia y como en qualquier tierra de acarreto.

LOÇANA: Pues esso quiero yo que me mostréys. En Córdoua se haze los jueues, si bien me recuerdo: "Jueues, era jueues, día de mercado, conbidó Hernando los comendadores". ¡Oh, si me muriera quando esta endecha oý! No lo quisiera tanpoco, que bueno es biuir. Quien biue loa el Señor. ¿Quién son aquellos que me miraron? ¡Para ellos es el mundo! ¡Y lóbregos de aquellos que van a pie, que van sudando, y las mulas van a matacauallo y sus mugeres lleuan a las ancas!

RANPÍN: Esso de sus mugeres… Son cortesanas. Y ellos deuen de ser grandes señores, pues mirá que por esso se dize, notá: "Roma, triunfo de grandes señores, paraýso de putanas, purgatorio de jóuenes, ynfierno de todos, fatiga de bestias, engaño de pobres, peçiguería de vellacos".

LOÇANA: ¿Qué predica aquel? Vamos allá.

RANPÍN: Predica cómo se tiene[78] de perder Roma y destruirse el año del XXVII, mas dízelo burlando. Este es Canpo de Flor, aquí es en medio de la çibdad. Estos son charlatanes, sacamuelas y gastapotras, que engañan a los villanos y a los que son nueuamente venidos, que aquí los llaman bisoños.

---

[77] Orig. *vendiendiendo.*
[78] Orig. *tieue.*

LOÇANA: ¿Y con qué los engañan?

RANPÍN: ¿Veys aquella raýz que él tiene en la mano? Está diziendo que quita el dolor de los dientes, y que lo dará por vn bayoque, que es quatro quatrines. Hará más de çiento de aquellos: si halla quien los conpre, tantos bayoques hará. ¡Y mirá el otro cuero hinchado, aquel papel que muestra! Está diziendo que tiene poluos para vermes, que son lonbrizes, y mirá qué priesa tiene, y después será qualque cosa que no vale vn quatrín, y dize mill faránduras y a la fin, todo nada. Vamos, que vn loco haze ciento.

LOÇANA: ¡Por mi vida, que no son locos! Dezime, ¿quién mejor sabio que quien sabe sacar dinero de bolsa[79] agena sin fatiga? ¿Qué's aquello, que están allí tantos en torno aquel?

RANPÍN: Son moços que buscan amos.

LOÇANA: ¿Y aquí vienen?

RANPÍN: Señora, sí. Veys allí do uan dos con aquel cauallero, que no ture más el mal año que ellos turarán con él.

LOÇANA: ¿Cómo lo sabéys vos? Aquella agüela de las otras lauanderas me lo dixo ayer, que cada día en esta tierra toman gente nueua.

RANPÍN: ¿Qué sabe la puta uieja, çinturiona segundina? Quando son buenos los famillos y guardan la ropa de sus amos, no se parten cada día, mas si quieren ser ellos patrones de la ropa que sus amos trabajan, çierto es que los enbiarán a Turullote. Mirá, los moços y las fantescas son los que diffaman las casas, que sienpre van diziendo mal del patrón, y sienpre roban más que ganan, y sienpre tienen vna caxa fuera de casa, para lo que hurtan. Y ellas quieren tener vn amigo que venga de noche, y otramente no estarán, y la gran nesçesidad que tienen los amos se lo hazen conportar, y por esso mudan pensando hallar mejor, y solamente son bien seruidos el primer mes. No ay mayor fatiga en esta tierra que es mudar moços, y no se curan, porque la tierra lo lleua, que si vno los dexa, otro los ruega, y así ni los moços hazen casa con dos solares, ni los amos los dexan sus herederos, como hazen en otras tierras. Pensá que yo he seruido dos amos en tres meses, que estos çapatos de seda me dio el postrero, que hera escudero y tiñé vna puta, y comíamos conprado de la tauerna, y ella hera golosa y él pensaua que yo me comía vnas sorbas[80] que auían quedado en la tabla, y por esso me despidió. Y como no hize partido con él, que estaua a discriçión, no saqué sino estos çapatos a la françessa. Esperança tenía

---

[79] Orig. *bolda*.
[80] Respetamos la forma del texto original. Por un lado, *sorba* – definido en *Autoridades* (s.v. *sorba*) como "Fruto. Lo mismo que serva" –, actualmente un arcaísmo (DLE, s.v. *sorba*), es un variante de *serba*, "especie de pera sylvestre, de color pardo, que tira a roxo, sumamente áspera al gusto" (*Autoridades*, s.v. *serba*). En el mmotreto LIV vuelve a aparecer este fruto, escrito como *soruas*. Por otro lado, en este contexto, se podría interpretar *sorbas* como 'sobras'. Al mantener la forma con metátesis, fenómeno frecuente en el Siglo de Oro (véase Medina Morales 2005: 174), reflejamos el posible doble sentido entre la 'fruta' y los 'restos de comida.'

que me auía de hazer del bien si le sobraua a él.

LOÇANA: ¿Y dezísmelo de verdad? ¿Luego vos no sabéys que se dize que la esperança es fruta de neçios, como vos, y majaderos como vuestro amo?

Mamotreto XVI. Cómo entran a la Judería y veen las sinogas y cómo viene Trigo, judío, a ponelle casa

LOÇANA: Aquí bien huele. Conbite se deue hazer. ¡Por mi vida, que huele a porqueta asada!

RANPÍN: ¿No veys que todos estos son judíos, y es mañana sábado que hazen el adafina? Mirá los braseros y las ollas ençima.

LOÇANA: Sí, por vuestra vida. Ellos sabios en guisar a caruón, que no ay tal comer como lo que se cozina a fuego de caruón y en olla de tierra. Dezime, ¿qué es aquella casa que tantos entran?

RANPÍN: Vamos allá y vello es. Esta es sinoga de catalanes, y esta de abaxo es de mugeres. Y allí son tudescos, y la otra françesses, y esta de romanescos e italianos, que son los más neçios judíos que todas las otras naçiones, que tiran al gentílico y no saben su ley. Más saben los nuestros españoles que todos, porque ay entre ellos letrados y ricos y son muy resabidos. Mirá allá donde están. ¿Qué os paresçe? Esta se lleua la flor. Aquellos dos son muy amigos nuestros, y sus mugeres las conozco yo, que van por Roma vezando oraçiones para quien se á de casar, y ayunos a las moças para que paran el primer año.

LOÇANA: Yo sé mejor que no ellas hazer esso espesso con el plomo derretido. Por aý no me lleuarán, que las moras de Leuante me vezaron engañar bouas. En vna cosa de vidrio, como es vn orinal bien linpio, y la clara de vn hueuo, les haré ver marauillas para sacar dinero de bolsa agena diziendo los hurtos.

RANPÍN: Si yo sabía esso quando me hurtaron vnos guantes que yo los auía tomado a aquel mi amo, por mi salario, fueran agora para uos, que heran muy lindos. Y vna piedra se le cayó a su amiga, y hallela, veysla aquí, que ha espendido dos ducados en judíos que endeuinasen, y no le an sabido dezir que yo la tenía.

LOÇANA: Mostrá. ¡Este, diamante es! Vendámoslo, y diré yo que lo traygo de Leuante.

RANPÍN: Sea ansí. Vamos al mesmo jodío, que se llama Trigo. ¿Veyslo? Allá sale, uamos tras él, que aquí no hablará si no dize la primera palabra *oro*, porque lo tienen por buen agüero.

LOÇANA: ¡No es oro lo que oro vale!

TRIGO: ¿Qué es esso[81] que dezís, señora ginouesa? El buen jodío, de la paja haze oro. Ya no me puede faltar el Dío, pues que[82] de oro habló. Y vos, pariente,

---

[81] Orig. *osso*.
[82] Orig. *qne*.

¿qué buscáys? ¿Venís con esta señora? ¿Qué á menester? Que ya sabéys vos que todo se remediará, porque su cara muestra que es persona de bien. Vamos a mi casa. Entrá. ¡Tina, Tina! ¡Ven abaxo, daca vn coxín para esta señora, y apareja que coman algo de bueno!

LOÇANA: No aparejés nada, que hemos comido.

JODÍO: Haga buen pro, como hizo a Jacó.

LOÇANA: Eermano[83], ¿qué le diremos primero?

RANPÍN: Dezilde de la piedra.

LOÇANA: ¿Veys aquí? Querría vender esta joya.

JODÍO: ¿Esto en la mano lo tenéys? Buen diamante fino paresçe.

LOÇANA: ¿Qué podrá valer?

JODÍO: Yo's diré; si fuese aquí qualque gran señor veneciano que lo tomasse, presto haríamos a despachallo. Vos, ¿en qué presçio lo tenéys?

LOÇANA: En veynte ducados.

JODÍO: No los hallaréys por él, mas yo's diré. Quédeseme acá hasta mañana, y veremos de seruiros que, quando halláremos quien quiera desbolsar diez, será marauilla.

RANPÍN: Mirá; si los halláys luego, daldo.

JODÍO: Esperame aquí. ¿Traés otra cosa de joyas?

LOÇANA: No agora. ¿Veys qué judío tan diligente?

RANPÍN: Veyslo, aquí torna.

JODÍO: Señora, ya se ha mirado y visto. El platero da seys solamente y, si no, veyslo aquí sano y saluo, y no dará más, y aun dize que vos me auéys de pagar mi fatiga o corretage y dixo que tornase luego. Si no, que no daría después vn quatrín.

LOÇANA: Dé siete y págueos a vos, que yo tanbién haré mi débito.

JODÍO: Desa manera ocho serán.

LOÇANA: ¿A qué modo?

JODÍO: Siete por la piedra y vno a mí por el corretage, caro sería, y el primer lançe no se deue perder, que çinco ducados buenos son en Roma.

LOÇANA: ¿Cómo çinco?

JODÍO: Si me pagáys a mí vno, no le quedan a vuestra merçed sino çinco, que es el caudal de vn judío.

RANPÍN: Vaya, déselo, que estos jodíos, si se arepienten, no haremos nada. Andá, Trigo, daldo, y mirá si podéys sacalle más.

JODÍO: Esso, por amor de vos, lo trabajaré yo.

RANPÍN: Vení presto.

LOÇANA: Mirá qué casa tiene este judío. Este tauardo quiero que me canbie.

RANPÍN: Sí hará. ¿Veyslo? Viene.

JODÍO: Ya se hera ydo. Hezístesme detener. Agora no hallaré quien lo tome sino fiado. ¡Tina! Ven acá. Dame tres ducados de la caxa, que mañana yo me

---

[83] El sustantivo *hermano*, aquí como vocativo, también aparece escrito con dos *e* en el mamotreto XXX, probablemente con vistas a una lectura en voz alta.

fatigaré avnque sepa perder qualque cosilla. Señora, ¿dó moráys, para que os lleue el resto? Y mirá qué otra cosa os puedo yo seruir.

LOÇANA: Este mançebito me dize que os conosçe y que soys muy bueno y muy honrrado.

JODÍO: ¡Honrrados días biuáys vos y él!

LOÇANA: Yo no tengo casa; vos me auéys de remediar de vuestra mano.

JODÍO: Sí, bien. ¿Y a qué parte la queréys de Roma?

LOÇANA: Do veáys vos que estaré mejor.

JODÍO: Dexá hazer a mí. Vení vos comigo, que soys ombre. ¡Tina! Apareja vn almofrex o matalaçe y vn xergón linpo y essa silla pintada y aquel forçel.

TINA: ¿Qué forçel? No's entiendo.

JODÍO: Aquel que me daua[84] diez y ocho carlines por él la Portuguesa que vino aquí ayer.

TINA: ¡Ya, ya!

JODÍO: ¿Queréys mudar vestidos?

LOÇANA: Sí, tanbién.

JODÍO: Dexame hazer, que esto os está mejor; bolueos. Si para vos se hiziera, no estuuiera más a propósito. Esperá. ¡Tina! Daca aquel paño listado que conpré de la Ymperia, que yo tela haré a esta señora, v́nica en Roma.

LOÇANA: No curéys, que todo se pagará.

JODÍO: Todo os dize bien, si no fuesse por essa picadura de moyca. Graçia tenéys vos, que vale más que todo.

LOÇANA: Yo haré de modo que çegará quien bien me quisiere, que los duelos con pan son buenos[85]. Nunca me mataré por nadie.

JODÍO: Procurá vos de no hauer menester a ninguno, que como dize el judío, "no me veas mal pasar, que no me verás pelear".

LOÇANA: Son locuras dezir esso.

JODÍO: Mirá por qué lo digo, porque yo querría, si pudiesse ser, que oy en este día fuéssedes rica.

LOÇANA: ¿Es el culantro heruir, heruir?

JODÍO: ¡Por vida desa cara honrrada que más valéys que pensáys! Vamos a traer vn ganapán que lleue todo esto.

RANPÍN: Veys allí vno. Llamaldo vos, que la casa yo sé dó está. Tres tanto pareçéys mejor desa manera. Yd vos delante, buen judío, que nosotros nos yremos tras vos.

JODÍO: ¿Y dónde es essa casa que dezís?

RANPÍN: A la Aduana.

JODÍO: Bueno, ansí gozen de vos; pues no tardéys, que yo la pagaré. Y esta escoba para linpialla con buena manderecha.

---

[84] Orig. *dauan*.
[85] Orig. *buenas*.

Mamotreto XVII. Informaçión que interpone el Autor para que se entienda lo que adelante ha de seguir

AVTOR: El que sienbra alguna virtud, coie fama; quien dize la verdá, cobra odio. Por esso, notad: estando escriuiendo el pasado capítulo, del dolor del pie dexé este quaderno sobre la tabla. Y entró Ranpín y dixo: "¿Qué testamento es este?" Púsolo a enxugar y dixo: "Yo venía a que fuéssedes a casa, y veréys más de diez putas, y quien se quita las çejas y quien se pela lo suyo. Y como la Loçana no es estada buena jamás de su mal, el pelador no tenía harta atanquía, que todo hera calçina; asse quemado vna bolonesa todo el pegujar, y possímosle buturo y dímosle a entender que heran blanduras; allí dexó dos julios, avnque le pesó. Vení, que reyréys con la hornera que está allí, y dize que traxo a su hija virgen a Roma, saluo que con el palo o cabo de la pala la desuirgó; y miente, que el sacristán con el cirio pascual se lo abrió".

AUTOR: ¿Cómo? ¿Y su madre la traxo a Roma?

RANPÍN: Señor, sí, para ganar, que era pobre. Tanbién la otra vuestra muy querida dize che ella os sanará. Mirá que quieren hazer verengenas en conserua, que aquí lleuo clauos de gelofe, mas no a mis espensas, que tanbién sé yo azer del neçio, y después todo se queda en casa. ¿Queréys venir? Que todo el mal se os quitará si las veys.

AUCTOR: No quiero yr, que el tienpo me da pena; pero dezí a la Loçana que vn tienpo fue que no me hiziera ella essos harrumacos, que ya veo que os enbía ella, y no quiero yr porque dizen después que no hago sino mirar y notar lo que passa, para screuir después, y que saco dechados. ¿Piensan que si quisiesse dezir todas las cossas que he visto, que no sé mejor replicallas que vos, que ha tantos años que estáys en su conpañía? Mas soyle yo seruidor como ella sabe, y es de mi tierra o çerca della, y no la quiero enojar. ¿Y a vos no's conosçí yo en tienpo de Julio segundo en Plaça Nagona, quando siruiedes al señor canónigo?

RANPÍN: Verdad dezís, mas estuue poco.

AUCTOR: Esso, poco. Allí os vi moliendo no sé qué.

RANPÍN: Sí, sí, verdad dezís. ¡O, buena casa y venturosa! Más ganaua ella entonçes allí, que agora la meitad[86], porque passauan ellas desimuladas, y se entrauan allí calla callando.

<AUCTOR>: ¡Mal año para la de los Ríos, avnque fue muy famosa!

<RANPÍN>:[87] Mirá qué le acontesçió: no ha quatro días vino allí vna muger

---

[86] La forma *meitad* es un arcaísmo en la época de Delicado, documentada en numerosos diccionarios del NTLLE desde Nebrija hasta el siglo xx. En *Autoridades* aparece con la marca *ant*. En el CORDE encontramos abundantes testimonios en los siglos xiv y xv; el número de ocurrencias desciende en el xvi.

[87] Orig. *Auctor*.

lonbarda, que son bouas, y era ya de tienpo, y dixo que la remediase, que ella lo pagaría, y dixo: "Señora, vn palafrenero que tiene mi amistad no viene a mi casa más ha de vn mes. Quería saber si se á enbuelto con otra". Quando ella oyó esto, me llamó y dixo: "Dame acá aquel espejo de alinde". Y miró y respondiole: "Señora, aquí es menester otra cosa que palabra; si me traés las cosas que fueren menester, serés seruida". La lonbarda dixo: "Señora, ved aquí çinco julios". La Loçana dixo: "Pues andá uos, Ranpín". Yo tomé mis dineros, y traygo vn marauedí de plomo, y vengo y digo que no ay leña, sino caruón, y que costó más, y ella dixo que no se curaua. Yo hize buen fuego, que teníamos de assar vn ansarón para çenar, que venía allí vna putilla con su amigo a çená, y ansí la hizo desnudar, que era el major deporte del mundo, y le echó el plomo por debaxo en tierra, y ella en cueros. Y mirando en el plomo, le dixo que no tenía otro mal sino que estaua detenido, pero que no se podía saber si hera de muger o de otrie, que tornasse otro día y veríalo de más espaçio. Dixo ella: "¿Qué mandáys que trayga?" Loçana: "Vna gallina negra y vn gallo que sea de vn año, y siete hueuos que sean todos nasçidos aquel día, y traeme vna cosa suya". Dixo ella: "Traeré vna agujeta e vna escofia". La Loçana: "Sí, sí". Y sorraba mi perrica. Hera el mayor deporte del mundo vella cómo estaua hecha vna estatua y más contenta viene otro día cargada, e traxo otros dos julios, y metió ella la clara de vn hueuo en vn orinal, y allí le demostró cómo él estaua abraçado con otra, que tenía vna vestidura azul. Y hezímosle matar[88] la gallina y lingar el gallo con su estringa, y así le dimos a entender que la otra presto moriría, y que él quedaua ligado con ella y no con la otra, y que presto vernía. Y ansí se fue, y nosotros comimos vna capirotada con muncho queso.

AUCTOR: A essa me quisiera yo hallar.
RANPÍN: Vení a casa, que tanbién avrá para uos.
AUCTOR: ¡Andá, puerco!
RANPÍN: ¡Tanto es Pedro de Dios!
AUCTOR: ¡Que no te medre Dios!
RANPÍN: Vení vos y veréys el gallo, que para otro día lo tenemos.
AUCTOR: Pues sea ansí, que me llaméys, y yo pagaré el vino.
RANPÍN: Sí haré. Saná presto. ¿No queréys vos hazer lo que hizo ella para su mal, que no cuesta sino dos ducados[89]? Que por[90] su fatiga no quería ella nada, que todo sería vn par de calças para esta inuernada. Mirá, ya ha sanado en Belitre a vn español de lo suyo, y a cabo de ocho días se lo quiso

---

[88] Orig. *mater.*
[89] Orig. *ducaros.*
[90] Orig. *que su.*

hazer[91], y era persona que no perdiera nada, y porque andauan entonçes por desposarnos a mí y a ella, por que çessasse la peste, no lo hizo.

AUCTOR: ¡Anda, que eres bouo! Que ya sé quién es y se lo hizo, y le dio vn tauardo o caparela para que se desposasse. Ella misma nos le[92] contó.

RANPÍN: ¿Pues veys aý por qué lo sanó?

AUCTOR: Esso pudo ser por graçia de Dios.

RANPÍN: Señor, no, sino con su vngüento. Son más de quatro que la ruegan, y porque no sea lo de Faustina, que la tomó por muerta y la sanó y después no la quiso pagar, dixo que vn voto que hizo la ssanó, y diole el paga: ¡nunca más enpacharse con romanescas!

AUCTOR: Ora andad en buen ora y encomendámela, y a la otra desvirgaviejos, que soy todo suyo. ¡Válaos Dios!

RANPÍN: No, que no caý.

AUCTOR: ¡Teneos bien, que está peligrosa essa escalera! ¿Cayste? ¡Válate el diablo!

RANPÍN: ¡Agora sí que caý!

AUCTOR: ¿Hezístesos mal? Poneos este paño de cabeça.

RANPÍN: Ansí me yré hasta casa que me ensalme.

AUCTOR: ¿Qué ensalme te dirá?

RANPÍN: El del mal *francorum*.

AUCTOR: ¿Cómo dize?

RANPÍN: "Eran tres cortesanas y tenían tres amigos, pajes de franquilano: la vna lo tiene público y la otra, muy callado; a la otra le buelta con el lunario. Quien esta oración dixere tres vezes a rimano, quando nace sea sano. Amén".

Mamotreto XVIII. Prossigue el Auctor, tornando al decimosexto mamotreto, que, veniendo de la Iudaica, dize Ranpín

<RANPÍN>: Si aquel jodío no se adelantara, esta gelosía se vende, y fuera buena para vna ventana. Y es gran reputaçión tener gelosía.

LOÇANA: ¿Y en qué veys que se vende?

RANPÍN: Porque tiene aquel ramico verde puesto, que aquí a los cauallos o a lo que quieren vender le ponen vna hoja verde sobre las orejas.

LOÇANA: Para esso mejor será poner el ramo sin la gelosía y venderemos mejor.

---

[91] Orig. *hezer*.

[92] Leísmo en boca de un personaje culto. Aunque se trata de un leísmo de cosa, menos frecuente que el leísmo de persona en el Siglo de Oro (Medina Morales 2005: 275), es significativo que aparezca en la intervención de Autor; por tanto, no lo consideramos una errata, ya que Delicado le concede prestigio a este fenómeno lingüístico, motivo por el que lo usa para caracterizar a sus personajes cultos.

RANPÍN: ¿Más ramo queréys que Trigo, que lo dirá por quantas casas de señores ay en Roma?

LOÇANA: Pues veys aý, a uos quiero yo que seáys mi gelosía, que yo no tengo de ponerme a la ventana, sino quando muncho asomaré las manos. ¡O, qué lindas son aquellas dos mugeres! Por mi vida, que son como matronas. No é visto en mi vida cosa más honrrada ni más honesta.

RANPÍN: Son romanas prinçipales.

LOÇANA: Pues ¿cómo van tan solas?

RANPÍN: Porque ansí lo husan. Quando van ellas fuera, vnas a otras se aconpañan, saluo quando va vna sola, que lleua vna sierua, mas no ombres, ni mas mugeres, avnque sea la mejor de Roma. Y mirá que van sesgas; y avnque vean a vno que conozcan, no le hablan en la calle, sino que se apartan ellos y callan, y ellas no abaxan cabeça ni hazen mudança, avnque sea su padre ni su marido.

LOÇANA: ¡O, qué lindas que son! Passan a quantas naçiones yo he visto, y avn a Violante la hermosa, en Córdoua.

RANPÍN: Por esso dizen: "Vulto romano y cuerpo senés, andar florentín y parlar boloñés".

LOÇANA: ¡Por mi vida, que en esto tienen razón! Essotro miraré después. Verdad es que las senesas son gentiles de cuerpo, porque las he visto que sus cuerpos pareçen torres yguales. Mirá allá quál viene aquella vieja cargada de cuentas y más baruas que el Çid Ruy Díaz.

VIEJA: ¡Ay, mi alma, pareçe que os he visto y no sé dónde! ¿Por qué auéys mudado vestidos? No me recordaua. ¡Ya, ya! Dezime, ¿y aueysos hecho puta? ¡Amarga de uos, que no lo podrés çufrir, que es gran trabajo!

LOÇANA: ¡Mirá qué vieja raposa! ¡Por vuestro mal sacáys el ageno! ¡Puta vieja, çimitarra, piltrophera[93] soyslo vos dende que naçistes, y pésaos porque no podéys! ¡Nunca yo medre si vos dezís todas essas cuentas!

VIEJA: No lo digáys, hija, que cada día las passo siete y siete, con su gloria al cabo.

LOÇANA: Ansí lo creo yo, que vos beuedardos soys. ¿Por qué no estáys a seruir a qualque ombre de bien, y no andaréys de casa en casa?

VIEJA: Hija, yo no querría seruir donde ay muger, que son terribles de conportar. Quieren que hiléys para ellas y que las aconpañéys[94]. Y "haz aquí y toma allí, y esto no está bueno". Y "¿qué hazéys con los moços?"[95] "¡Comé presto y vení acá!" "¡Enxaboná y mirá no gastéys muncho xabón!" "¡Xaboná estos perricos!" Y avnque xaboneys como vna perla, mal agradeçido, y nada

---

[93] Creación léxica espontánea usada como insulto con el significado de 'prostituta', derivada de *piltrafa*, y esta, a su vez, de *piltra*, que significa 'cama' en germanía (Hidalgo 1609, s.v.).
[94] Orig. *acanpañeys*.
[95] Orig. *mocos*.

no está bien, y no miran si el ombre se uido en honrra y tuuo quien la siruiesse, sino que bien dixo quien dixo que "no ay cosa tan ynconportable ni tan fuerte como la muger rica". Ya quando seruís en casa de vn ombre de bien, contento él y el canauario, contento todo el mundo. Y todos os dizen: "Ama, hiláys para uos". Podéys yr a estaçiones y a uer vuestros conocientes, que nadie nos dirá nada, y si tornáys tarde, los moços mismos os encubren, y tal casa de señor ay que os quedáys vos dona y señora. Y por esso me voy agora a buscar si hallasse alguno, que le ternía linpio como vn oro, y miraría por su casa, y no querría sino que me tomasse a salario, porque a discriçión no ay quien la tenga, por mis pecados. Y mirá, avnque soy vieja, só para reboluer vna casa.

LOÇANA: Yo lo creo, y aun vna cibdad, avnque fuesse El Cayre o Millán.

VIEJA: ¿Esta casa aués tomado? Sea en buen punto con salut. Mal ojo tiene: moça para Roma y vieja a Benauente. Allá la espero.

TRIGO: Sobí, señora, en casa vuestra. Veisla adereçada y pagada por seys messes.

LOÇANA: Esso no quisiera yo, que ya no me puede yr bien en esta casa, que aquella puta vieja, santiguadera, se desperezó a la puerta y dixo: "afán, mal afán venga por ella". Y yo, por dar vna coz a vn perro que estaua allí, no miré y metí el pie yzquierdo delante, y mirá qué nunblo tornó en entrando.

JODÍO: No cueréys, que Habenrruyz y Abenrréi serán en Yrael. Y por vuestra vida y de quien bien os quiere, porque só yo el vno, que yré y enbiaré quien pague la casa y la çena. Y vos, pariente, aparejame essos dientes. No's desnudéys, sino estaos así, saluo el paño listado, que no lo ronpáys; y si alguno viniere, hazé vos como la de Castañeda, que el molino andando gana.

Mamotreto XIX. Cómo, después de ydo Trigo, vino vn mastresala a estar la siesta con ella y después vn macero, y el baligero de Su Señoría

LOÇANA: Por mi vida que me meo toda, antes que venga nadie.

RANPÍN: Hazé presto que, veys, allí vno viene que yo lo conosco.

LOÇANA: ¿Y quién es?

RANPÍN: Vn mastresala de secreto, ombre de bien. Vuestros çinco julios no's pueden faltar.

MAESTRESALA: Dezí, mançebo, ¿está aquí vna señora que es venida agora poco ha?

RANPÍN: Señor, sí, mas está occupada.

MASTRESALA: Dezilda que Trigo me mandó que veniesse a hablalla.[96]

---

[96] Encontramos varios ejemplos de laísmo en los diálogos de Maestresala, personaje de la

RANPÍN: Señor, está en el lecho, que viene cansada. Si quieréys esperar, ella le hablará desde aquí.

MASTRESALA: ¡Andá! ¿Véola yo la mano y está nel lecho? ¡Pues aý la querría yo! Dezí que no la quite, que de oro es y avn más preçiosa. (¡Oh, pese a tal con la puta, y qué linda deve de ser! Si me á entendido aquel harbadanças, ducado le daré). ¿Qué dize essa señora? ¿Quiere que muera aquí?

RANPÍN: Luego, señor.

MASTRESALA: Pues vení vos abaxo, mirá qué os digo.

RANPÍN: ¿Qué es lo que manda vuestra merçed?

MASTRESALA: Tomá, veys aý para vos, y soliçitá que me abra.

RANPÍN: Señor, sí. Tiri, tiri, taña. Mirá para mí. Abrirele, que se enfría.

LOÇANA: Asomaos allí primero, mirá qué dize.

MASTRESALA: ¡Ola! ¿Es ora?

RANPÍN: Señor, sí; que espere vuestra merçed, que quiere yr fuera, y aý la[97] hablará.

MASTRESALA: ¡No, pese a tal, que me echáys a perder! Sino aý, en casa, que luego me salgo.

RANPÍN: Pues venga vuestra ecellencia.

MASTRESALA: Beso las manos de vuestra merçed, mi señora.

LOÇANA: Yo las de vuestra merçed, que deseo me quita de vn mi ermano.

MASTRESALA: Señora, para seruiros, más que ermano. ¿Qué le pareçe a vuestra merçed de aquesta tierra?

LOÇANA: Señor, diré como forastera: "La tierra que me sé, por madre me la he". Çierto es que hasta que vea, ¿por qué no le tomaré amor?

MASTRESALA: Señora, vos soys tal y haréys tales obras, que no por hija, mas por madre quedaréys desta tierra. Vení acá, mançebo, por vuestra vida, que me vays a saber qué ora es.

LOÇANA: Señor, á de yr comigo a conprar çiertas cosas para casa.

MASTRESALA: Pues sea desta manera. Tomá, ermano; veys aý vn ducado. Yd vos solo, que ombre soys para todo, que esta señora no es razón que[98] vaya fuera a estas oras. Y vení presto, que quiero que vays comigo para que traygáys a esta señora çierta cosa que le plazerá.

RANPÍN: Señor, sí.

MASTRESALA: Señora, por mi fe, que tengo de ser vuestro y vos mía.

LOÇANA: Señor, mereçimento tenéys para todo. Yo, señor, vengo cansada, ¿y vuestra merçed se desnuda[99]?

---

nobleza. En esta intervención aparecen las siguientes variantes: 1) forma con metátesis del imperativo (*dezid*) + pronombre (*la*) y 2) forma con solución asimilada de infinitivo (*hablar*) + pronombre (*la*).

[97] Laísmo. En este caso, por acomodación lingüística de Rampín a su interlocutor.
[98] Orig. *qne*.
[99] Orig. *desnnda*.

MASTRESALA: Señora, puédolo hazer, que parte tengo en la cama, que dos ducados di a Trigo para pagalla, y más agora que soy vuestro yo y quanto tengo.
LOÇANA: Señor, dixo el çiego que deseaua ver.
MASTRESALA: Esta cadenica sea vuestra, que me pareçe que os dirá bien.
LOÇANA: Señor, vos estos corales al braço, por mi amor.
MASTRESALA: Estos pondré yo en mi coraçón, y quede con Dios, y quando venga su criado, vaya a mi estancia, que bien la sabe.
LOÇANA: Sí hará.
MASTRESALA: Este beso sea para enpressa.
LOÇANA: Enpressa con rescate de amor fiel, que vuestra presencia me ha dado, seré sienpre leal a conseruarlo. ¿Venís, calcotejo? Sobí. ¿Qué traés?
RANPÍN: El espejo que os dexastes en casa de mi madre.
LOÇANA: Mostrá. Bien auéys hecho[100]. ¿No me miráys la cadenica?
RANPÍN: ¡Buena, por mi vida! ¡Hi, hi, hi! ¿Qué's? ¿Axo? Veys aquí do vienen dos.
LOÇANA: Mirá quién son.
RANPÍN: El vno conozco, que lleua la maça de oro y es persona de bien.
MAÇERO: A vos, ermano. ¡Ola! ¿Mora aquí vna señora que se llama la Loçana?
RANPÍN: Señor, sí.
MAÇERO: Pues dezilda que venimos a hablalla, que somos de su tierra.
RANPÍN: Señores, dize que no tiene tierra, que ha sido criada por tierras agenas.
MAÇERO: ¡Iuro a tal, que á dicho bien, que el ombre donde nasce y la muger donde va! Dezí a su merçed que la deseamos ver.
RANPÍN: Señores, dize que otro día la ueréys que haga claro.
MAÇERO: ¡Boto a san, que tiene razón! Mas no tan claro como ella lo dize.[101] Dezí a su señoría que son dos caualleros que la desean seruir.
RANPÍN: Dize que no podéys seruir a dos señores.
MAÇERO: ¡Boto a mí, que es letrada! Pues dezilde a esa señora que nos mande abrir, que somos suyos.
RANPÍN: Señores, que esperen vn poco, que está ocupada.
MAÇERO: Pues vení vos abaxo.
RANPÍN: Que me plaze.
MAÇERO: ¿Quién está con esa señora?
RANPÍN: Ella sola.
MAÇERO: ¿Y qué haze?
RANPÍN: Está llorando.
MAÇERO: ¿Por qué, por tu vida, hermano?

---
[100] Orig. *heho*.
[101] Orig. *d ze*.

RANPÍN: Es venida agora y á de pagar la casa, y demándanle[102] luego el dinero, y á de conprar baratijas para la casa, y no se halla con mill ducados.

MAÇERO: Pues tomá vos la mancha y rogá que nos abra, que yo le daré para que pague la casa, y este señor le dará para el resto. Andad, sed buen truxamante.

RANPÍN: Señor, sí. Luego torno. Señora, mirá qué me dio.

LOÇANA: ¿Qué es eso?

RANPÍN: La mancha. Y dará para la casa. ¿Queréys que abra?

LOÇANA: Asomaos y dezí que entre.

RANPÍN: Pues mojaos los ojos, que les dixe que lloráuades.

LOÇANA: Sí haré.

RANPÍN: Señores, si les plaze entrar…

MAÇERO: ¡O, cuerpo de mí, no deseamos otra cosa! Besamos las manos de vuestra merçed.

LOÇANA: Señores, yo las vuestras. Siéntense aquí, sobre este cofre, que, como mi ropa viene por mar y no es llegada, estoy encogida, que nunca en tal me ui.

MAÇERO: Señora, vos en medio, porque sea del todo en vos la virtud, que la lindeza ya la tenés.

LOÇANA: Señor, yo no soy hermossa, mas assí me quieren en mi casa.

MAÇERO: ¡No lo digo por esso, que lo soys, voto a mí, pecador! Señora, esta tierra tiene vna condiçión: que quien toma plazer poco o asaz, biue muncho, y por el contrario. Así que quiero dezir que lo que se deue, este señor y yo lo pagaremos, y tomá vos plazer. Y avnque sea descortesía, con liçençia y seguridad me perdonará.

LOÇANA: Así lo hazés. Más vale esse beso que la medalla que traés en la gorra.

MAÇERO: ¡Por mi vida, señora! ¿Supo's bien?

LOÇANA: Señor, es beso de cauallero, y no podía ser sino sabroso.

MAÇERO: Pues, señora, seruíos de la medalla y de la gorra, por mi amor. Y por vida de vuestra merçed, que os dize bien. No en balde os dezís la Loçana, que todo os está bien. Señora, dad liçençia a vuestro criado que se vaya con este señor, mi amo, y me enbiará otra con que me vaya.

LOÇANA: Vuestra merçed puede mandar como de suyo. Vaya donde mandare.

BALIGERO: Señora, ¿manda vuestra merçed que venga con mi balija?

LOÇANA: Señor, según la balija.

BALIGERO: Señora, llena, y verné a la noche.

LOÇANA: Señor, vení, que antorcha ay para que os vays.

BALIGERO: Beso las manos de vuestra merçed. Vení vos, ermano, que lo manda su merçed.

RANPÍN: Sí haré. Comiençe a caminar.

---

[102] Orig. *demadan le*.

BALIGERO: Dezime, ermano. ¿Esta señora tiene ninguno que haga por ella?
RANPÍN: Señor, no.
BALIGERO: Pues, ¿quién la traxo?
RANPÍN: Viene a pleytear çiertos dineros que le deuen.
BALIGERO: Si ansí es, bien es. Tomá y lleualde esta gorra de grana aquel cauallero y dezí a la señora que çene esto por amor de mí, que sé que le sabrán bien, que son enpanadas.
RANPÍN: Señor, sí. Más estimará esto que si fuera otra cosa, porque es gran comedora de pescado.
BALIGERO: Por esso, mejor, que yo enbiaré el vino, y será de lo que beue su siñoría.
RANPÍN: Señor, sí.
MAÇERO: Señora, a la puerta llaman.
LOÇANA: Señor, mi criado es.
MAÇERO: Pues esperá. Entra y çierra.
RANPÍN: Señor, sí.
MAÇERO: Señora, yo me parto, avnque no quisiera.
LOÇANA: Señor, acá queda metido en mi ánima. Hadraga, ¿qué traéys?
RANPÍN: ¡Marauillas, boto a mí! Y mirá qué gato soriano que hallé en el camino, si podía ser más bello.
LOÇANA: ¡Pareçe que es henbra!
RANPÍN: No es, sino que está castrado.
LOÇANA: ¿Y cómo lo tomaste?
RANPÍN: Eché la capa y él estuuo quedo.
LOÇANA: Pues hazé vos ansí sienpre, que hinchiremos la casa a tuerto y a derecho. Esso me plaze, que soys ombre de la vida y no venís vazío a casa. Mirá quién llama y, si es el de la balija, entre, y vos dormiréys arriba, sobre el axuar de la frontera.
RANPÍN: No cueréys, que a todo me hallaréys, saluo a poco pan.
LOÇANA: Vuestra merçed sea el bienvenido, como agua por mayo.
BALIGERO: Señora, ¿auéys çenado?
LOÇANA: Señor, sí. Todas dos enpanadas que me enbió vuestra merçed comí.
BALIGERO[103]: Pues yo me querría entrar, si vuestra merçed manda.
LOÇANA: Señor, y aun salir quando quisiere. Daca el aguapiés, muda aquellas sáuanas. Toma essa cabellera. Dale el escofia. Descalça a su merçed. Síruelo, que lo mereçe[104] porque te dé la bienandada.
RANPÍN: Sí, sí, dexá hazer a mí.

---

[103] Orig. *Beligero*.
[104] Orig. *merce*.

Mamotreto XX. Las preguntas que hizo la Loçana[105] aquella noche al Baligero y cómo la ynformó de lo que sabía

LOÇANA: Mi señor, ¿dormís?

BALIGERO: Señora, no; que pienso que estoy en aquel mundo donde no ternemos necessidad de dormir ni de comer ni de vestir, sino estar en gloria.

LOÇANA: Por vida de vuestra merçed, que me diga: ¿Qué vida tienen en esta tierra las mugeres amançebadas?

BALIGERO: Señora, en esta tierra no se habla de amançebadas ni de abarraganadas; aquí son cortesanas ricas y pobres.

LOÇANA: ¿Qué quiere dezir cortesanas ricas y pobres? ¿Putas del partido o mundarias?

BALIGERO: Todas son putas. Essa diferençia no's sabré dezir, saluo que ay putas de natura y putas husadas, de puerta herrada, y putas de gelosía, y putas d'enpanada.

LOÇANA: Señor, si lo supiera, no comiera las enpanadas que me enbiastes, por no ser d'enpanada.

BALIGERO: No sse dize por esso, sino porque tienen ençerados a las ventanas, y es de más reputación. Ay otras que ponen tapetes y están más altas; estas muéstranse todas, y son más festejadas de galanes.

LOÇANA: Quiçá no ay muger en Roma que sea estada más festejada que yo, y querría saber el modo y manera que tienen en esta tierra para saber escoger lo mejor, y bivir más honesto que pudiese con lo mío, que no ay tal aue como la que dizen "Aue del tuyo". Y quien le haze la jaula fuerte, no se le ua ni se le pierde.

BALIGERO: Pues dexame acabar, que quiçá en Roma no podríades encontrar con hombre que mejor sepa el modo de quántas putas ay, con manta o sin manta. Mirá, ay putas graçiosas más que hermosas, y putas que son putas antes que mochachas. Ay putas apassionadas, putas estregadas, afeitadas, putas esclareçidas, putas reputadas, reprouadas. Ay putas moçáraues de Çocodouer, putas carcaueras. Ay putas de cabo de ronda, putas vrsinas, putas güelphas, gibelinas, putas ynjuynas, putas de Rapalo, rapaýnas. Ay putas de simiente, putas de botón griñimón, noturnas, diurnas, putas de çintura y de marca major. Ay putas orilladas, bigaradas, putas conbatidas, vençidas y no acabadas, putas deuotas y reprochadas de oriente a poniente y setentrión; putas conuertidas, repentidas, putas viejas, lauanderas porfiadas, que sienpre an quinze años como Elena; putas meridianas, oçidentales, putas máxcaras enmaxcaradas, putas trincadas, putas calladas, putas antes de su madre y después de su tía, putas de subientes e deçendientes, putas con virgo, putas sin virgo, putas el día del domingo,

---

[105] Orig. *Locana*.

putas que guardan el sábado hasta que an xabonado, putas feriales, putas a la candela, putas reformadas, putas xaqueadas, trauestidas, formadas, estrionas de Tesalia. Putas abispadas, putas terçeronas, aseadas, apuradas, gloriosas, putas buenas y putas malas, y malas putas. Putas enteresales, putas secretas y públicas, putas jubiladas, putas casadas, reputadas, putas beatas, y beatas putas, putas moças, putas viejas, y viejas putas de trintín y botín. Putas alcagüetas, y alcahuetas putas, putas modernas, machuchas, jnmortales, y otras que se retraen a buen biuir en burdeles secretos y publiques[106] honestos que tornan de principio a su menester.

LOÇANA: Señor, éssas putas reyteradas me pareçen.

BALIGERO: Señora, ¿y latín sabéys? *Reytero, reyteras ...*, por tornároslo a hazer otra uez.

LOÇANA: Razón tiene vuestra merçed, que agora dio las siete.

BALIGERO: Tené punto, señora, que con esta serán ocho. Que yo tornaré al tema do quedamos.

LOÇANA: Dezime, señor, ¿ay casadas que sean buenas?

BALIGERO: Quien sí, quien no. Y esse es bocado caro y sabroso y costoso y peligroso.

LOÇANA: Verdad es que todo lo que se haze a hurtadillas sabe mejor.

BALIGERO: Mirá, señora; auéys de notar que en esta tierra a todas sabe bien, y a nadie no amarga, y es tanta la libertad que tienen las mugeres, que ellas los buscan: llaman, porque se les ronpió el velo de la honestidad, de manera que son putas y rufianas.

LOÇANA: ¿Y qué quiere dezir rofianas? ¿Rameras[107] o cosa que lo valga?

BALIGERO: Alcagüetas, si no lo auéys por enojo.

LOÇANA: ¿Cómo? ¿Que no ay alcagüetas en esta tierra?

BALIGERO: Sí ay, mas ellas mismas se lo son las que no tienen madre o tía, o amiga muy amiga, o que no alcançan para pagar las rufianas; porque, las que lo son, son muy taymadas y no se contentan con comer y la parte de lo que hazen auer, sino que quieren el todo y ser ellas caualgadas primero.

LOÇANA: Esso del todo no entiendo.

BALIGERO: Yo's diré. Si les dan vn ducado que les lleven a las que se an de echar con ellos, dizen las rufianas: "El medio es para[108] mí, por su parte d'él. ¿Y vos no me auéys de pagar, que os he auido vn ombre de bien, de quien

---

[106] El Publich de Valencia era uno de los prostíbulos más prestigiosos de la época; por ello, la palabra *publique* aparece lexicalizada como sustantivo común con el significado de 'burdel de alto nivel' en el RLA.

[107] Desde su primera documentación en las Ordenanzas de Córdoba (López Mora 2007 [1435]: 57) –reproducidas en línea en DITECA (Carrasco Cantos, recurso electrónico)– hasta la primera mitad del siglo XVI, la voz *ramera* designó a una "puta honesta" (Nebrija, s.v.), "que estaba encubierta u oculta; por ello, tenían un ramo como seña para el reclamo de clientes, de ahí su nombre" (Díaz-Bravo 2010b: 180–81).

[108] Orig. *pera*.

podéys vos sacar quanto quisiéredes? Amiga, yo no quiero avergonçar mis canas sin premio. Y, como os lo he auido para vos, si yo lo lleuara a vna que sienpre me añade, en mi sesso estaua yo quando no me quería enpachar[109] con pobres. ¡Esta y nunca más!" De manera que como pueden ellas a los prinçipios inpedir, an paçiençia las[110] pobretas, y se escusan el posible si pueden hazer sin ellas.

LOÇANA: Señor, mirá: para muger, muy mejor es por mano de otrie que de otra manera, porque pierde la vergüença y da más autoridad que quantas enpanadas ay o ençeradas, como vos dezís.

BALIGERO: Señora, no's enogéys. Que sean enplumadas quantas aquí ay, por vuestro seruiçio, y quien desea tal offiçio.

Mamotreto XXI. Otra pregunta que haze la Loçana al Baligero quando se levanta

LOÇANA: Dezime, señor: ¿Essas putas o cortessanas o como las llamáys, son todas desta tierra?

BALIGERO: Señora, no; ay de todas naçiones. Ay españolas castellanas, vizcaýnas, montañessas, galiçianas, asturianas, toledanas, andaluzas, granadinas, portuguesas, nauarras, catalanas y valençianas, aragonessas, mallorquinas, sardas, corças, çecilianas, napolitanas, bruçesas, pullesas, calabresas, romanescas, aquilanas, senessas, florentinas, pissanas, luquessas, boloñesas, veneçianas, milanesas, lonbardas, ferraresas, modonesas, breçianas, mantuanas, raueñanas, pesauranas, vrbinessas, paduanas, veronessas, vicentinas, perusinas, nouaresas, cremonesas, alexandrinas, vercelesas, bergamascas, treuisanas, piedemontesas, sauoianas, prouençanas,[111] bretonas, gasconas, francesas, borgoñonas, ynglesas, flamencas, tudescas, esclauonas y albanesas, candiotas, boemias, vngaras, pollacas, tramontanas y griegas.

LOÇANA: Ginouesas os oluidáys.

BALIGERO: Essas, señora, sonlo en su tierra, que aquí son esclauas o vestidas a la ginouesa por qualque respecto.

LOÇANA: ¿Y malaguessas?

BALIGERO: Todas son maliñas y de mala digestión.

LOÇANA: Dígame, señor: y todas estas, ¿cómo[112] biuen y de qué?

BALIGERO: Yo's diré, señora: tienen sus modos y maneras, que sacan a cada uno lo dulçe y lo amargo. Las que son ricas, no les falta qué espender y qué guardar. Y las medianas tienen vno aposta que mantiene la tela, y otras

---

[109] Orig. *en pacher.*
[110] Orig. *la.*
[111] Orig. *prouecanas.*
[112] Orig. *cnmo.*

que tienen dos: el vno paga y el otro no escota. Y quien tiene tres: el vno paga la casa y el otro la viste y el otro haze la despensa y ella labra. Y ay otras que no tienen sino día e vito y otras que lo ganan a heñir, y otras que comen y escotan, y otras que les paresçe que el tienpo pasado fue mejor. Ay entr'ellas quien tiene seso y quien no lo tiene; y saben guardar lo que tienen, y estas son las que van entre las que son ricas, y otras que guardan tanto que hazen ricos a munchos; y quien poco tiene haze largo testamento; y por abreuiar, quando vaya[113] al canpo final, dando su postremería al arte militario, por pelear y tirar a terrero; y otras que a la vejez biuen a Ripa. Y esto causan tres estremos que toman quando son nouicias, y es que no quieren casa si no es grande y pintada de fuera, y como vienen, luego se mudan los nonbres con cognonbres altiuos y de grand sonido, como son, la Esquiuela, la Cesarina, la Ynperia, la Delfina, la Flaminia, la Borbona, la Lutreca, la Franquilana, la Pantasilea, la Mayorana, la Tabordana, la Pandolfa, la Dorotea, la Orifiçia, la Oropesa, la Semidama y Doña Tal, y Doña Andriana, y ansí discurren mostrando por sus apellidos el preçio de su labor; la terçera, que por no ser sin reputa, no abren público a los que tienen por offiçio andar a pie.

LOÇANA: Señor[114], avnque el dezidor sea neçio, el escuchador sea cuerdo. ¿Todas tienen sus amigos de su nasçión?

BALIGERO: Señora, al prinçipio y al medio, cada vna le toma como le viene; al vltimo, francés, porque no las dexa hasta la muerte.

LOÇANA: ¿Qué quiere dezir que vienen tantas a ser putas a Roma?

BALIGERO: Vienen al sabor y al olor. De Alemania son traýdas y de Françia son venidas. Las dueñas d'España vienen en romeaje, y de Ytalia vienen con carruaje.

LOÇANA: ¿Quáles son las más buenas de bondad?

BALIGERO: ¡O, las españolas son las mejores y las más perfectas!

LOÇANA: Ansí lo creo yo, que no ay en el mundo tal mugeriego.

BALIGERO: Quanto son allá de buenas son acá de mejores.

LOÇANA: ¿Aurá diez españolas en toda Roma que sean malas de su cuerpo?

BALIGERO: Señora, catorze mill buenas, que an pagado pontaje en el golfo de León.

LOÇANA: ¿A qué vinieron?

BALIGERO: Por ombres para conserua.

LOÇANA: ¿Con quién vinieron?

BALIGERO: Con sus madres y parientas.

LOÇANA: ¿Dónde están?

BALIGERO: En camposanto.

---

[113] Orig. *ya ya*.
[114] Orig. *senor*.

Mametreto[115] XXII. Cómo se despide el Baligero y deçiende su criado, y duermen hasta que vino Trigo

BALIGERO: Mi vida, dame liçençia.

LOÇANA: Mi señor, no me lo mandéys, que no quiero que de mí se parta tal contenteza.

BALIGERO: Señora, es tarde, y mi offiçio causa que me parta y quede aquí sempiterno seruidor de vuestro mereçimiento.

LOÇANA: Por mi amor, que salga passico y çierre la puerta.

BALIGERO: Sí haré, y besaros de buena gana.

LOÇANA: Soy suya.

BALIGERO: Mirá, ermano, abrime y guardá bien a vuestra ama, que duerme.

RANPÍN: Señor, sí. Andá norabuena.

LOÇANA: ¡A tu tía essa çanpoña!

RANPÍN: ¿Aos pagado?

LOÇANA: ¿Y pues? Siete buenas y dos alevosas, con que me gané estas axorcas.

RANPÍN: Bueno si durasse.

LOÇANA: Mirá, dolorido, que de aquí adelante, que sé cómo se baten las calderas, no quiero de noche que ninguno duerma comigo sino vos, y de día, comer de todo, y desta manera engordaré; y vos procurá de arcarme la lana si queréys que texca cintas de cuero. Andá, entrá y enpleá vuestra garrocha. Entrá en coso, que yo's veo que venís como estudiante que durmió en duro, que contaua las estrellas.

RANPÍN: ¿Y vos qué pareçéys?

LOÇANA: Dilo tú, por mi vida.

RANPÍN: Pareçéys barqueta sobre las ondas con mal tienpo.

LOÇANA: A la par, a la par, lleguemos a Xodar. Duérmete y callemos, que sendas nos tenemos. Pareçe que siento la puerta. ¿Quién será?

RANPÍN: Trigo es, por vida del Dío.

LOÇANA: Andá, abrilde.

TRIGO: ¿Cómo os va, señora? Que yo mi parte tengo del trabajo.

RANPÍN: No curéys, que de aquí a poco n'os avremos menester, que ya sabe ella más que todos.

TRIGO: Por el Dío, que vn frayle me prometió de venilla a uer, y es procurador del conuento, y sale de noche con cabellera. Y mirá que os prouerá a la mañana de pan e vino y a la noche de carne y las otras cosas. Todo lo toma a taja, y no le cuesta sino que vos vays al horno y al regatón y al carniçero, y assí de las otras cosas, saluo de la fruta.

LOÇANA: No curéys, hazeldo vos venir, que aquí le sabremos dar la manera.

---

[115] Puesto que en tres ocasiones se usa una variante diferente para *mamotreto*, y teniendo en cuenta el gusto de Delicado por el polimorfismo, mantenemos la forma como en el texto original de Venecia.

Frayle o qué, venga, que mejor a él que a Salomón enfrenaré, pues desos me echá vos por las manos, que no ay cosa tan sabrossa como comer de limosna.

TRIGO: Señora, yo os he hallado vna casa de vna señora rica que es estada cortesana, y agora no tiene sino dos señores que la tienen a su posta, y es seruida de esclauas como vna reina, que está parida y busca vna conpañía que le gouierne su casa.

LOÇANA: ¿Y dónde mora?

TRIGO: Allá, detrás de Vancos. Si ys allá esta tarde, mirá que es vna cassa nueua pintada y dos gelossías y tres ençerados[116].

LOÇANA: Sí haré, por conosçer y esperimentar y tanbién por comer a espesas de otrie, que, como dizen, "¿Quién te enriquesçió? Quien te gouernó".

TRIGO: Mirá, que está parida y no os dexará venir a dormir a casa.

LOÇANA: No me curo, que tragamalla[117] dormirá aquí, y tomaremos vna casa más çerca.

TRIGO: ¿Para qué, si ella os da casa y lecho y lo que auréys de menester?

LOÇANA: Andá, que todauía mi casa y mi hogar çien ducados val. Mi casa será como faltriquera de vieja, para poner lo mal alçado y lo que se pega.

TRIGO: Con vos me entierren, que sabéys de cuenta. Ve do uas y como vieres, ansí haz; y como sonaren, assí baylarás.

MAMOTRETO XXIII. Cómo fue la Loçana en casa desta cortessana y halló allí vn canónigo, su mayordomo, que la enpreñó

LOÇANA: Paz sea en esta casa.

ESCLAUA: ¿Quién está aý?

LOÇANA: Gente de paz, que viene a hurtar.

ESCLAUA: Señora, ¿quién soys, para que lo diga a mi ama?

LOÇANA: Dezí a su merçed que está aquí vna española, a la qual le an dicho que su merçed está mala de la madre[118], y le daré remedio si su merçed manda.

ESCLAUA: Señora, allí está vna gentil muger, que dize no sé qué de vuestra madre.

CORTESANA: ¿De mi madre? Vieja deue ser, porque mi madre murió de mi parto. ¿Y quién viene con ella?

ESCLAUA: Señora, vn moçuelo.

---

[116] Orig. *ençerrados*.
[117] Apelativo dirigido a Rampín, por alusión a un personaje glotón, recogido en los *Refranes o proverbios en romance* de Hernán Núñez (c1549: fol. 28r) (*apud* CORDE. Madrid: 2001).
[118] 'Útero, matriz'. En *la Tragicomedia de Calisto y Melibea* y los textos literarios de tradición celestinesca del siglo XVI suele aparecer en los sintagmas "mala de la madre", "enferma de la madre", "doliente de la madre", "mal de (la) madre" cuando se alude a la enfermedad o dolor de la misma, motivo por el que las mujeres acuden a las alcahuetas-curanderas (Díaz-Bravo 2012: 319).

CORTESANA: ¡Ay, Dios! ¿Quién será? Canónigo, por vuestra vida, que os asoméys y veáys quién es.

CANÓNIGO: ¡Cuerpo de mí, es más ábile, a mi uer, que santa Nefixa, la que daua su cuerpo por limosna!

CORTESSANA: ¿Qué dezís? Essa no se devía morir. Andá, mirá si es ella que avrá resusçitado.

CANÓNIGO: Mándela vuestra merçed subir, que poco le falta.

CORTESSANA: Suba. Va tú, Penda, que esta marfuza no sabe dezir ni hazer enbaxada.

ESCLAUA: Xeñora llamar.

LOÇANA: ¡O, qué linda tez de negra! ¿Cómo llamar tú? ¿Conba?

ESCLAUA: No, llamar Penda de xeñora.

LOÇANA: Yo dar a ti cosa bona.

ESCLAUA: Xeñora, xí. Venir, venir, xeñora dezir venir.

LOÇANA: Besso las manos, mi señora.

CORTESSANA: Seáys la bienvenida. Daca aquí vna silla, pónsela, que se siente. Dezime, señora, ¿conosçistes vos a mi madre?

LOÇANA: Mi señora, no; conosçerla he yo para seruir y honrrar.

CORTESSANA: Pues, ¿qué me enbiastes a dezir que me queríades[119] dar nueuas de mi madre?

LOÇANA: ¿Yo, señora? Corruta estaría la letra, no sería yo.

CORTESSANA: Aquella marfuza me lo ha dicho agora.

LOÇANA: Yo, señora, no dixe sino que me auían dicho que vuestra merçed estaua doliente de la madre y que yo le daría remedio.

CORTESANA: No entiende lo que le dizen. No curés, que el canónigo tiene la culpa, que no quiere hazer a mi modo.

MAYORDOMO: ¿Qué quiere que haga? Que ha ueynte días que soy estado para cortarme lo mío, tanto me duele quando orino, y, segund dize el médico, tengo que lamer todo este año, y a la fin creo que me lo cortarán. ¿Piensa vuestra merçed que se me passarían sin castigo ni ella ni mi criado, que jamás torna do va? Ya lo he dicho a vuestra merçed, que busque vna persona que mire por cassa, pues que ni vuestra merçed ni yo podemos, que quando duele la cabeça todos los mienbros están sentibles, y vuestra merçed se confía en aquel judío de Trigo, y mire cómo tornó con sí o con no.

LOÇANA: Señor, lo que Trigo prometió yo no lo sé, mas sé que él me dixo que viniesse acá.

MASTRO DE CASA: ¡O, señora! ¿Y soys vos la señora Loçana?

LOÇANA: Señor, sí, a su seruicio y por su bien y mejoría.

CANÓNIGO: ¿Cómo, señora? ¡Seríaos esclauo!

---

[119] Orig. *qneriades*.

LOÇANA: Mi señor, prometeme de no dallo en manos de médicos y dexá hazer a mí, que es mienbro que quiere halagos y cariçias y no crueldad de médico cobdiçioso y bien vestido.
CANÓNIGO: Señora, desde agora lo pongo en vuestras manos, que hagáys vos lo que, señora, mandáredes, que él y yo os obedeçeremos.
LOÇANA: Señor, hazé que lo tengáys linpio, y vntaldo con pupulión, que de aquí a çinco días no ternéys nada.
CANÓNIGO: Por çierto que yo os quedo obligado.
CORTESSANA: Señora, y a mí, para la madre, ¿qué remedio me days?
LOÇANA: Señora, es menester saber de qué y quándo os vino este dolor de la madre.
CORTESSANA: Segñora, como parí, la madre me anda por el cuerpo como sierpe.
LOÇANA: Señora, sahumaos por abaxo con lana de cabrón, y si fuere de frío o que quiere ombre, ponelle vn çerote sobre el onbligo, de gálbano y armoníaco y ençienço y simiente de ruda en vna poca de grana, y esto la haze venir a su lugar, y echar por abaxo y por la boca toda la ventosidad. Y mire vuestra merçed que dizen los ombres y los médicos que no saben de qué proçede aquel dolor o alteraçión. Metelle el padre y peor es, que si no sale aquel viento o frío que está en ella, más mal hazen hurgándola. Y con este çerote sana, y no nuez moycada y vino, que es peor. Y lo mejor es vna cabeça de ajos asada y comida.
CORTESANA: Señora, vos no's auéys de partir de aquí, y quiero que todos hos obedescan, y miréys por mi casa y seáys señora della, y a mi tabla y a mi bien y a mi mal, quiero que os halléys.
LOÇANA: Besso las manos por las merçedes que me hará y espero.

Parte secvnda

MAMOTRETO XXIV. Cómo comenzó ha conuersar con todos y cómo el Autor la conosçió por ynterçesión de vn su conpañero, que era criado de vn enbaxador milanés[120], al qual ella siruió la primera vez con vna moça no virgen, sino apretada. Aquí comiença[121] la Parte segunda

SILUIO: ¡Quién me tuviera agora, que a[122] aquella muger que va muy cubierta no le dixera qualque remoquete, por ver qué me respondiera y supiera quién es! ¡Voto a mí, que es andaluza! En el andar y meneo se conosçe. ¡O, qué pierna! En vellas se me desperezó la conplissión. ¡Por vida del rei, que no

---
[120] Orig. *milañs*.
[121] Orig. *comienca*.
[122] Orig. *que aquella*.

está virgen! ¡Ay, qué meneos que tiene! ¡Qué boltar acá! Sienpre que me vienen estos lances, vengo solo. Ella se para allí con aquella pastelera. Quiero yr a uer cómo habla y qué conpra.

AUTOR: ¡Ola! ¡Acá, acá! ¿Qué hazéys? ¿Dó ys?

SILUIO: Quiero yr allí a uer quién es aquella que entró allí, que tiene buen ayre de muger.

AUTOR: ¡O, qué reñegar tan donoso! ¡Por vida de tu amo, di la verdad!

CONPAÑERO: ¡Hi, hi! Diré yo como de la otra, que las piedras la conoçién.

AUTOR: ¿Dónde está? ¿Qué trato tiene? ¿Es casada o soltera? Pues a uos quiero yo para que me lo digáys.

CONPAÑERO: ¡Pese al mundo con estos santos! Sin auiso pasa cada día por casa de su amo, y mirá qué regatear que tiene, y porfía que no la conosçe. Miralda bien, que a todos da remedio de qualquier enfermedad que sea.

AUTOR: Esso es bueno. Dezime quién es y no me habléys por çircunloquios, sino dezime vna palabra redonda, como razón de melcochero. ¡Dímelo, por vida de la Corçeta!

CONPAÑERO: Só contento. Esta es la Loçana, que está preñada de aquel canónigo que ella sanó de lo suyo.

AUTOR: ¿Sanolo para que la enpreñasse? Tuvo razón. Dezime, ¿es cortesana?

CONPAÑERO: No, sino que tiene esta la mejor vida de muger que sea en Roma. Esta Loçana es sagaz y á[123] bien mirado todo lo que passan las mugeres en esta tierra, que son sujetas a tres cosas: a la pinsión de la casa y a la gola y al mal que después les viene de Nápoles. Por tanto, se ayudan quando pueden con ingenio, y por esto quiere esta ser libre. Y no hera venida quando sabía toda Roma y cada cosa por estenso. Sacaua dechados de cada muger y ombre, y quería saber su biuir, y cómo y en qué manera, de modo que agora se va por casas de cortesanas, y tiene tal lauia que sabe quién es el tal que viene allí, y cada vno nonbra por su nonbre, y no ay señor que no desee echarse con ella por vna vez. Y ella tiene su cassa por sí, y quanto le dan lo enbía a su casa con vn moço que tiene, y sienpre se le pega a él y a ella lo mal alçado, de modo que se saben remediar. Y esta haze enbaxadas y mete de su cassa muncho almazén, y sábele dar la maña, y sienpre es llamada señora Loçana[124], y a todos responde y a todos promete y çertifica, y haze que tengan esperança, avnque no la aya. Pero tien'esto: que quiere ser ella primero referendada, y no perdona su ynterés a ninguno, y si no queda contenta, luego los moteja de míseros y bien criados, y todo lo hecha en burlas. Desta manera saca ella más tributo que el capitán de Torre Sabela. Veysla allí, que pareçe que le hazen mal los assentaderos, que toda se está meneando, y el ojo acá, y si me vee, luego me conoçerá, porque

---

[123] Orig. *y bien.*
[124] Orig. *Loçaua.*

sabe que sé yo lo que passó con mi amo el otro día, que vna mochacha le lleuó. Çinco ducados se ganó esta, y más le dio la mochacha de otros seys, porque veynte le dio mi amo, y como no tiene madre, que es nouiçia, ella le sacaría las coradas, que lo sabe hazer. Y no perdona seruiçio que haga, y no le queda por corta ni por mal echada, y ¡guay de la puta que le cae en desgraçia!, que más le valdría no ser naçida, porque dexó el frenillo de la lengua en el vientre de su madre, y si no la contentasen, diría peor dellas que de carne de puerco, y si la toman por bien, beata la que la sabe contentar. Va diziendo a todos qué ropa es debaxo paños, saluo que es boua y no sabe. Condiçión tiene de ángel, y el tal señor la tuuo dos meses en vna cámara, y dize por más encareçer: "Señor, sobre mí, si ella lo quiere hazer, que apretés con ella, y a mí tanbién lo auéys de hazer, que de tal encarnadura só que si no me lo hazen, muerta só, que ha tres messes que no sé qué cosa es, mas con vos quiero ronper la jura". Y con estas chufletas gana. La mayor enbaydera es que naçió. Pues, ¿pensaréys que come mal? Sienpre come asturión o qualque cosa. Come lo mejor, mas tanbién llama quien ella sabe, que lo pagará más de lo que vale. Llegaos allá, y yo haré que no la conozco; y ella, veréys que conocerá a vos y a mí, y veréys como no miento en lo que digo.

AUTOR: De vuestras camisas o pasteles nos mostrás, señora, y máxime si son de mano dessa hermosa.

LOÇANA: ¡Por mi vida, que tiene vuestra merçed lindos ojos! Y essotro señor me pareçe conoçer, y no sé dó lo ui. ¡Ya, ya, por mi vida que lo conosco! ¡Ay, señora Siluana, por vida de vuestros hijos que lo conozco! Está con vn mi señor milanés. Pues dezí a vuestro amo que me á de sser conpadre quando me enpreñe.

AUTOR: Quanto más si lo estáys, señora.

LOÇANA[125]: ¡Ay, señor, no lo digáys, que soy más casta que es menester!

AUTOR: Andá, señora, creçé y multiplicá, que lleuéys algo del mundo.

LOÇANA: Señor, no hallo quien diga qué tienes áy.

AUTOR: ¡Pues, boto a mí, que no se os pareçe!

LOÇANA: Mas antes sí, que ansí gozéys de vos, que engordo sin verde.

AUTOR: Cada día sería verde si por áy tiráys. Señora, suplícole me diga si es esta su possada.

LOÇANA: Señor, no, sino que soy venida aquí, que su nuera desta señora está de parto, y querría hazer que, como heche las pares, me las vendan, para poner aquí a la vellutera y dalle ha qualque cossa para ayudá a criar la criatura. Y la otra tiene vna niña del ospital y darémosle a ganar de su amigo çien ducados, y por otra parte ganará más de trezientos, porque á de dezir que es de vn gran señor que no desea otro sino hijos, y a esta señora

---

[125] Orig. *Loçaua*.

le pareçe cosa estraña y no lo es. Dígaselo vuestra merçed, por amor de mí, y ruéguenselo, que yo voy arriba.

AUTOR: Señora, en vuestra casa podéys hazer lo que mandáredes, mas a mí mal me paresçe. Y mirá lo que hazéys, que esta muger no's engañe a vos y a vuestra nuera, porque ni de puta buena miga ni d'estopa buena camisa. Notad: la puta como es criada y la'stopa como es hilada. Digo esto porque, como me lo á dicho a mí, lo dirá a otrie.

PASTELERA: Señor, mirame por la botica, que luego abaxo.

CONPAÑERO: ¿Qué te paresçe? ¿Mentía yo? ¡Por el cuerpo de sant, que no es esta la primera que ella haz! ¡Válgala, y qué trato que trae con las manos! Paresçe que quanto dize es ansí como ella lo dize. En mi vida espero ver otra símile. Mirá, ¿qué hará de sus pares ella quando parirá? Esta es la que dio la posta a los otros que tomasen al puente a la Bonica, y mirá qué treyntón le dieron porque no quiso abrir a quien se lo dio. Y fue que, quando se lo dieron, el postrero fue negro, y dos ducados le dieron para que se medicase, y a esta más de diez.

AUTOR: ¡O, la gran mala muger! ¿Cómo no la açotan?

CONPAÑERO: Callá, que deçiende. Señora, ¿pues qué libráys?

LOÇANA: Señor, que quiero yr'aquella señora para que esté todo en horden, que la misma partera me las traerá.

AUTOR: (A ella y a vos auían de encoroçar). Señora, ¿qué haré para que mi amiga me quiera bien?

LOÇANA: Señor, comed de la saluia con vuestra amiga.

CONPAÑERO: Señora, ¿y yo, que muero por vos?

LOÇANA: Esso sin saluia se puede hazer. No me den vuestras merçedes enpacho agora, que para esso tienpo ay, y cassa tengo, que no lo tengo de hazer aquí en la calle.

CONPAÑERO: ¡Señora, no! Mire vuestra merçed: ¿qué se le cae?

LOÇANA: Ya, ya: faxadores son para xabonar.

AUTOR: ¡Boto a Dios, que son de manlleua para xabonar! No es naçida su par. ¡Mal año para cauallo ligero, que tal sacomano sea! Esta conprará offiçio en Roma, que benefiçio ya me paresçe que lo tiene curado, pues no tiene chimenea, ni tiene do poner antojos.

CONPAÑERO: ¡Cómo va hazendossa! Lo que saca ella deste engaño le sacaría yo si la pudiese conduzir a que s'echase comigo, que esta dará lo que tiene a vn buen rufián que fuese cordoués traymado[126].

AUTOR: Callemos, que torna a ssalir. ¿Qué mejor rufián que ella, si por cordoués lo auéys? Por vida suya, que tanbién se dixo esse refrán por ellas como por ellos. Si no, miraldo si se sabe dar la manera en Alcalá o en Güete. ¿Qué es

---

[126] Como en otros casos (*faltraría, quitraría, delantre,* etc.), mantenemos la *r* en la secuencia oclusiva + vibrante.

aquello que trae? Demandémoselo. ¿Qué priesa es essa, señora?

LOÇANA: Señores[127], como no saben en esta tierra, no prouehen en lo neçessario, y quieren haçer la cossa y no le saben dar la maña. La parida no tiene peçones, como no parió jamás, y es menester ponelle –para que le salgan– este perrico y negoçiar, por amor del padre. Y después, como[128] no tiene peçones, le pagaremos.

AUTOR: ¡Vuestra merçed es el todo, a lo que vemos! Mirá, señora, que esta tierra prueua los reçién venidos, no's amaléys, que os cerrarán quarenta días.

LOÇANA: Señor, de lo que no auéys de comer, dexaldo cozer.

AUTOR: Y aun quemar.

SILUIO: ¿Esso me dezís? Con poco más me moriré. ¿Mas vuestra merçed no será de aquellas que prometen y no atienden?

LOÇANA: Dexame passar, por mi vida, que tengo que hazer, porque es menester que sea yo la madre de la parida, y la botillera y lo demás, porque viene la más linda y fauoresçida cortesana que ay en Roma por madrina, y más viene por contentarme a mí que por otra cosa, que soy yo la caxa de sus secretos, y vienen dos vanqueros por padrinos. Solo por vella no's partáys, que ya vienen. ¿Veysla? Pues, ¿de la fruta no tenemos? Vna mesa con presutos cochos y sobreassadas, con capones y dos pauones y vn faysán, y astarnas y mile cosas. Mirad si viésedes a mi criado, que es ydo a cassa, y díxele que truxese dos coxines vazíos para lleuar faxadores y paños para dar a lauar, por meter entre medias de lo mejor, y no viene.

AUTOR: ¿Es aquel que viene con el otro Sieteconicos?

LOÇANA: Sí, por mi vida, y su pandero trae. Mill cantares nos dirá el vellaco. ¿Y no miráys, anillos y todo? ¡Muéranse los barueros!

SIETECOÑICOS: Mueran por çierto, que muy quexoso vengo de vuestro criado, que no me quiso dar tanticas de blanduras.

LOÇANA: ¡Anda, que bueno vienes, borracha! Alcohol y todo. No te lo sopiste poner. Calla, que yo te lo adobaré. Si te miras a vn espejo, verás la vna çeja más ancha que la otra.

SIETECOÑICOS: ¡Mirá qué norabuena! Algund çiego me querría[129] ver.

LOÇANA: Anda, que[130] pareçes a Françisca la Fajarda. Entra, que as de cantar aquel cantar que dixiste quando fuymos a la viña a çená la noche de marras.

SIETECOÑICOS: ¿Quál, Vayondina?

LOÇANA: Sí, y el otro.

SIETECOÑICOS: ¿Quál? ¿Bartolomé del Puerto?

---

[127] Orig. *Señors*.
[128] Orig. *cõ*.
[129] Orig. *queria*.
[130] Orig. *qne*.

LOÇANA: Sí, y el otro.
SIETECOÑICOS: Ya, ya. ¿Ferreruelo?
LOÇANA: Esse mismo.
SIETECOÑICOS: ¿Quién está arriba? ¿Ay putas?
LOÇANA: Sí, mas mira que está allí vna que presume.
SIETECOÑICOS: ¿Quién es? ¿La de Toro? Pues razón tiene, puta de Toro y trucha de Duero.
LOÇANA: Y la seuillana.
SIETECOÑICOS: Las seys vezes villana, señores, con perdón.
AUTOR: Señora, no ay herror. Subí vos, alcuza de santero.
LOÇANA: Señores, no se partan, que quiero mirar qué es lo que le dan los padrinos, que me va algo en ello.
AUTOR: Dezime, ¿qué dan los padrinos?
CONPAÑERO: Es vna vssança en esta tierra que cada uno da a la madre segund puede, y hazen veynte padrinos, y cada vno le da.
AUTOR: Pues no yvan allí más de dos con la criatura. ¿Cómo hazen tantos?
SILUIO: Mirad, aquella garrafa que traen de agua es la que sobró en el baçín quando se lauaron los que tienen la criatura, y tráenla a casa, y de allí enbíanla al tal y a la tal, y ansí a quantos quieren, y dizen que por auerse lauado con aquel agua son conpadres, y assí enbían, quién vna cana de rasso, quién vna de paño, quién vna de damasco, quién vn ducado o más, y desta manera es como cabeça de lobo para criar la criatura hasta que se casse o se venda, si es hija. Pues notá otra cláusula que hazen aquí las cortessanas: prometen de se vestir de blanco o pardillo, y dizen que lo an de conprar de limosnas. Y ansí van vestidas a espessas del conpaño. Y esto de los conpadres es assí.
AUTOR: No se lo consentirían, esto y otras mill superstiçiones que hazen, en España.
SILUIO: Pues por esso es libre Roma, que cada uno haze lo que se le antoja agora, sea bueno o malo, y mirá quánto, que, si vno quiere yr vestido de oro o de seda, o desnudo o calçado, o comiendo o riendo, o cantando, sienpre vale por testigo y no ay quien os diga mal hazéys ni bien hazéys, y esta libertad encubre munchos males. ¿Pensáys vos que se dize en balde por Roma Babilón, sino por la muncha confusión que causa la libertad? ¿No miráys que se dize Roma meretrice, siendo capa de pecadores? Aquí, a dezir la verdad, los forasteros son muncha causa, y los naturales tienen poco del antiguo natural, y de aquí naçe que Roma sea meretriçe y concubina de forasteros y, si se dize, ¡guai quien lo dize!, haz tú y haré yo y mal para quien lo descubrió. Ermano, ya es tarde; vámonos y haga y diga cada uno lo que quisiere.
AUTOR: Pues año de veynte e siete, dexa a Roma y vete.

CONPAÑERO: ¿Por qué?
AUTOR: Porque será confusión y castigo de lo pasado.
CONPAÑERO: ¡A huir quien más pudiere!
AUTOR: Pensá que llorarán los barbudos y mendicarán los ricos, y padescerán los susurones, y quemarán los públicos y aprobados o canonizados ladrones.
CONPAÑERO: ¿Quáles son?
AUTOR: Los registros del Jure ceuil.

MAMOTRETO XXV. Cómo el Autor, dende a pocos días, encontró en casa de vna cortesana fauorida a la Loçana y la habló

AUTOR: ¿Qué's esto, señora Loçana? ¿Ansí me oluidáys? Al menos, mandanos hablar.
LOÇANA: Señor, hablar y seruir. Tengo que hazer agora, mandame perdonar, que esta señora no me dexa, ni se halla sin mí, que es mi señora. Y mire vuestra merçed, por su vida, qué caparela que me dio nueua, que ya no quiere su merçed traer paño y su presençia no es sino para brocado.
AUTOR: Señora Loçana, dezime vos a mí cosas nueuas, que esso ya me lo sé y soyle yo seruidor a essa señora.
LOÇANA: ¡Ay, ay, señora! ¿Y puede vuestra merçed mandar a toda Roma y no se estima más? Por vida de mi señora, que ruegue al señor dotor quando venga que le tome otras dos ynfantescas, y vn moço más, que el mío quiero que vaya a cauallo con vuestra merçed, pues vuestra fama vale más que quanto las otras tienen. Mirá, señora, yo quiero venir cada día acá y miraros toda la casa, y vuestra merçed que se esté como señora que es, y que no entienda en cosa ninguna.
CORTESANA: Mira quién llama, Madalena, y no tires la cuerda si no te lo dize la Loçana.
LOÇANA: ¡Señora, señora! ¡Assomaos! ¡Assomaos, por mi vida! ¡Guayas, no; él, él, el traydor! ¡Ay, qué caualladas que da! ¡Él es que se appea! ¡Por mi vida y vuestra, abre, abre! ¡Señor mío de mi coraçón! Mirá aquí a mi señora, que ni come ni beue, y si no viniérades se moría. ¿Vuestra señoría es desa manera? Luego vengo, luego vengo, que yo ya me sería yda, que la señora me quería prestar su paño listado, y por no dexalla descontenta, esperé a vuestra señoría.
CAUALLERO: Tomá, señora Loçana, conprá paño y no lleuéys prestado.
LOÇANA: Bésole las manos, que señor de todo el mundo le tengo de uer. Bésela vuestra señoría y no llorará, por su vida, que yo çierro la cámara. ¿Oyes, Madalena? No abras a nadie.
MADALENA: Señora Loçana, ¿qué haré, que no me puedo defender deste paje del señor cauallero?

LOÇANA: ¿De quál? ¿De aquel sin barvas? ¿Qué te ha dado?

MADALENA: Vnas mangas me dio por fuerça,[131] que yo no las quería.

LOÇANA: Calla y toma, que eres neçia. Vete tú arriba y déxamelo hablar, que yo veré si te cunple. A vos, galán, vna palabra.

PAJE: Señora Loçana,[132] y avn dos.

LOÇANA: Entrá y çerrá passico.

PAJE: Señora, merçedes son que me haze. Siéntese, señora.

LOÇANA: No me puedo sentar, porque yo os he llamado, que quiero que me hagáys vn seruiçio.

PAJE: Señora, mándeme vuestra merçed, que muncho ha que os deseo seruir.

LOÇANA: Mirá, señor, esta pobreta de Madalena es más buena que no's lo puedo dezir, y su ama le dio vn ducado a guardar y vnos guantes nueuos con dos granos de almizcle, y todo lo ha perdido, y yo no puedo estar de las cossas que haze la mezquina. Querríaos rogar que me enpeñásedes esta caparela en qualque amigo vuestro, que yo la quitaré presto.

PAJE: Señora, el ducado veyslo aquí, y essotras cosas yo las traeré antes que sea vna ora, y vuestra merçed le ruegue a Madalena de mi parte que no me olvide, que la deseo muncho seruir.

LOÇANA: ¡Hi, hi, hi! ¿Y con qué la deseáys seruir? Que soys muy mochacho y todo lo echáys en creçer.

PAJE: Señora, pues deso reniego yo, que me creçe tanto que se me sale de la bragueta.

LOÇANA: Si no lo prueuo no diré bien dello.

PAJE: Como vuestra merced mandare, que merçedes son que reçibo, avnque sea sobre mi capa.

LOÇANA: ¡Ay, ay, que me burlaua! ¡Paresçe píldora de Torre Sanguina, que ansí labora! ¿Es lagartixa? ¡Andar, por do passa moja! Esta es tierra que no son salidos del caxcarón y pían. ¡Dámelo, baruiponiente, si quieres que me aproueche! Entraos allá, deslauado, y callá vuestra boca… ¡Madalena, ven abaxo, que yo me quiero yr! El paje del señor cauallero está allí dentro, que se passea por el jardín. Es carideslauado; si algo te dixere, súbete ariba y dile que si yo no te lo mando, que no lo tienes de hazer. Y dexa hazer a mí, que mayores secretos sé yo tener que este tuyo.

PAJE: Señora Madalena, ¡cuerpo de mí!, sienpre me echás vnos encuentros como broquel de Barçelona. Mirá bien que esta puta güelfa no's engañe, que es d'aquellas que dizen: "Marica, cuézelo con maluas".

MADALENA: ¡Estad quedo, ansí me ayude Dios! Más me souajáis uos que vn hombre grande. Por esso los páxaros no biuen muncho. ¿Qué hazés? ¿Todo ha de ser esso? Tomá, beueos estos tres hueuos y sacaré del vino. Esperá, os lauaré todo con este vino griego que es sabrosso como vos.

---

[131] Orig. *fuerca*.
[132] Orig. *Locana*.

PAJE: Esta y no más, que me duele el frenillo.
MADALENA: ¿Heos hech'yo mal?
PAJE: No, sino la Loçana.
MADALENA: Dexalda torne la encruzijada.

Mamotreto XXVI. Cómo la Loçana va a su casa, y encuentra su criado y responde a quantos la llaman

LOÇANA: ¿Es posible que yo tengo de ser faltriguera[133] de vellacos? ¿Venís, Azuaga? Es tiempo. ¿No sabéys dar buelta por do yo estó? Andá allí adonde yo he estado, y dezí a Madalena que os dé las mangas que dixo que le dio el paje, que yo se las guardaré, no se las vea su ama, que la matará. Y vení presto.
RANPÍN: Pues caminá vos, que está gente en casa.
LOÇANA: ¿Quién?
RANPÍN: Aquel canónigo que sanastes de lo suyo, y dize que le duele vn conpañón[134].
LOÇANA: ¡Ay, amarga! ¿Y por qué no se lo vistes vos si era peligrosso?
RANPÍN: ¿Y qué sé yo? No me entiendo.
LOÇANA: ¡Mirá qué gana tenéys de saber y aprender! ¿Cómo no miraríades como hago yo? Que estas cosas quieren graçia y la melezina á de estar en la lengua, y aunque no sepáis nada, auéys de fingir que sabéys y conoçéys para que ganéys algo, como hago yo, que en dezir que Auicena fue de mi tierra, dan crédito a mis melezinas. Solo con agua fría sanará, y si él viera que se le amansaua, qualque cosa os diera. Y mirá que yo conosco al canónigo, que él verná a uaziar los barriles, y ya passó solía que, por mi vida, si no viene cayendo, que ya no hago credencia, y por esso me entraré aquí y no yré allá, que si es mal de cordón o cosón, con las hauas cocha en vino, puestas ençima bien deshechas, se le quitará luego. Por esso, andá, dezígelo, que allí os espero con mi conpadre.
MARIO: Señora Loçana, acá y hablaremos de cómo las alcagüetas son sutiles.
LOÇANA: Señor, por agora me perdonará, que vo de priesa.
GERMÁN: ¡Ojo, adiós, señora Loçana!
LOÇANA: Andá, que ya no's quiero bien, porque dexastes a la Dorotea, que os hazía andar en gresca, por tomar a vuestra lonbarda, qu'es más dexatiua que menestra de calabaça.

---

[133] Respetamos la forma original, pues la alternancia entre consonantes oclusivas sordas y sonoras (/p/-/b/, /t/-/d/, /k/-/g/) era común en el Siglo de Oro (véase Medina Morales 2005: 156–58).
[134] Originariamente significaba 'compañero', pero se empleó más tarde como sinónimo de *testículo*, denominación usada como eufemismo "por lo inseparables" (DCECH, s.v. *compañero*). Es una palabra propia de la lengua estándar, frecuente en una gran variedad de textos del siglo XVI (Díaz-Bravo 2012: 321–22).

GERMÁN: ¡Pues pese al mundo malo! ¿Auían de turar para sienpre nuestros amores? Por vida del enbaxador, mi señor, que no passaréys de aquí si no entráys.
LOÇANA: No me lo mande vuestra merçed, que voy a pagar vn par de chapines allí, a Batista chapinero.
GERMÁN: Pues entrá, que buen remedio ay. Ven acá, llama tú aquel chapinero.
SURTO: Señor, sí.
GERMÁN: ¡O, señora Loçana, qué venida fue esta! Sentaos. Ven acá. Saca aquí qualque cosa que coma.
LOÇANA: No, por vuestra vida, que ya he comido, sino agua fresca.
GERMÁN: Va, qu'eres neçio. Sácale la conserua de melón que enbiaron ayer las monjas lonbardas, y tráele de mi vino.
LOÇANA: Por el alma de mi padre, que ya sé que soys Alixandro, que si fuéssedes español, no seríades proueýdo de melón, sino de buenas razones. Señor, con vos estaría toda mi vida, saluo que ya sabéys que aquella señora quiere baruiponientes y no jubileos.
GERMÁN: ¿Qué me dezís, señora Loçana? Que más cariçias me haze que si yo fuesse su padre.
LOÇANA: Pues mire vuestra merçed, que ella me dixo que quería bien a vuestra merçed porque paresçía a su agüelo, y no le quitaua tajada.
GERMÁN: Pues veys aý, mirá otra cosa, que quando como allá, si yo no le meto en boca no come, que para mí no me siento mayor fastidio que vella enojada, y sienpre quando yo voy, su fantesca y mis moços la siruen mal.
LOÇANA: No se marauille vuestra merçed, que es fantástiga, y querría las cosas prestas, y querría[135] que vuestra señoría fuesse de su condiçión, y por esso ella no tiene sufrimiento.
GERMÁN: Señora, concluý que no ay escudero en toda Guadalajara más mal seruido que yo.
LOÇANA: Señor, yo tengo que hazer. Suplícole no me detenga.
GERMÁN: Señora Loçana, ¿pues quándo seréys mía todo vn día?
LOÇANA: Mañana. Que no lo sepa la señora.
GERMÁN: Só contento, y a buen tienpo, que me an traýdo de Tíbuli dos truchas, y vos y yo las comeremos.
LOÇANA: Beso sus manos, que si no fuera porque vo a buscar a casa de vn señor vn pulpo, que sé yo que se los traen de España, y tollo y oruga, no me fuera, que aquí me quedara con vuestra señoría todo oy.
GERMÁN: Pues tomá, pagaldo y no vengáys sin ello.
LOÇANA: Béssole las manos, que sienpre me haze merçedes como a seruidora suya que só.

---

[135] Orig. *queria*.

MAMOTRETO XXVII. Cómo va por la calle y la llaman[136] todos, y vn Portugués[137] que dize

<PORTOGÉS>: Las otras besso.
LOÇANA: Y yo las suyas, vna y boa.
PORTOGÉS: Señora, sí. ¡Rapá, la graçia de Deus, só vuestro!
LOÇANA: ¿Deso comeseremos[138]? Pagá si queréys, que no ay coño de balde.
CANAUARIO: A quién digo…, ¡señora Loçana!, ¿tan de priesa?, soy forrier de aquella…
LOÇANA: Para vuestra merçed no ay priesa, sino vagar y como él mandare.
GUARDAROPA: Me encomiendo, mi señora.
LOÇANA: Señor sea vuestra merçed de sus enemigos.
CANAUARIO: ¿De dónde, por mi vida?
LOÇANA: De buscar conpañía para la noche.
GUARDAROPA: Señora, puede ser, mas no lo creo, que quien menea la miel, panales o miel come.
LOÇANA: ¡Andá, que no en balde soys andaluz, que más ha de tres meses que en mi casa no sse comió tal cosa. Vos, que soys guardaropa y tenéys mill cosas que yo desseo, y tan mísero soys agora como antaño, pensáys que ha de durar sienpre. No seáys fiel a quin[139] piensa que soys ladrón.
GUARDAROPA: Señora, enbiame aquí a vuestro criado, que no seré mísero para seruiros.
LOÇANA: Biuáys vos mill años, que burlo, por vuestra vida. Veys, viene aquí mi moço, que pareçe hi que hue[140] pariente de Algezira.
GUARDAROPA: Alegre viene; pareçe que á tomado la paga. Caminá, pariente, y enfardelame essas quixadas, que entraréys do no pensastes.
LOÇANA: Señor, pues yo os quedo obligada.
GUARDAROPA: Andá, señora, que, si puedo, yo verné a deziros el sueño y la soltura.
LOÇANA: Quando mandáredes.
PIERRETO: Cabo d'esquadra de vuestra merçed, señora Loçana. Adío, adío.
LOÇANA: A Dios va quien muere.
SOBRESTANTE: Señora, vna palabra.

---

[136] Orig. *lleman*.
[137] Orig. *potugues*.
[138] Forma jocosa de futuro (Lozana se burla de la forma de hablar del portugués) que, como indican Joset y Gernert (2007: 361), no debe corregirse.
[139] No corregimos en *quien*, ya que encontramos diversos ejemplos de formas sin diptongo en el RLA, comunes en el Siglo de Oro (véase Medina Morales 2005: 110-111) y especialmente características del judeoespañol (véanse las responsas editadas por Benaim 2011).
[140] Aspiración procedente de F-inicial latina, rasgo propio del andaluz occidental, que aún se mantiene en la actualidad, estigmatizado, en las formas del pretérito perfecto simple de los verbos *ir* y *ser*.

LOÇANA: Diziendo y andando, que vo de priesa.

SOBRESTANTE: Señora, cuerpo del mundo, ¿por qué no queréys hazer por mí, pues lo puedo yo pagar mejor que nadie?

LOÇANA: Señor, ya lo sé, mas voy agora de priesa. Otro día aurá, que vo a conprar para essa vuestra fauorida vna çinta napolitana verde, por hazer despecho al cortezero, que ya lo ha dexado.

SOBRESTANTE: ¿Es posible? Pues él hera el que me quitaua a mí el fauor. Tomá y conprá vna para ella y otra para vos. Y más os pido de merçed: que os siruáys desta medalla y hagáys que se sirua ella de mí, pues que está sede vacante, que yo, señora Loçana, no's seré yngrato a vuestros trabajos.

LOÇANA: Señor, vení a mi casa esta tarde, que ella viene aý, que á de pagar vn mercader, y allí se trabajará en que se uea vuestro extrato.

SOBRESTANTE: Sea ansí, me encomiendo.

LOÇANA: Si soys comendador, seldo en buen ora, avnque sea de Córdoua.

COMENDADOR: Señora Loçana, ¿por qué no os seruís de vuestros esclauos?

LOÇANA: Señor, porque me vençés de gentileza y no sé qué responda, y no quise bien a ombre en este mundo sino a vuestra merçed, que me tira el sangre[141].

COMENDADOR: ¡O, cuerpo de mí! ¿Y por aý me tiráys? Soy perro viejo y no me dexo morder, pero si vos mandáys, sería yo vuestro por seruir de todo.

LOÇANA: Señor, yo me llamo Sancho.

COMENDADOR: ¿Qué come esse vuestro criado?

LOÇANA: Señor, lo que come el lobo.

COMENDADOR: Esso es porque no ay pastor ni perro que se lo defienda.

LOÇANA: Señor, no, sino que la oueja es mansa. Y perdoname, que todo comendador[142], para ser natural ha de sser portugués o galiziano.

COMENDADOR: ¡Dola a todos los diablos! ¡Y qué lauia tiene, si tuviera chimenea!

NOTARIO: Señora Loçana, ¿assí os pasáys?

LOÇANA: Señor, no miraua y voy corriendo, porque mi negro criado se enoja, que no tiene dinero para gastar y vóyselo a dar, que están en mi caxa seys jullios y medio, que dize que quiere pagar çierta leña.

NOTARIO: Pues vení acá, Perançules, tomá. Yd vos y pagá la leña. Y quedaos vos aquí, que quiero que veáys vna enparedada.

LOÇANA: ¡Por vida de vuestra merçed!, que pasé por su cassa y sospeché que no estaua allí, que suelo yo vella, y con la priesa no puse mientes. ¡Por mi vida, que la tengo de uer!

NOTARIO: Entrá allá dentro, que está haziendo carne de benbrillos.

LOÇANA: Es valençiana y no me marauillo.

---

[141] Orig. *sagre*.
[142] Orig. *comẽdadar*.

NOTARIO: ¿Qué te pareçe, germaneta? La Loçana passó por aquí y te vido.
BEATRICE: ¿Y por qué no entró la puta moça? ¿Pensó que estaua al potro?
LOÇANA: ¡Ay, ay! ¿Ansí me tratáys? Más vale puta moça que puta iubilada en el publique. Por vida del Señor que, si no me days mi parte, que no haga la paz.

Mamotreto XXVIII. Cómo va la Loçana en casa de vn gran señor y pregunta si, por dicha, le querrían resçebir vno de su tierra que es venido y possa en su casa

LOÇANA: Dezime, señores, ¿quién tiene cargo de tomar moços en casa deste señor?
PALAFRENERO: ¡Boto a Dios que es vuestra merçed española!
LOÇANA: Señor, sí, ¿por qué no? ¿Soy por ventura tuerta o çiega? ¿Por qué me tengo de spreçiar de sser española? Muy agudillo salistes, como la hija del herrero, que peó a su padre en los cojones. Tornaos a sentar.
PALAFRENERO: Señora, tenéys razón.
ESCUDERO: Señora, si no le pesa a vuestra merçed, ¿es ella el moço?[143] Que todos la tomaremos.
LOÇANA: ¡Por Dios, sí, que a vos busco yo! Sé que no soy lecho que me tengo de alquilar.
BADAJO: No lo digo por tanto, sino porque no veo venir ninguno con vuestra merçed. Pensé que queríades vos, señora, tomarme a mí por vuestro seruidor.
LOÇANA: Déxesse desso, y respóndame a lo que demando.
OTRO: Señora, el mastro d'estala lo tomará, que lo ha menester.
LOÇANA: Señor, por su vida, que me lo muestre.
BADAJO: Señora, agora caualgó. Si lo quiere esperar, éntrese aquí y hará colación.
LOÇANA: Señor, merçed me hará que, quando venga esse señor, me lo enbíe a mi casa y allí verá el moço si le agradare, que es vn valiente mançebo, y es estado toda su vida rufián, que aquí ha traýdo dos mugeres, vna de Éçija y otra de Niebla. Ya las ha puesto a ganar.
OTRO: ¿Dónde, señora? ¿En vuestra casa?
LOÇANA: Señor, no, mas aý junto.
EL SEÑOR DE CASA dize: "¿Quién es esta muger? ¿Qué busca?"
ESCUDERO: Monseñor, no sé quién es; ya se lo quería demandar.
MONSEÑOR: *Etatem habet?*[144]
LOÇANA: Monseñor, soy buena hidalga y llámome la Loçana.

---
[143] Orig. *moco.*
[144] Orig. *hẽt.*

MONSEÑOR: Sea norabuena. ¿Soys de nuestra tierra?
LOÇANA: Monseñor, sí.
SIÑOR: ¿Qué os plaze desta casa?
LOÇANA: Monseñor, el patrón della.
MONSEÑOR: Que se os dé, y más, si más mandáredes.
LOÇANA: Besso las manos de vuestra señoría reuerendíssima.[145] Quiero que me tenga por suya.
MONSEÑOR: De buena gana; tomá y veninos a uer.
LOÇANA: Monseñor, yo sé hazer butifarros a la ginouessa, gatafurias y albóndigas, y capirotada y salmorejo.
SEÑOR: Andá, hazeldo, y traénoslo vos misma mañana para comer. ¡Quánto tienpo ha que yo no sentí dezir salmorejo! Déxala entrar mañana quando venga, y vay tú allá, que sabrás conpralle lo neçessario, y mira si ha menester qualque cossa, cónprassela. ¡O, qué desenbuelta muger!
DESPENSERO: Señora, si queréys qualque cossa dezímelo, que soy el despensero.
LOÇANA: Señor, solamente caruón y será más sabroso.
DESPENSERO: Pues, ¿dó moráys? Y enbiaros he dos cargas por la mañana.
LOÇANA: Señor, al vurgo do moraua la de los Ríos, si la conoçistes.
DESPENSERO: Señora, sí. Esperá vn poco y tal seréys vos como ella. Mas sobre mí que no conpréys vos casa, como ella, de solamente quitar çejas y conponer nouias. Fue muy querida de romanas. Esta fue la que hazía la esponja llena de sangre de pichón para los virgos. Esto tenía, que no hera ynteresal, y más ganaua por aquello. Y fue ella en mejor tienpo que no esta sinsonaderas, que fue tienpo de Alexandro VI, quando Roma triunfaua, que auía más putas que frayles en Venecia, y filósophos en Grecia, y médicos en Florençia, y cirúgicos en Francia, y marauedís en España, ni estufas en Alemaña, ni tyrannos en Italia, ni soldados en Canpaña. Y vos, sienpre moço, ¿no la conocistes? Pues qualque cossa os costaría, y esta Loçana nos ha olido, que ella os enfrenará. ¡A mi fidamani, miralda, que allí se está con aquel puto viejo rapaz!
BALIGERO: ¡Si la conozco!, me dize el borracho del despensero[146]. Yo fuy el que dormí con ella la primera noche que puso casa, y le pagué la casa por tres messes. ¡Por vida de monseñor mío, que juraré que no ui jamás mejores carnes de muger! Y las preguntas que me hizo aquella noche me hizieron desbalijar todos los géneros de putas que en esta tierra auía, y agora creo que ella lo ssabe mejor por su espiriençia.
BADAJO: Esta no haze jamás colada sin sol.

---

[145] Orig. *reueredissima*.
[146] Orig. *despēsaro*.

Mamotreto XXIX. Cómo torna su criado. Que venga presto, que la esperan vna hija puta y su madre veja

LOÇANA: ¿A qué tornáys, malvrde? ¿Ay cosa nueua?
RANPÍN: Acabá, vení, que es venida aquella madre.
LOÇANA: Callá, callá, que ya os entiendo. ¿Vazía verná, segund Dios la hizo?
RANPÍN: No, ya me entendéys,[147] y bueno.
LOÇANA: ¿Vno solo?
RANPÍN: Tres y otras dos cosas.
LOÇANA: ¿Qué, por mi vida?
RANPÍN: Ya lo veréys. Caminá, que yo quiero yr por lo que dexó tras la puerta de su casa, y veys aquí su llaue.
SENÉS PAJE: ¡Señora Loçana, acá, acá! ¡Mirá acá arriba!
LOÇANA: Ya, señor, os veo, mas poco provecho me viene de vuestra vista, y estoy enojada porque me contrahizistes en la comedia de carnanual.
SENÉS: Señora Loçana, no me culpéys, porque, como vi vuestra saya y vuestro tocado, pensé que vos lo auíades prestado.
LOÇANA: Yo lo presté, mas no sabía para qué. A ossadas, que si lo supiera, que no me engañaran; pero de vos me quexo porque no me auissastes.
SENÉS: ¿Cómo dezís esso? A mí me dixeron que vos estovistes allí.
LOÇANA: Sí estuue, mas dixéronme que me llamaua monseñor vuestro.
SENÉS: ¿No vistes que contrahizieron allí a munchos? Y ninguna cosa fue tan plazentera como vos a la gelosía, reputando al otro de potroso, que si lo hiziera otrie, quiçá[148] no mirara ansí por vuestra honrra como yo. Por esso le suplico me perdone, y síruase destas mangas de velludo que mi padre me mandó de Sena.
LOÇANA: Yo's perdono porque sé que no soys maliçiosso. Vení mañana a mi casa, que á de venir a comer comigo vna persona que os plazerá.
OTRO PAJE: Só cauallo ligero de vuestra merçed.
LOÇANA: ¡Ay, cara de putilla seuillana, me encomiendo, que voy depriesa!
HIJA: ¿Tiro la cuerda? Esperá, que ni ay cuerda ni cordel.
LOÇANA: Pues vení abaxo.
HIJA: Ya va mi señora madre.
GRANADINA: Vos seays la bienvenida.
LOÇANA: Y vos la bien hallada, avnque vengo enojada con vos.
MADRE: ¿Y por qué comigo, sabiendo vos que os quiero bien, y no vernía yo con mis nesçesidades y con mis secretos a vos si os quisiesse mal?
LOÇANA: ¿Cómo, vos soys mi amiga y mi coraçón, y venisme cargada a casa, sabiendo que haría por vos y por vuestra hija otra cosa que estas

---
[147] Orig. *entedeys*.
[148] Orig. *quica*.

apretaduras, y tengo yo para vuestro seruicio vn par de ducados?

GRANADINA: Señora Loçana, mirá que con las amigas auéys de ganar, que estáys preñada y todo será menester, y quanto más, que a mi hija no le cuesta sino demandallo, y tal buelta se entra ella misma en la guardaropa de monseñor, y toma lo que quiere y enbía a casa que, como dizen, "más tira coño que soga". Estos dos son agua de ángeles, y este es azahar, y este cofín son dátiles, y esta toda es llena de confición, todo venido de Valençia, que se lo enbía la madre de monseñor. Y mirá, señora Loçana, a mí me occurre otro lançe que para con vos se puede dezir.

LOÇANA: ¿Qué, señora?

GRANADINA: Vn señor no me dexa a sol ni a sonbra, y me lo paga bien, y me da otro que mi hija no me dará, y no sé quándo terné nesçessidad. Mirá, ¿qué me aconsejáys?

LOÇANA: Lo que os aconsegé sienpre, que si vos me creyérades, más á de vn año que auíades de començar, que en Roma todo passa sin cargo de conciencia. Y mirá qué os perdistes en no querer más que no's dará esse otro, y hera peloso y hermoso como la plata, y no quería sino biudas honrradas como vos.

GRANADINA: Señora Loçana,[149] mirá, como se dize lo vno, se diga todo. Yo's diré por qué no lo hize. Que bien estaua yo martela por él, mas porque se echó con mi hija, no quise pecar dos vezes.

LOÇANA: No seríades vos la primera qu'esso haze en Roma sin temor. ¡Tantos ducados tuviéssedes! Esso bien lo sabía yo, mas por esso no dexé de rogároslo, porque veía que era vuestro bien y, si lo veo, le tengo de dezir que me hable. Por esso es bueno tener vos vn'amiga cordial que se duele de vos, que perdéys lo mejor de vuestra vida. ¿Qué pensáys, que estáys en Granada, do se haze por amor? Señora, aquí a pesso de dineros, daca y toma y, como dizen, "El molino andando gana", que guayas tiene quien no puede. ¿Qué haze vuestra hija? ¿Pússose aquello que le di?

GRANADINA: Señora, sí, y dize que muncho le aprouechó,[150] que le dixo monseñor: "¡Qué coñico tan bonico!"

LOÇANA: Pues tenga ella auertençia[151] que, quando monseñor se lo quiera meter, le haga estentar vn poco primero.

GRANADINA: Sí hará, que ya yo la auissé, avnque poco sé desso, que a tiento se lo dixe.

LOÇANA: Todas sabemos poco, mas a la nescessitad no ay ley. Y mirá que no coma vuestra hija menestra de çebolla, que abre muncho, y quando se toca, tire la vna pierna y encoxa la otra.

---

[149] Orig. *Locana*.
[150] Orig. *apronechó*.
[151] Orig. *anertençia*.

MAMOTRETOTO[152] TREYNTA. Cómo viene su criado, y con él vn su amigo, y veen salir las otras de casa

VLIXES: ¿Quién son aquellas que salen de casa de la Loçana?
RANPÍN: No sé. Dezíaos yo que caminássemos, y vos de muncha reputaçión.
VLIXES: Pues no quiero yr allá, pues no ay nadie.
RANPÍN: Andá, uení, que os estaréys jugando con madona.
AMIGO: Digo's que no quiero, que bien sabe ella, si pierde, no pagar, y si gana, hazer pagar, que ya me lo an dicho más de quatro que solían venir allí; y sienpre quiere porqueta o verengenas, que vn julio le di el otro día para ellas, y nunca me conbidó a la pimentada que me dixo. Todo su hecho es palabras y hamamuxerías. Andá, poneos del lodo vos y ella, que su casa es regagero de putas, y no para mí. ¡Pesse a tal con el judío, mirá cómo me engañaua! No se cure, que a ella tengo de hazer que le pujen la casa; y a él, porque es çensal de neçios, le tengo de dar vn día de çapatazos. Esta ha sido la causa que se echase mi amiga con dos eermanos[153]. Es turca, y no ay más que pedir. Pues venga a monseñor con sus morçillas o botifarros, que no quiero que su señoría coma nada de su mano. ¿Conpadre me quería hazer? ¡Pese a tal con la puta sin sonaderas!
CONPAÑERO VALERIÁN: ¿Qué hazés, cauallero, aquí solo? ¿Ay caça o posta, o soys de guardia oy de la señora Loçana?
VLIXES: Señor, antes estoy muy enojado con su señorança.
CONPAÑERO: Esso quiero oýr, que martelo tenéys, o muncha razón.
VLIXES: Antes muncha razón, que sé yo castigar putas lo mejor del mundo.
VALERIÁN: Soys hidalgo y estáys enojado y el tienpo halla las cosas, y ella está en Roma y se domará. ¿Sabéys cómo se da la difiniçión a esto que dizen: "Roma, la que los locos doma"? Y a las vezes las locas. Si miráys en ello, a ellos doman ellas, y a ellas doma la carreta. Assí que vamos por aquí, veamos qué haze, que yo tanbién ando tras ella por mis pecados, que cada día me promete y jamás me atiende.
VLIXES: Mirá, si himos allá, voto a Dios que tenemos de pagar la çena, segund Dios la hizo. Mas no me curo por seruiros, que guay de quien pone sus pleytos en manos de tales procuradores como ella.
VALERIÁN: Mirá que mañana yrá a ynformar. Por esso, soliçitémosla oy. Tif, taf. ¡Señora Loçana, mandanos abrir!
LOÇANA: ¡Anda! ¿Quién es? Que me paresçe que es loco o priuado. Familiares son. Tira essa cuerda.
VALERIÁN: ¿Qué se haze, señora?

---
[152] Es llamativo que en dos mamotretos consecutivos (XXX y XXXI) se usen los términos *mamotretoto* y *mamutreto*, respectivamente. Mantenemos las variantes que aparecen en el original, pues ya conocemos el gusto de Delicado por el polimorfismo.
[153] En el mamotreto XVI también aparece el sustantivo *hermano* escrito con dos *e*; aquí con función enfática.

LOÇANA: Señores, çerner y amasar y ordenar de pellejar.
VLIXES: Esso de pellejar, que me plaze: pellejedes, pellejón, polléjame este cosón.
LOÇANA: Biuas y adiuas, sienpre coplica.
VALERIÁN: Señora, salí acá fuera. A teneros palaçio venimos.
LOÇANA: Soy contenta, si queréys jugar dos a dos.
VALERIO: Sea ansí. Mas vuestro criado se pase allá y yo aquí, y cada uno ponga.
LOÇANA: Yo porné mi papo.
VALERIO: ¿Quál, señora?
LOÇANA: Todos dos, que hanbre tengo.
VALERIO: Pues yo porné por vuestra merçed.
LOÇANA: Yo me porné por vos a peligro donde vos sabéys.
VALERIO: Señora, "esso fuesse y mañana Pascua". Pues pon tú.
RANPÍN: Só contento. Prestame vos, conpañero.
VLIXES: ¡Boto a Dios que no me toméys por aý, que no quiero prestar a nadie nada!
LOÇANA: Por mi vida que le prestes, que yo te los pagaré en la Garça Montessina.
<VLIXES>: Dos julios le daré, que no tengo más.
LOÇANA: Ora jugá, que nosotros somos dos y vosotros veynte y quatro, como jurados de Jaén.

MAMUTRETO[154] XXXI. Cómo la Loçana soñó que su criado caýa en el río, y otro día lo lleuaron en prissión

LOÇANA: Agora me libre Dios del diablo con este soñar que yo tengo, y si supiesse con qué quitármelo, me lo quitaría.[155] Quería saber qualque encantamiento para que no me viniesen estos sobresaltos, que querría auer dado quanto tengo por no auer soñado lo que soñé esta noche. El remedio sería que no durmiesse descubierta ni sobre el lado yzquierdo, y dizen que quando está el estómago vazío, que entonçes el ombre sueña, y si ansí es, lo que yo soñé no será verdad. Mas munchas vezes he yo soñado, y sienpre me ha salido verdad, y por esso estó en sospecha que no sea como la otra vez que soñé que se me caýan los dientes y mouí otro día. Y vos, quando os metistes debaxo de mí, que soñáuades que vuestros enemigos os querían matar, ¿no uistes lo que me vino a mí aquel día? Que me querían saltear los porquerones de Torre Sabela, quando lo del tributo, que la señora Apuleya, por reýr ella y verme brauear, lo hizo. Esto que soñé no querría que fuesse

---

[154] Como indicamos en el mamotreto anterior, deliberadamente respetamos la forma del original, en este caso, con cierre vocálico.

[155] De nuevo, mantenemos la vibrante simple en la secuencia oclusiva + *r*, que aparece en otras palabras como *faltraría* o *delantre*. Orig. *quirraria*.

verdad. Mirá, no uays en todo oy al río, no se me ensuelua el sueño.

RANPÍN: Yo soñaua que venía vno, y que me daua de çapatazos[156], y yo determinaua de matallo, y desperté.

LOÇANA: Mirá, por esso solo, meteré vuestra espada do no la halléys, que no quiero que me amanzilléys. Si solamente vos tuviéssedes tiento y hiriéssedes a uno o a dos, no se me daría nada, que dineros y[157] fauor no faltarían, mas, como començáys, pensáys que estáys en la rota de Rauena; y por el sacrosanto saco de Florencia, que si no os emendáys de tanta brauura, ¿cómo hago yo por no besar las manos a ruynes? Que más quiero que me ayan menester ellos a mí que no yo a ellos. Quiero biuir de mi sudor, y no me enpaché jamás con casadas ni con virgos, ni quise vender moças ni lleuar mensaje a quien no supiesse yo çierto que hera puta, ni me soy metida entre ombres cassados, para que sus mugeres me hagan desplazer, sino de mi ofiçio me quiero biuir. Mirá, quando vine en Roma, de todos los modos de biuir que auía me quise ynformar, y no supe lo que sé agora, que si como me entremetí entre cortesanas, me entremetiera con romanas, mejor gallo me cantara que no me canta, como hizo la de los Ríos, que fue aquí en Roma peor que Çelestina, y andaua a la romanesca vestida con baticulo y entraua por todo, y el ábito la hazía liçençiada, y manaua en oro, y lo que le enbiauan las romanas valía más que quanto yo gano: quándo grano o leña, quándo tela, quándo lino, quándo vino, la bota entera. Mas como yo no miré en ello, començé a entrar en casas de cortesanas, y si agora entro en casa de alguna romana, tiénelo por vituperio, no porque no me ayan munchas menester; y porque só tan conoçida[158], me llaman secretamente. Andá vos, conprá esso que os dixe anoche, y mirá no's engañen, que yo me voy a la Judería a hablar a Trigo, por uer la mula que parió, que qualque prenóstico es parir vna mula casa de vn cardenal.

OLIUERO: ¡A vos, mançebo! ¿Qué haze la señora Loçana?

RANPÍN: Señor, quiere yr fuera.

CONPAÑERO: Y vos ¿dó ys?

RANPÍN: A conprar ciertas verengenas para hazer vna pimentada.

OLIUERO: Pues no sea burla que no seamos todos en ella.

RANPÍN: Andad acá, y conpradme vos las espeçias y los hueuos, y vení a tiempo, que yo sé que os plazerán. Veyslas allí buenas. ¿Quántas das?

OLIUERO: Conpralas todas.

RANPÍN: ¿Quanto voy de tuti?

PEÇIGEROLO: Vn carlim.

---

[156] Orig. *capatazos*.
[157] Orig. *v*.
[158] Orig. *cōçida*.

RANPÍN: Vn grosso.

FRUTAROLO: ¿No quieres?

RANPÍN: Seys bayoques.

PIÇIGEROLO: Señor, no. Lassa estar.

RANPÍN: ¿Quién te toca?

PEÇIGEROLO: Mete qui quese.

RANPÍN: ¡Va, borracho, que no son tuyas, que yo las traýa!

PEÇIGEROLO: ¡Pota de santa Nula[159]! ¡Tú ne mente per la cana de la gola!

RANPÍN: ¡Va d'aquí, puerco! ¿Y rásgasme la capa? ¡Assí biuas tú como son tuyas!

PEÇIGEROLO: ¡Pota de mi madre! ¿Io no te vidi? ¡Espeta, veray, si lo dirò al barrachelo!

BARACHELO: ¡Espera, espera, español, no huyas! Tómalo y lléualo en Torre de Nona. ¿De aqueste modo conpras tú y robas al pobre ombre? ¡Va dentro, no te cures! Va, di tú al capitán que lo meta en secreta.

ESBIRO: ¿En qué secreta?

BARRACHELO: En la mazmorra o en el forno.

GALINDO: Hecho es.

Mamotreto XXXII. Cómo vino el otro su conpañero corriendo y avissó la Loçana, y va ella radiando, buscando fauor

CONPAÑERO: Señora Loçana, a vuestro criado lleuan en prisión.

LOÇANA: ¡Ay! ¿Qué me dezís? ¡Que no se me auía de ensoluer mi sueño! ¿Y quántos mató?

CONPAÑERO: Señora, esso no sé yo quántos ha él muerto. Por vn reuendedor creo que le lleuan.

LOÇANA: ¡Ay, amarga de mí, que tanbién tenía tema con regateros! Es vn diablo trauiesso, ynfernal, que si no fuesse por mí, çiento auría muerto; mas como yo lo tengo linpio, no encuentra con sus enemigos. No querría que nadie se hatrauessase con él, porque no cata ni pone, sino como toro es quando está comigo. Mirá qué hará por allá fuera. Es que[160] no es vsado a releuar. Si lo supistes el otro día quando se le cayó la capa, que no le dexaron cabello en la cabeça, y guay dellos si le esperaran, aunque no los conosçió, con la priesa que traýa, y si yo no viniera, ya estaua debaxo la cama buscando su espada. Señor, yo voy aquí en casa de vn señor que lo haga sacar.

OLIUERO: Pues mire vuestra merçed, si fuere menester fauor, a monsegñor mío pornemos en ello.

LOÇANA: Señor, ya lo sé. Salen los cautiuos quando son biuos. ¡Ay, pecadora de

---

[159] Orig. *Nnla*.
[160] Orig. *qne*.

mí! Bien digo yo: "A mi hijo loçano, no me lo çerquen quatro".

MALSÍN: Mirá cómo viene la trujamana[161] de la Loçana. ¡Boto a Dios, no paresçe sino que va a ynformar auditores, y que vienen las audiençias tras ella![162] ¿Qué's esso, señora Loçana? ¿Qué rauanillo es esse?

LOÇANA: Tomá, que noramala para quien me la tornare. ¿No miráys vos como yo vengo, amarga como la retama, que me quieren ahorcar a mi criado?

MALSÍN: Tenés, señora, razón, tal maçorcón y cétera, para que no estéys amarga si lo perdiéssedes. Allá ua la puta Loçana. Ella nos dará que hazer oy. ¿Veys, no lo digo yo? Monseñor quiere caualgar[163]. Para putas sobra caridad. Si fuera vn pobre, no fuéramos hasta después de comer. ¡O, pese a tal con la puta que la parió, que la mula me ha pisado! ¡Hahorcado sea el barachelo, si no lo ahorcare antes que lleguemos! No parará nuestro amo hasta que se lo demande al senador. Caminad, que deçiende monseñor y la Loçana.

MONSEÑOR: Señora Loçana,[164] perdé cuydado, que yo lo traeré conmigo, avnque sean quatro los muertos.

LOÇANA: Monseñor, sí, que yo voy a cassa de la señora Velasca para que haga que vaya el abad luego a Su Santidad, porque si fueren más los muertos que quatro, que a mi criado yo lo conozco, que no se contentó con los enemigos, sino que si se llegó alguno a despartir, tanbién los lleuaría a todos por vn rasero.

POLIDORO: Señora Loçana, ¿qué es esto, que ys enojada?

LOÇANA: Señor, mi criado me mete en estos pleytos.

POLIDORO: ¿En qué, señora mía?

LOÇANA: Que lo quieren hahorcar por castigador de vellacos.

POLIDORO: Pues no's fatigéys, que yo os puedo ynformar mejor lo que sentí dezir delante de Su Santidad.

LOÇANA: ¿Y qué, señor? Por mi vida que soy yo toda vuestra, y os haré caualgar de balde putas honestas.

POLIDORO: Soy contento. El arçobispo y el abad y el capitán que enbió la señora Julia demandauan al senador de merçed vuestro criado, y que no lo ahorcassen. Ya su excelençia hera contento que fuesse en galera, y mandó llamar al barrachelo, y se quisso ynformar de lo que auía hecho, si mereçía ser ahorcado. El barrachelo se rio. Su exçelençia dixo: "Pues ¿qué hizo?". Dixo el barrachelo que, estando conprando merenzane o verengenas, hurtó quatro; y ansí todos se rieron, y su exçelençia mandó que luego lo sacassen. Por esso, no estéys de mala voluntad.

LOÇANA: Señor, ¡guay de quien puoco[165] puede! Si yo me hallara allí, por la leche

---

[161] "Alcahueta que destaca por su elocuencia" (Díaz-Bravo 2010b: 183).
[162] Orig. *el a.*
[163] Frecuente en los textos literarios de la época en la acepción de 'copular'.
[164] Orig. *Locana.*
[165] Como en otras ocasiones, mantenemos el diptongo irregular.

que mamé, que al barrachelo yo le hiziera[166] que mirara con quién biuía mi criado. Soy vuestra; perdóneme, que quiero[167] yr a mi cassa y, si es venido mi criado, enbiallo he al barrachelo que lo bese en el trancahílo[168] él y sus çaphos.

Mamotreto XXXIII. Cómo la Loçana[169] vido venir a su criado y fueron ha casa, y cayó él (en vna priuada, por más señas)

LOÇANA: ¿Salistes, chichirinbache? ¿Cómo fue la cosa? ¡No me queréys vos a mí creer! Sienpre lo tuuo el mallogrado ramaçote de vuestro agüelo. Caminá, mudaos, que yo verné luego.

RANPÍN: Venid a casa. ¿Dó queréys yr? ¿Fuistes a la Judería?

LOÇANA: Sí que fui, mas estauan en Pascua los judíos. Ya les dixe que mala pascua les dé Dios. Y ui la mula parida, lo que parió muerto.

TRINCHANTE: Señora Loçana, ¿qué es esso? ¡Alegre viene vuestra merçed!

LOÇANA: Señor, veyslo aquí, que cada día es menester hazer pazes con tres o con dos, que a todos quiere matar, y sábeme mal mudar moços, que de otra manera no me curanría[170].

TRINCHANTE: ¡El vellaco Diego Maçorca, cómo sale gordo!

LOÇANA: Señor, la gauia lo hizo. Heran todos amigos míos, por esso se dize: "El tuyo allégate a la peña, mas no te despeña". Entrá y mirá la casa, que con este señor quiero hablar largo, y tan largo que le quiero contar lo que passó anoche el enbaxador de Françia con vna dama corsaria que esta mañana, quando se leuantaua[171], le puso tres coronas en la mano, y ella no se contentaua, y él dixo: "¿Cómo, señora? ¿Síruese al rei vn mes por tres coronas, y vos no me seruiréys a mí vna noche? Dámelas acá".

TRINCHANTE: ¡Boto a Dios que tuuo razón, que por mí ha passado, que las putas no se quieren contentar con tres julios por vna uez, como que no fuese plata! ¡Pues, boto a Dios, que oro no lu[172] tengo de dar sino a quien lo meresciere a ojos vistas! Poné mientes que essas tales vienen a quatro torneses o a dos sueldos, o diez quatrines, o tres marauedís. Señora, yo siento remor en vuestra casa.

LOÇANA: ¡Ay, amarga! ¿Si vino alguien por los tejados y lo mata mi criado? ¡Sobí, señor!

---

[166] Orig. *hizieria*.
[167] Orig. *qiero*.
[168] Orig. *tranchailo*.
[169] Orig. *Loçano*.
[170] Aunque no hemos documentado otros ejemplos de epéntesis nasal delante de consonante líquida, respetamos la forma original, puesto que se trata de un fenómeno frecuente en el RLA (especialmente, delante de un elemento oclusivo, como se explicó en la introducción).
[171] Orig. *seluantaua*.
[172] Mantenemos la forma original, con cierre vocálico.

TRINCHANTE: ¿Qué cosa, qué cosa? ¡Sobí, señora, que siento llamar y no sé dónde!
LOÇANA: ¡Ay de mí! Agora subió mi criado. ¿Dónde está? ¡Escuchá! ¿Dónde estáys? ¡Adalí, fodolí!
TRINCHANTE: ¡Para el cuerpo de mí, que lo siento! Señora, mirá allá dentro.
LOÇANA: Señor, ya he mirado y no está en toda la cámara, que aquí está su espada.
TRINCHANTE: Pues, ¡voto a Dios que no se lo comió la Paparresolla, que yo lo siento! ¡Mirá, cuerpo de Dios, está en la priuada y andámoslo a buscar! ¡Sorue, no te ahogues! Dad acá vna cuerda. ¿Estás en la mierda?
RANPÍN: ¡Tirá, tirá más!
TRINCHANTE: ¡Ássete, pesse a tal contigo, que agora saliste de prisión y veniste a caer en la mierda!
RANPÍN: ¡Así, bien! ¿Qué hazéys? ¡Tirá, tirá!
TRINCHANTE: ¡Tira tú como vellaco, tragatajadas! Vení acá, señora, ayudame a tirar este puerco.
RANPÍN: ¡Tirá más, que me desuaro! ¡Tirá bien, no soltés!
TRINCHANTE: ¡Va allá! ¡Pesse a tal con quien te parió, que no te lauarás con quanta agua ay en Tíber! Dalde en qué se enbuelua el conde de Carrión.
LOÇANA: ¿Cómo cayste?
RANPÍN: Por apartarme de vna rata grande cay.
TRINCHANTE: ¡Señora, boto a Dios que esto vale mill ducados! Salir de prisión y caer en la melcocha, por no morir mallogrado a las vñas[173] de aquella[174] leona.
LOÇANA: Señor, es desgraçiado y torpe el malauenturado.
TRINCHANTE: Yo me voi. Váyase a lauar al río.
LOÇANA: Vení, señor, y tomá vn poco de letuario.
TRINCHANTE: No puedo, que tengo de trinchar a mi amo.
LOÇANA: ¡Buen olor lleuáys vos para trinchar! ¡Ys oliendo a mierda perfeta! Trinchá lo que vos quisiéredes, por esso no dexo de ser vuestra.
TRINCHANTE: Yo, de vuestra merçed. Y acuérdese.
LOÇANA: Soy contenta. ¿Veysla? Está a la gelosía. Cara de rosa, yo quiero yr aquí a casa de vna mi perrochiana[175]; luego torno.
SALAMANQUINA[176]: Por mi vida, Loçana, que no paséys sin entrar, que os he menester.

---

[173] Orig. *vnas*.
[174] Orig. *dea a quella*.
[175] La variante *perrochiano/a/os/as* está documentada en el CORDE (siglos XIV-XVI) y en las actas de la Inquisición recogidas por Eberenz y De la Torre (2003: 112), que comentan que la variación de timbre vocálico de las pretónicas se manifiesta en las transcripciones de los testimonios orales y que fue característica del castellano medieval y del Siglo de Oro.
[176] Como otros editores, desarrollamos las abreviaturas *Salamanq̃.* y *Sala.* como *Salamanquina*. El nombre de este personaje nunca aparece completo.

LOÇANA: Señora, voy depriesa.

SALAMANQUINA: Por vida de la Loçana, que vengáys para tomar vn consejo de vos.

LOÇANA: Si entro m'estaré aquí más de quinze días, que no tengo casa.

SALAMANQUINA: Mira, puta, qué conpré, y más espero. Siéntate, y estame de buena gana, que ya sé que tu criado es salido, que no te costó nada, que el abad lo sacó; que él passó por aquí y me lo dixo, y le pessó porque no estaua por otra cosa más, para que vieras tú lo que hiziera.

LOÇANA: A uos lo agradezco, mas no queda por esso, que más de diez ducados me cuesta la burla.

SALAMANQUINA: Yo te los sacaré mañana quando jugaren, al primer resto. ¡Sus, comamos y trjunfemos, que esto nos ganaremos! De quanto trabajamos, ¿qué será? Ellos a hoder y nosotras a comer, como soldados que están alojados a discriçión. El despachar de las buldas lo pagará todo, o qualque minuta. Ya sabes, Loçana, como vienen los dos mill ducados del abadía, los mill son míos y el resto poco a poco.

Mamotreto XXXIV. Cómo va buscando casa la Loçana

ESCUDERO: ¿Qvé buscáys, señora Loçana? ¿Ay en qué pueda el ombre seruir a vuestra merçed? Mirá por los vuestros, y seruíos dellos.

LOÇANA: Señor, no busco a uos, ni os he menester, que tenéys mala lengua vos y todos los dessa casa, que pareçe que os preçiáys en dezir mal de quantas passan. Pensá que soys tenidos por maldizientes, que ya no sse ossa pasar por esta calle por vuestras malsinerías, que a todas queréys pasar por la maldita, reprochando quanto lleuan ençima, y todos vossotros no soys para seruir a vna, sino a vsança de putería, el dinero en la vna mano y en la otra el tú m'entiendes, y oxalá fuese ansí. Cada uno de vosotros piensa tener vn duque en el cuerpo, y por esso no ay puta que os quiera seruir ni oýr. Pensá quánta fatiga passo con ellas quando quiero hazer que os siruan, que mill vezes soy estada por dar con la carga en tierra y no oso por no venir en vuestras lenguas.

ESCUDIERO: Señora Loçana, ¿tan cruel soys? ¿Por dos o tres que dizen mal, nos metéys a todos vuestros seruidores? Catad que la juuentud no puede pasar sin vos, porque la pobreza la aconpaña, y es menester ayuda de vezinos.

LOÇANA: No digan mal, si quieren coño de balde.

ESCUDIERO[177]: ¡Señora, mirá que se dize que a nadie haze ynjuria quien honestamente dize su razón! Dexemos esto. ¿Dónde se ua, que gozés?

LOÇANA: A enpeñar estos anillos y estos corales, y buscar casa a mi propósito.

ESCUDIERO: ¿Y por qué quiere vuestra merçed dexar su vezindad?

---

[177] Orig. *Escudirro*.

LOÇANA: Señor, quien se muda, Dios lo ayuda.
ESCUDIERO: No sse enmohecerán vuestras baratijas ni vuestras palomas fetarán.
LOÇANA: No me curo, que no soy yo la primera. Las putas cada tres messes se mudan por pareçer fruta nueua.
ESCUDERO: Verdad es, mas las fauoridas no se mudan.
LOÇANA: Pues yo no só fauorida, y quiero buscar fauor.
ESCUDIERO: Señora Loçana, buscáys lo que vos podéys dar. ¿Quién puede fauoreçer al género masculino ni al femenino mejor que vos? Y podéys tomar para vos la flor.
LOÇANA: Ya passó solía y vino tan buen tienpo que se dize "pesa y paga": este es todo el fauor que os harán todas las putas. Hállase que en ellas se espenden çiento mill ducados, y no lo tomés en burla, que vn banquero prinçipal lo dio por cuenta a Su Santidad.
ESCUDERO: Son prestameras holgadas, no es marauilla. Para ellas litigamos el día por reposar la noche. Son dineros de benefiçio sin cura.
LOÇANA: Y aun pinsiones remotadas entre putas.
ESCUDERO: ¿A qué modo se les da tanto dinero, o para qué?
LOÇANA: Yo's diré. En pinsiones[178] o alquilés[179] de casas la vna ha enbidia a la otra, y dexan pagada aquella por quatro o çinco meses, y todo lo pierden por mudar su fantasía, y en comer, y en moços, y en vestir y calçar, y leña y otras prouisiones, y en ynfantescas, que no ay cortesana, por baxa que sea, que no tenga su ynfantesca. Y no pueden mantenerse assí, y todauía procuran de tenerla, buena o mala. Y las sieruas, como son o an sido putas, sacan por partido que quieren tener vn amigo que cada noche venga a dormir con ellas y ansí roban quanto pueden.
ESCUDERO: Señora, el año de veynte y siete ellas serán fantescas a sus criadas. Y perdoname que os he detenido, porque no querría jamás careçer de vuostra[180] vista. Mirá que allí vi yo esta mañana puesta vna locanda, y es bonica casa, aparejada para que quando passen puedan entrar sin ser vistas vuestras feligresas.
LOÇANA: ¡Callá, malsín! ¿Queríades vos allí para que entrasen por contadero? Yo sé lo que me cunple.
ESCUDIERO: ¡O, qué preçiosa es este diablo! Yo quería espedir gratis, mas es taymada andaluza, y si quiere hazer por vno, vale más estar en su graçia que en la del gran Soldán. ¡Mirá quál va su criado tras ella! ¡Adiós, çarpilla!
RANPÍN: Me recomiendo, cauallero: el cauallo no se conprerá ogaño. Piensan

---

[178] Orig. *pissiones*.
[179] "Lo mismo que *alquilér*. Covarrubias escribe *alquilé*, aunque lo más usado y proprio es *alquilér*." (*Autoridades*, s.v. *alquile*). En la actualidad ha caído en desuso (DLE, s.v *alquilé*).
[180] Mantenemos la variante *vuostra* con diptongo irregular, por influencia del italiano *vostra*.

estos puercos, reuestidos de chamelotes, hidalgos de Cantalapiedra, villanos, atestados de paja çevadaza, que porque se alaben de[181] grandes caramillos, por esso les an de dar de caualgar las pobres mugeres. ¡Boto a san Junco, que a estos yo los haría pagar mejor! Como dixo vn loco en Porcuna: "Este monte no es para asnos".

JULIO: ¿Qué's esso, Rodrigo Roýdo? ¿Ay negocios? ¿Con quién las auéys?

RANPÍN: No, con nadie, sino seruiros. ¿Auéys visto la Loçana?

JULIO: Dezí vuestra ama, no's auergonçéys. Andá, que allí entró. Hazelda salir, que la espero. Y dezí que le quiero dar dineros, por que salga presto.

FALILLO: ¿Quién es?

RANPÍN: Yo só. ¿Está acá ella?

FALILLO: ¿Quién ella? ¡Dezid, duelos os vengan, vuestra ama la señora Loçana, y esperá, cabrón! Señora Loçana, vuestro criado llama.

LOÇANA: Abrildo, mi alma, que él no aurá comido, y veréys quál lo paro.

FALILLO: Sube, Abenámar.

LOÇANA: ¿Qué queréys? ¿Por dineros venís? Pues tan blanco el ojo. Caminá. ¿No's di ayer tres julios? ¿Ya los gastastes? ¿Só yo vuestra puta? ¡Andá, tornaos a casa!

OROPESSA: Señora Loçana, llamaldo, que yo le daré dineros que espenda. Ven acá, Jacomina; va, saca diez julios y dáselos, que coma, que su ama aquí se estará esta semana. Y dale a comer, no se vaya. Ven acá, Ranpín. Va, come allí con aquellos moços, duelos te vengan. Vosotros no llamaréys a nadie por comer y rebentar.

MOÇOS: Señora, venga, que él de casa es. Ven acá, come. Pues que veniste tarde, que milagro fue quedar este bocado del jamón. Corta y come, y beuerás.

RANPÍN: Ya he comido. No quiero sino beuer.

FALILLO[182]: Pues, ¡cuerpo de tal contigo! ¿En ayunas quieres beuer, como bestia? Señora Loçana; mandalde que coma, que ha uergüença.

LOÇANA: Come presto vn bocado y despacha el cuerpo de la salud.

FALILLO: ¿Qué esperas? ¡Come, pese a tal con quien te parió! ¿Piensas que te tenemos de rogar? Ves aý vino en essa taça de plata. ¡Passo, passo! ¿Qué diablos as? ¡O, pese a tal contigo! ¿Y las tripas echas? ¡Sal allá, que no es atriaca! ¡Ve d'aquí, o, cuerpo de Dios, con quien te bautizó, que no te ahogó por grande que fueras! ¿Y no te podías apartar? ¡Sino manteles y platos y taças, todo lo allenó este vuestro criado, cara de repelón trasnochado!

LOÇANA: ¿Qué es esto de que reuiesa? ¿Algo uido suçio? Que él tiene el estómago liuiano.

FALILLO[183]: ¿Qué es esso que echa? ¿Son lonbrizes?

---

[181] Orig. *pe*.
[182] Orig. *Fal llo*. En el texto original aparece un espacio en blanco para la letra que falta.
[183] Orig. *Felillo*.

MOÇOS: Agora, mi padre, son los bofes en sentir el toçino.
LOÇANA: Denle vnas pasas para que se le quite el hipar, no se ahogue.
MOÇOS: ¡Guay d'él si comiera más! Dios quiso que no fue sino vn bocado.
OROPESSA: No será nada.
LOÇANA: Señora, no querría que le quebrasse en çiçiones, porque su padre las tuuo siete años, de vna uez que lo gustó.
FALILLO: ¡Amarga de ti, Guadalajara! Señora Loçana, no es nada, no es nada, que lleua la cresta hinchada.
<LOÇANA>: Hijo mío, ¿toçino comes? ¡Guay de mi casa, no te m'ahogues!
FALILLO: ¡Quemado sea el venerable tocino!

Mamotreto XXXV. Cómo, hiendo en casa de otra cortesana, vino su criado, y lo hizo vestir entre sus conoçidos

LOÇANA: Mira, Jacomina, no despiertes a la señora; déxala dormir, que el abad no[184] la dexó dormir esta noche. Ya se fue a cançillería por dineros. Allá desollará qualque pobre por estar en gratia de tu ama. Yo me salí pasico. Çierra la puerta y mira: si me demanda, di que fuy a mi casa.
JACOMINA: Sí haré, mas acordaos de mí.
LOÇANA: ¿De qué?
JACOMINA: Que me traigáys aquello para quitar el paño de la cara.
LOÇANA: ¿Y qué piensas? ¿Por dos jullios te auían de dar los porçelletes, y limón, y agraz estilado, y otras cosas que van dentro? Hermana, es menester más dineros si quieres que te traya buena cosa.
JACOMINA: Tomá, veys aý çincos julios, y no lo sepa mi señora, que mi vizcaýno me dará más si fueren menester.
LOÇANA: ¿Por qué no le dizes tú a esse tu vizcaýno que me hable, que yo te lo haré manso, que te dará más? Y no le digas que me as dado nada, que yo le haré que pague él el agua y la fatiga. Y a mi moço quiero que le dé vna espada de dos manos, liuiana. Mañana te lo trayré, que para vna romana lo tengo de hazer, que es muy morena, y me ha de dar vuas para colgar, y más que sacaré calla callando. Y tú, si quieres ser hermosa, no seas mísera de lo que puedes ser larga. Saca dese tu namorado lo que pudieres, que en mi casa te lo hallarás. Y de tu señora me puedes dar mill cosas, que ella lo tome en plazer. Ansí se ayudan las amigas. ¿Quién sabe si tú algún tiempo me aurás menester? Que las amas se mueren y las amigas no faltan, que tú serás avn con el tienpo cortesana, que esse lunar sobre los dientes dize que serás señora de tus parientes, y todos te ayudaremos, que ventura no te faltará, sino que tú estás çienga con este vizcaýno, y yo sé lo que me ssé y lo que más de dos me an dicho, sino que no quiero que salga de mí, que

[184] Orig. *nol*.

yo sé dónde serías tú señora, y mandarías y no serías mandada. Yo me uo, que tengo que hazer. Aquí verná mi moço. Dale tú aquello que sabes qu'escondimos. Veslo, aquí viene. ¿Venís? Es hora, Merdohem. Entrá allá con Jacomina y después yd a casa y çerrá bien y vení, que me hallaréys en casa de la señora del solaçio.

BLASÓN: Señora Loçana, ¿dónde, dónde tan depriesa?

LOÇANA: Señor, ya podéys pensar: muger que es estada quatro sábados mala y sin ayuda de nadie, mirá si tengo de darme priessa a rehazer el tiempo perdido. ¿Qué pensáys, que me tengo de mantener del viento, como camaleón? No tengo quien se duela de mí, que vosotros soys palabras de presente y no más.

BLASÓN: ¡O, señora Loçana[185]! Sabe bien vuestra merçed que yo soy palabras de pretérito y futuro seruidor vuestro. Mas mirando la yngratitud de aquella que vos sabéys, diré yo lo que dixo aquel lastimado: "*Patria ingrata, non habebis ossa mea*", que quere dezir "puta yngrata, *non intrabis in corpore meo*". ¿Cómo, señora Loçana? Si yo le doy lo que vos misma mandastes, y más, como se vee, que no son venidos los dineros de mis benefiçios quando se los echo ençima y le pago todas sus deudas, ¿por qué aquella muger no ha de mirar que yo no soy Lazarillo, el que caualgó a su agüela, que me trata peor, voto a Dios?

LOÇANA: En esso tiene vuestra merçed razón, mas mirá que con el grande amor que os tiene, ella haze lo que haze y no puede más, que ella me lo dixo, y si no fuese porque voy agora de priesa a buscar vnos dineros prestados para conprar a mi criado vna capa mediana sin ribete, yo haría estas pazes.

BLASÓN: Señora Loçana, no quiero que sean pazes, porque yo determino de no uella en toda mi vida. Mas por ver qué dize y en qué términos anda la cosa, os ruego que vays allá, y miréys por mi honrra como vos, señora, soléys, que yo quiero dar a vuestro criado vna capa de Perpiñán, que no me siruo della y es nueua, y a vuestra merçed le enbiaré vna çintura napolitana.

LOÇANA: ¿Y quándo?

BLASÓN: Luego, si luego viene vuestro criado.

LOÇANA: Veyslo, viene. ¡Caminá, alvanir de putas, que veys aý vuestro sueño suelto! Este señor os quiere honrrar, yd con él y vení donde os dixe.

BLASÓN: Señora, hazé el ofiçio como soléys.

LOÇANA: Andá, perdé cuydado, que ya sé lo que vos queréys. ¡Basta, basta! (vn sustituto la llama).

<SUSTITUTO>: ¡Señora Loçana, acá, acá! ¡O, pese al turco, si en toda mi vida os huue menester, agora más que nunca!

LOÇANA: Ya sé qué me queréys. Yo no puedo seruiros porque pienso en mis nesçessidades, que no ay quien las piense por mí, que yo y mi criado no tenemos pelo de calça ni con qué defendernos del frío.

---

[185] Orig. *Loçane*.

SUSTITUTO: Señora Loçana, esso es poca cosa para vuestra merçed. Yo daré vna cana de medida d'estameña fina, y çapatos y chapines, y dexame luego la medida, que mañana, antes que vos, señora, os leuantéys, os lo lleuarán. Y vuestro moço enbiámelo aquí, que yo le daré la deuisa de mi señora y mi vida, aunque ella no me quiere ver.

LOÇANA: ¿Y de quándo acá no's quiere ver? Que no dize ella esso, que si esso fuera, no me rogara ella a mí que fuesse con ella disimulada a dar de chapinazos a la otra con quien os auéys enbuelto, mas no con mi consejo, que para esso no me llama vuestra merçed a mí, porque ay diferençia della a la señora Virgilia. Y mirá, señor, essa es puta falida, que en toda su casa no ay alhaja que pueda dezir por esta graçia de Dios, que todo está enpeñado y se lo come la vsura, que Trigo me lo dixo. Quiere vuestra merçed poner vna alcatraça con aquella, que su graçia y su reposso y su casa llena y su saber basta para hazer tornar locos a los sabios. Y si vuestra merçed dará la deuisa a mi moço, será menester que yo me enpeñe para dalle jubón de la misma deuisa.

SUSTITUTO: Andá, señora Loçana, que no suelo yo dar deuisa que no dé todo. En esto verá que no la tengo oluidada a mi señora Virgilia, que boto a Dios que mejor sé lo que tengo en ella que no lo que tengo en mi caxa. Veys, aquí viene el mallogrado de vuestro criado con capa; pareçe al superbio de Perusa, que a nadie estima. Quédese él aquí, y vaya vuestra merçed: ¡buen viaje!

LOÇANA: ¡Quántas maneras ay en vosotros los ombres por sugetar a las sugetas, y matar a quien muere! Allá esperaré al señor mi criado, por ver cómo le dize la librea de la señora Virgilia.

Mamotreto XXXVI. Cómo vn cauallero yva con vn enbaxador napolitano, trauestidos, y vieron de lexos a la Loçana y se la dio a conosçer el cauallero al enbaxador

<CAUALLERO>: Monseñor, ¿vee vuestra señoría aquella muger que llama allí?
ENBAXADOR: Sí.
CAUALLERO: Corramos y tomémosla en medio, y gozará vuestra señoría de la más excelente muger que jamás vido, para que tenga vuestra señoría qué contar. Si la goza por entero y si toma conosçiençia con ella, no aurá menester otro solaçio, ni quien le diga mejor quántas hermosas ay, y cada una en qué es hermosa. Que tiene el mejor ver y judicar que jamás se uido, porque beuió y passó el río de Nilo y conoçe sin espejo, porque[186] ella lo es, y como las tiene en plática, sabe cada vna en qué puede ser loada. Y es muy vniuersal en todas las otras cosas que para esto[187] de amores se requiere,

---

[186] Orig. *por qne*.
[187] Orig. *ēsto*.

y mirela en tal ojo que para la condiçión de vuestra señoría es vna perla. Desta se puede muy bien dezir: *"Mulier que fuit in vrbe habens septem mecanicas artes"*. Pues, a las liberales jamás le faltó retórica ni lógica para responder a quien las estudió. El mirable ingenio que tiene da que hazer a los que la oyen. Monseñor, vamos desta parte. Esperemos a uer si me conosçe.

ENBAXADOR: ¡Al cuerpo de mí, esta dona yo la vi en Bancos, que parlaua muy dulçe y con audaçia, que pareçía vn Séneca!

CAUALLERO: Es parienta del Ropero, conterrana de Séneca, Lucano, Marçial y Auicena. La tierra lo lleua, está *in agibilibus*, no ay su par, y tiene otra exçelençia, que *lustrauit prouinçias*.

ENBAXADOR: ¿Es posible? ¡Cómo reguarda yn qua!

LOÇANA: Ya, ya, conoçido es vuestra merçed, por mi vida, que, aunque se cubra, que no aprouecha, que ya sé que es mi señor. ¡Por mi vida, tantico la cara, que ya sé que es de uer y de gozar! Este señor no lo conozco, mas bien veo que deue ser gran señor. A seguridad le suplico que me perdone, que yo lo quiero forçar, por mi vida, que son matadores essos ojos. ¿Quién es este señor? ¡Que lo sirua yo, por vida de vuestra merçed y de su tío y mi señor!

CAUALLERO: Señora Loçana, este señor os suplica que le metáys debaxo de vuestra caparela, y entrará a uer la señora Angelica por que vea si tengo razón en dezir que es la más acabada dama que ay en esta tierra.

LOÇANA: A vuestra señoría metelle he yo ençima, no debaxo, mas yo lo trauajaré. Esperen aquí, que si su merçed está sola yo la haré poner a la ventana, y si más mandaren, yo verné abaxo. Bien estaré media hora; paséense vn poco, porque le tengo de rogar primero que haga vn poco por mí, que estoy en gran neçesidad, que me echan de la casa y no tengo de qué pagar, que el borracho del patrón no quiere menos de seys messes pagados antes.

CAUALLERO: Pues no os detengáys en nada deso, que la casa se pagará. Enbiame vos a vuestro criado a mi posada, que yo le daré con que pague la casa, porque su señoría no es persona que deue esperar.

LOÇANA: ¿Quién es, por mi vida?

CAUALLERO: Andá, señora Loçana… Que persona es que no perderéys nada con su señoría.

LOÇANA: Sin esso y con esso siruo yo a los buenos. Esperen.

CAUALLERO: Monseñor, ¿qué le pareçe de la señora Loçana? Sus inxertos sienpre toman.

ENBAXADOR: Me pareçe que es astuta, que, çierto, "ha de la sierpe e de la paloma". Esta muger sin lágrimas parará más ynsidias que todas las mugeres con lágrimas. ¡Por vida del visorréi, que mañana coma comigo, que yo le quiero dar vn brial!

CAUALLERO: Mírela vuestra señoría a la ventana. No ay tal Loçana en el mundo.

Ya abre; veamos qué dize. Cabeçea que entremos donde ni fierro ni fuego a la virtud enpeçe.

ENBAXADOR: ¡Qua più bella la matre que la filla!

CAUALLERO: Monseñor, esta es Cárçel de Amor: aquí ydolatró Calisto, aquí no se estima Melibea, aquí poco vale Celestina.

Mamotreto XXXVII. Cómo de allí se despidió la Loçana y se fue en casa de vn hidalgo que la buscaua, y estando solos se lo hizo porque diese fe a otra que lo sabía hazer

<LOÇANA>: Señores, aquí no ay más que hazer. La prissión es seguríssima; la prisionera, piadosa; la libertad no se conpra. La sujeçión aquí se estima porque ay mereçimiento para todo. Vuestra señoría sea muy bien venido y vuestra merçed me tenga la promessa, que esta tarde yrá mi criado a su posada, y si vuestra merçed manda que le lleue vna prenda de oro o vna toca toniçí, la lleuará porque yo no falte de mi palabra, que prometí por todo oy. A este señor yo lo vissitaré.

CAUALLERO: Señora Loçana, no enbiéys prenda, que entre vos y mí no se pueden perder sino los barriles. Enbiá, como os dixe, y no curéys de más. Y mirá que quiere su señoría que mañana vengáys a uerlo.

LOÇANA: Beso sus manos y vuestros pies, mas mañana no podrá ser, porque tengo mi guarnelo lauado y no tengo qué me vestir.

CAUALLERO: No curéys, que su señoría os quiere vestir a su modo y al vuestro. Vení ansí como estáys, que os conbida a comer; y no á de[188] esperar, que su señoría come de mañana.

LOÇANA: ¡Por la luz de Dios, no estuuiese sin besar tal cara como essa, aunque supiesse enojar a quien lo vee!

ANGELICA: ¡Ansí, Loçana, no curéys! ¡Andá, dexaldo, que me enojaré, aunque su merçed no me quiere ver!

CAUALLERO: Señora, deseo's[189] yo seruir; por tanto, le suplico que a monseñor mío le muestre su casa y sus joyas, porque su señoría tiene munchas y buenas, que puede seruir a vuestra merçed. Señora Loçana, mañana no se os oluide de uenir.

LOÇANA: No sé si se me oluidará, que soy desmemorada después que mouí, que si tengo de hazer vna cosa es menester ponerme vn señal en el dedo.

CAUALLERO: Pues vení acá, tomá este anillo, y mirá que es vn esmeralda, no se os cayga.

---

[188] Orig. *a esperar*.

[189] Orig. *deseosa*. Está aplicado a un referente masculino, por lo que no es posible el femenino *deseosa*. En este contexto, consideramos más adecuado interpretarlo como la forma verbal *deseo*, seguida por el pronombre objeto de segunda persona del plural (*os*). La elisión de la vocal *o* se ha indicado mediante apóstrofo.

LOÇANA: Sus manos beso, que más la estimo que si me la diera la señora Angelina dada.

ANGELINA: Andá, que os la dó, y traelda por mi amor.

LOÇANA: No se esperaua menos desa cara de luna llena. ¡Ay, señora Angelina, míreme, que paresco obispo! ¡Por vida de vuestra merçed y mía, que no estoy más aquí! Ven a çerrar, Matehuelo, que me esperan allí aquellos moços del desposado de Hornachuelos, que no ay quien lo quiera, y él porfiar y con todas se cassa y a ninguna sirue de buena tinta.

MATHEUELO: Cerrar y abriros, todo a un tienpo.

MOÇOS: ¿Venís, señora Loçana? ¡Caminá, cuerpo de mí, que mi amo se desmaya y os espera, y vos todauía queda! Sin vos no valemos nada, porque mi amo nunca se rríe sino quando os vee, y por esso mirá por nossotros y sednos fauorable agora que le son venidos dineros, antes que se los huelan las bagasas[190], que, ¡boto a Dios!, con putas y rufianas y tabaquinas[191] no podemos medrar. Por esso, ayúdenos vuestra merçed y haga cuenta que tiene dos esclauos.

LOÇANA: Callá, dexá hazer a mí, que yo lo porné del lodo a dos manos. Vuestro amo es como el otro que dizen: "Cantar mal y porfiar". Él se piensa ser Pedro Aguilocho, y no lo pueden ver putas más que al diablo. Vnas me dizen que no es para nada, otras que lo tiene tan luengo que pareçe anadón, otras que arma y no desharma, otras que es míssero, y aquí firmaré yo, que primero que me dé lo que le demando, me canso, y al cabo saco d'él la mitad de lo que le pido, que es trato cordoués. Él quiere que me esté allí con él y yo no quiero perder mis gananças que tengo en otra parte. Y mirá qué tesón á tenido comigo, que no he podido sacar d'él que, como me daua vn iulio por cada ora que estoy allí, que me dé dos. Que más pierdo yo en otras partes que no viuo yo de entrada, como el que tiene veynte pieças, las mejores de Cataluña, y no sé en qué se las espende, que no reluzen, y sienpre me cuenta deudas. ¡Pues mándole yo qué putas lo an de comer a él y a ello todo! No curés, que ya le voy cayendo en el rastro. ¿Veys el otro moço dó viene?

MARÇOCO: ¿Qué es esso? ¿Dó ys, señora?

LOÇANA: A ueros.

---

[190] Según Corominas, *bagasa* es un vocablo "representado en francés antiguo por *biasse* 'sirvienta' y, posteriormente, en el s. xv, 'muchacha'" (DCECH, s.v.), siglo en el que ya está documentado en la acepción de 'prostituta'. En el xvi adquiere connotaciones muy negativas y es utilizado incluso como insulto. Aparece con sentido peyorativo en la conversación de personajes literarios que ocupan el nivel más bajo en la escala social (prostitutas, mozos, criados...). Existen numerosos testimonios en el siglo xvi, pero desapareció en el xvii, pues se convirtió en un tabú impronunciable (Díaz-Bravo 2010a: 300–03, 2010b: 173–74).

[191] Italianismo: 'alcahueta'. El cestillo o "tavaque" era uno de los complementos de las alcahuetas (Díaz-Bravo 2010a: 328); por metonimia, se llamaron *tabaquinas* (Hernández Alonso y Sanz Alonso 2002: s.v. *tabaquina*).

MARÇOCO: Hago saber a vuestra merçed que tengo tanta penca de cara de ajo…
LOÇANA: Essa sea la primera alhaja que falte en tu casa, y a un como a ti lleuó la landre. ¡Tente allá, vellaco! ¡Andando se te cayga!
MORÇOCO: Señor, ya uiene la Loçana.
PATRÓN: "Bien venga el mal si viene solo", que ella sienpre vendrá con qualque demanda.
LOÇANA: ¿Qué se haze, caualleros? ¿Háblase aquí de cosas de amores o de mí o de qualque señora a quien siruamos todos? ¡Por mi vida, que se me diga! Porque si es cosa a que yo pueda remediar, lo remediaré, porque mi señor amo no tome pasión, como suele por demás, y por no dezir la uerdad a los médicos. ¿Qué es esso? ¿No me quiere hablar? Ya me vo, que ansí como ansí aquí no gano nada.
MOÇOS: Vení acá, señora Loçana, que su merçed os hablará y os pagará.
LOÇANA: No, no, que ya no quiero ser boua, si no me promete dos julios cada ora.
MARÇOCO: Vení, que es contento, porque más mereçéys, máxime si le socorréys que está amorado.
LOÇANA: ¿Y de quién? ¡Catá que me corro si de otra se enamoró! Mas como todo es viento su amor, yo huelgo que ame y no sea amado.
MARÇOCO: ¿Cómo, señora Loçana? ¿Y quién es aquel que ama y no es amado?
LOÇANA: ¿Quién? Su merçed.
MARÇOCO: ¿Y por qué?
LOÇANA: Esso yo me lo sé. No lo diré sino a su merçed solo.
MARÇOCO: Pues ya me voy. Vuestras cien monedas agora, Dios lo dixo.
LOÇANA: Andá, que ya no es el tenpo de Maricastaña.
PATRÓN: Dexá dezir, señora Loçana, que no tienen respeto a nadie. Entendamos en otro: yo muero por la señora Angelica, y le daré seys ducados cada[192] mes, y no quiero sino dos noches cada semana. Ved vos si mereçe más, y por lo que vos dixéredes me regiré.
LOÇANA: Señor, digo que no es muncho, aunque le diéssedes la meatad[193] de vuestro offiçio de penitençería. Mas ¿cómo haremos?, que si vuestra merçed tiene çiertos defectos que dizen, será vuestra merçed perder los ducados y yo mis passos.
PATRÓN: ¿Cómo, señora Loçana? ¿Y suelo yo pagar mal a vuestra merçed? Tomá, veys aý vn par de ducados, y hazé que sea la cosa de sola signatura.

---

[192] Orig. *cademes*.
[193] Frago (1993: 72–73) ha destacado la marcada preferencia de la forma *meatad* por parte de escribanos públicos del noroeste peninsular que ejercieron su oficio en Andalucía a raíz de las conquistas llevadas a cabo por los reyes castellanos Fernando III y Alfonso X durante el siglo XIII. Todos los ejemplos recogidos en CORDE son medievales. Por tanto, podemos considerar que esta forma era ya un arcaísmo en tiempos de Delicado. Actualmente, está en desuso (DLE, s.v.).

LOÇANA: Soy contenta, mas no me entiende vuestra merçed.
PATRÓN[194]: ¿Qué cosa?
LOÇANA: Digo que si vuestra merçed no tiene de hazer sino bessar, que me bese a mí.
PATRÓN: ¿Cómo bessar? ¡Que la quiero caualgar!
LOÇANA: ¿Y dónde quiere yr a cauallar?
PATRÓN: Andá, pará, puta zagala, ¿burláys?
LOÇANA: ¡No burlo, por vida desa señora honrrada a quien vos queréys caualgar, y armar y no desarmar!
PATRÓN: ¡O, pese a tal! ¿Y eso dezís? ¡Por vida de tal, que lo auéys de prouar, porque tengáys que contar!
LOÇANA: ¡Ay, ay, por el siglo de vuestro padre, que no me hagáys mal, que ya basta!
PATRÓN: ¡Mal le haga Dios a quien no's lo metiere todo, aunque sepa ahogaros! ¡Y veréys si estoy ligado! ¡Y mirá cómo desarmo!
LOÇANA: ¡Tal frojolón tenés! Esta vez no la quisiera perder, avnque supiera hallar mi anillo que perdí agora quando venía.
PATRÓN: Tomá, veys aquí vno que fue de monseñor mío, que ni a mí se me oluidará, ni a vos se os yrá de la memoria de hablar a essa señora, y dezilde lo que sé hazer.
LOÇANA: ¡Por mi vida, señor, que como testigo de vista diré el aprieto en que me vi! ¡Ay, ay! ¿Y dessos soys? Desde aquí voy derecha a contar a su merçed vuestras[195] virtudes.
PATRÓN: Sí, mas no esta, que tomará çelos su porfía.
LOÇANA: Muncho hará a vuestro propósito, avnque estáys çiego. Que segund yo sé y he visto, essa señora que pensáys, que es a vuestra vista hermosa, no se ua al lecho sin çena.
PATRÓN: ¿Cómo? ¡Por vida de la Loçana!
LOÇANA: Que su cara está en mudas cada noche, y las mudas tienen esto, que si se dexan vna noche de poner, que no valen nada. Por esso se dize que cada noche daua de çená a la cara.
PATRÓN: Y essas mudas, ¿qué son?
LOÇANA: Çerillas hechas de huuas asadas. Mas si la veys debaxo de los paños, lagartixa pareçe.
PATRÓN: ¡Callá, señora Loçana, que tiene graçia en aquel menear de ojos!
LOÇANA: Esso yo me lo tengo, que no soy puta, quanto más ella, que biue desso.
PATRÓN: Quien a otra ha de dezir puta, á de ser ella muy buena muger, como agora vos.

---

[194] Orig. *Petron*.
[195] Orig. *vrastras*.

Mamotreto XXXVIII. Cómo la Loçana entra en la baratería de los gentiles ombres, y dize

LOÇANA: Algo tengo yo aquí, que el otro día quando vine, por no tener fauor, con seys ducadillos me fuy, de vn resto que hizo el faraute, mi señor. Mas agora que es el canpo mío, restos y resto mío serán.

OCTAUIO: Señora Loçana, resto quexosso será el mío.

LOÇANA: ¡Andá, señor, que no de mí!

AURELIO: Vení acá, señora Loçana, que aquí se os dará el resto y la suherte prinçipal.

LOÇANA: ¡Biua essa cara de rosa, que con essa magnifiçençia las hazés esclauas siendo libres! Que el resto dizen que es poco.

AURELIO: ¿Cómo poco? ¡Tanto, sin mentir!

LOÇANA: Cresca de día en día, porque gozés tan florida moçedad.

AURELIO: Y vos, señora Loçana, gozéys de lo que bien queréys.

LOÇANA: Yo, señor, quiero bien a los buenos y caualleros que me ayudan a pasar mi vida sin dezir ni hazer mal a nadie.

OCTAUIO: Esso tal sea este resto, porque es para vos. Tomaldo, que para vos se ganó.

LOÇANA: ¡Sepamos quánto es!

OTAUIO: Andá, callá y cogé, que todos dizen amén, amén, sino quien perdió, que calla.

LOÇANA: Soy yo capellana de todos, y más de su señoría.

ORAÇIO: Cogé, señora Loçana, que si los pierdo, en auellos vos los gano, avnqu'el otro día me motejastes delante de vna dama.

LOÇANA: ¿Yo, señor? Lo que dixe entonçes digo agora, que ellas me lo an dicho, que diz que tenéys vn diablo que pareçe conjuro de sacar espíritus.

ORATIO: ¡Oh, pesse[196] a tal! ¿Y esso dizen ellas? No saben bien la materia.

LOÇANA: Si no saben la materia, saben la forma.

ORAÇIO: ¡No ay ninguno malo, moças!

LOÇANA: Señor, no, sino que vnos tienen más fuerça que otros.

MILIO: Señora Loçana, hazé parte a todos de lo que sabéys. ¿De mí, qué dizen, que no me quieren ver ni oýr?

LOÇANA: ¡Ay, pecador! Sobre qué dizen… que vuestra merçed es el que muncho hizo.

SALUSTIO: ¿Y yo, señora Loçana?

LOÇANA: Vuestra merçed, el que poco y bueno, como de varón.

CAMILO: A mí, señora Loçana, ¿qué?

LOÇANA: Vos, señor, el que no hizo nada que se pareçiesse.

CAMILO: Porque cayó en mala tierra, que son putas ynsaciables. ¿No le basta a

---

[196] Orig. *posse*.

vna puta vna y dos, y vn beso, tres, y vna palmadica, quatro, y vn ducado, çinco? Son piltracas.

LOÇANA: Sí para vos, mas no para nos. ¿No sabés que vno que es bueno, para sí es bueno, mas mejor es si su bondad aprouecha a munchos?

CAMILO: Verdad dezís, señora Loçana, mas el pecado callado, medio perdonado.

LOÇANA: Si por aý tiráys, callaré, mas sienpre oý dezir que las cosas de amor abiuan el ingenio, y tanbién quieren plática. El amor sin conuersación es bachiller sin repetidor. Y voyme, que tengo que hazer.

AURELIO: Mirá, señora Loçana, que a uos encomiendo mis amores.

LOÇANA: ¿Y si no sé quién son?

AURELIO: Yo's lo diré si vos mandáys, que çerca están y yo lexos.

LOÇANA: Pues dexame agora, que voy a uer si puedo hallar quien me preste otros dos ducados para pagar mi casa.

AURELIO: ¡Boto a Dios, que si los tuuiera que os los diera! Mas dexé la bolsa en casa por no perder, y tanbién porque se me quebraron los çerraderos. Mas sed çierta que esso y más os dexaré en mi testamento.

LOÇANA: ¿Quándo? Soy vuestra sin esso y con esso. Véngasse a mi casa esta noche y jugaremos castañas, y prouará mi vino, que raspa. Sea a çená. Y haré vna caçuela de pexe, que dizen que venden vnas azedías frescas biuas, y no tengo quién me vaya por ellas y por vn cardo.

AURELIO: Pues yo enbiaré a mi moço esta tarde con todo.

LOÇANA: Vuestra merçed será muy bien venido. Nunca me encuentra Dios sino con mísseros lazerados. Él caherá, que para la luz de Dios, que bouo y hidalgo es.

GUARDIÁN: ¿Qué se dize, señora Loçana? ¿Dó bueno?

LOÇANA: Señor, a mi casa.

GUARDIÁN: Llegaos aquí al sol, y sacame vn arador, y contame cómo os va con los galanes deste tienpo, que no ay tantos bouos como en mis tienpos, y ellas creo que tanbién se retiran.

LOÇANA: ¿Y cómo? Si bien supiese vuestra merçed, no ay puta que valga vn marauedí, ni dé de comer a vn gato, y ellos, como no ay saco de Génoua, no tienen sino el maullar, y los que algo tienen piensan que les á de faltar para comer, y a las vezes sería mejor hoder poco que comer muncho. ¡Quántos he visto enfermos de los riñones por miseria de no espender! Y otros que piensan que por cesar an de biuir más, y es al contrario, que *semel in setimana* no hizo mal a nadie.

ALCAYDE: ¡Por mi vida, señora Loçana, que yo *semel in mense y bis in anno*!

LOÇANA: Andá ya, que ya lo sé, que vuestra merçed haze como viejo y paga como moço.

GUARDIANO: Esso del pagar, mal pecado, nunca acabó, porque quando hera

moço pagaua por entrar, y agora por salir.
LOÇANA: ¡Biua vuestra merçed munchos años!, que tiene del peribón. Por esso, dadme vn alfiler, que yo os quiero sacar diez aradores.
ALCAYDE: Pues sacá, que por cada uno os daré vn grueso.
LOÇANA: Ya sé que vuestra merçed lo tiene grueso, que a su puta beata lo oý, que le metíades las paredes adentro. Dámelo de argento.
ALCAYDE: Por vida de mi amiga, que si yo los huuiesse de conprar, que diesse vn ducado por cada uno, que vno que retuue me costó más de çiento.
LOÇANA: Lofa sería esse; no haze para mí. Quiérome yr con mi honrra.
ALCAYDE: ¡Vení acá, traydora! ¡Sacame vno, no más, de la palma!
LOÇANA[197]: No sé sacar de la palma ni del codo.
GUARDIÁN: ¿Y de la punta de la picaraçada?
LOÇANA: De aý sí. Buscallo mas no hallarlo.
GUARDIÁN: ¡O, cuerpo de mí, señora Loçana! ¿Que no sabéys de la palma y estáys en[198] tierra que los sacan de las nalgas con putarolo, y no sabéys vos sacallos al sol con buena aguja?
LOÇANA: Sin aguja los saco yo, quando son de oro o de plata, que desotras suertes o maneras no me entiendo. Mejor hará vuestra merçed darme vn barril de mosto para hazer arrope.
GUARDIÁN: De buena gana. Enbiá por ello y por leña para hazello y por menbrillos que cozgáys dentro. Y mirá si mandáys más, que a vuestro seruicio está todo.
LOÇANA: Soy yo suya toda.
ALCAYDE: Y yo vuestro hasta las trencas.

MAMOTRETO XXXIX. Cómo la señora Terencia vido passar a la Loçana y la manda llamar

<TERENCIA>: Ves allí la Loçana que va depriessa, Migallejo. Va, assómate y llámala.
MIGALLEJO: ¡Señora Loçana! ¡A, Señora Loçana! Mi señora le ruega que se llegue aquí.
LOÇANA: ¿Quién es la señora?
MIGALLEJO: La del capitán.
LOÇANA: ¿Aquí se ha pasado su merçed? Yo huelgo con tal vezina. Las manos, señora Terencia.
TERENCIA: Las vuestras vea yo en la picota y a uos encoroçada sin proçeso, que ya sin pecado lo mereçe, mas para su vejez se le guarda. Miralda quál viene, que pareçe corralario de putas y xarahíz de neçios. Dile que suba.

[197] Orig. *Laçana*.
[198] Orig. *ne*.

MIGALLEJO: Sobí, señora.

LOÇANA: ¡Ay, qué cansada que vengo y sin provecho! Señora, ¿cómo está vuestra merçed?

TERENÇIA: ¡A la fe, señora Loçana, enojada, que no me salen mis cosas como yo querría! Di a hilar y hame costado los ojos de la cara porque el capitán no lo sienta. Y agora no tengo trama.

LOÇANA: Señora, no's marauilléys, que cada tela quiere trama. El otro día no quesistes oýr lo que yo os dezía; que de allí sacárades trama.

TERENCIA: Callá, que sale el capitán.

CAPITÁN: ¿Qué es, señora?

LOÇANA: Señor, seruir a vuestra merçed.

CAPITÁN: ¿Qué mundo corre?

LOÇANA: Señor, bueno, sino que todo vale caro, porque conpran los pobres y venden los ricos. Duelos tienen las repúblicas quando son los señores mercadantes y los ricos reuenden. Este poco de culantro seco me cuesta vn bayoque.

CAPITÁN: ¡Hi, hi, hi! ¡Conprándolo vos, cada día se sube más! Dezime, ¿qué mercado ay agora de putas?

LOÇANA: Bueno, que no ay hanbre dellas, mas todas son míseras y cada una quiere auançar para el cielo. Señor, no quiero más putas, que harta estó dellas. Si me quisieren, en mi casa estaré, como hazía Galaço, que a Puente Sisto moraua, y allí le yuan a buscar las putas para que las aconchase, y si él tenía buena mano, yo la tengo mejor. Y él hera ombre y mujer, que tenía dos naturas, la de ombre como muleto y la de muger como de vaca. Dizen que husaua la vna, la otra no sé; saluo que lo conoçí, que hazía este ofiçio de aconchar, al qual yo le sabré dar la manera mejor, porque tengo más conuersaçión que no quantas an sido en esta tierra.

CAPITÁN: Dexá esso. Dezime cómo os va, que muncha más conuersación tiene el Çopín que no vos, que cada día lo veo con vestidos nueuos y con libreas, y sienpre va medrado. No sé qué lo haze, que toda su conuersación es a Torre Sanguina.

LOÇANA: ¡Señor, marauíllome de vuestra merçed, quererme ygualar con el Çopín, que es fiscal de putas y barrachel de regantío y rufián magro, y el año passado le dieron vn treyntón como a puta! No pensé que vuestra merçed me tenía en essa possessión. Yo puedo yr con mi cara descubierta por todo, que no hize jamás vileza, ni alcagüetería, ni mensaje a persona vil, a caualleros y a putas de reputación. Con mi honrra procuré de interponer palabras, y amansar iras, y reconçiliar las partes, y hazer pazes y quitar rencores, examinando partes, quitar martelos viejos, haziendo mi persona albardán por comer pan. Y esto se dirá de mí, si alguno me querrá poner en fábula: "Muncho supo la Loçana, más que no demostraua".

CAPITÁN: Señora Loçana, ¿quántos años puede ser vna muger puta?
LOÇANA: Dende doze años hasta quarenta.
CAPITÁN: ¿Veynte y ocho años?
LOÇANA: Señor, sí: hartarse hasta rebentar. Y perdonadme, señora Terencia.

MAMOTRETO XL. Cómo, yendo su camino, encuentra con tres mugeres y después con dos ombres que la conoçen de luengo tienpo

LOÇANA: ¿Para qué es tanto ataparse? Que ya veo que no pudo el vaño hazer más que primero auía, saluo lauar lo linpio y ençender color donde no fue menester arebol.
GRIEGA: ¡Hi, hi, hi! Vuestra cassa buscamos y si no os encontráuamos, perdíamos tienpo, que hymos a çená a vna viña y si no passamos por vuestra mano, no valemos nada, porque tenemos de ser miradas, y van otras dos venecianas, y es menester que vos, señora Loçana, pongáys en nosotras todo vuestro saber, y pagaos. Ansí mismo vaya vuestro criado con nosotras, y verná cargado de todo quanto en el vanquete se diere, y auisaldo que se sepa ayudar, porque quando venga trayga qué roçar.
LOÇANA: Señoras mías, en fuerte tienpo me tomáys, que en toda mi casa no ay quatrín ni marauedí ni cosa aparejada para seruiros, mas por vuestro amor, y por començar a auiar la gente a casa, yo yré y buscaré las cosas neçesarias para de presto seruiros. Mi criado yrá, más por hazeros plazer que por lo que puede traer; y vosotras mirame bien por él, y no querría que hiziesse quistión con ninguno, porque tiene la mano pessada, y el remedio es que, quando se ençiende como berraco, quien se halla allí más presto le ponga la mano en el çerro, y luego amansa y torna como vn manso. Veyslo, viene anadeando. ¿Qué cossa?, ¿qué cossa? ¿En qué están las alcaualas? Como se ve vestivo, que pareçe dominguillo de higueral, no estima el resto. Bolueos, andá derecho, ¡ansí relunbre la luna en el rollo como este mi nouio! Andá a casa, y tenémela linpia, y guardá no ronpáys vos essa librea, colgalda. Señoras, yd a mi casa, que allí moro junto al río, passada la vía Assinaria, más abaxo. Yo voy aquí a vna espeçiería por çiertas cosas para vuestro seruiçio, avnque sepa dexar vna prenda.
GRIEGA: Señora Loçana, tomá, no dexéys prenda, que después contaremos. Caminá.
LOÇANA: ¡Ay, pecadora de mí! ¿Quién son estos? Aquí me ternán dos horas, ya los conozco. ¡Oxalá me muriera quando ellos me conoçieron! ¡Beata la muerte quando viene después de bien biuir! Andar, sienpre oý dezir que en las aduersidades se conoçen las personas fuertes. ¿Qué tengo de hazer? Haré cara, y mostraré que tengo ánimo para saberme valer en el tienpo aduerso.

GIRALDO: Señora Loçana[199], ¿cómo está vuestra merçed? No menos poderosa ni hermosa os conoçí sienpre, y, si entonçes mejor, agora os suplicamos nos tengáis por hermanos, y muy aparejados para vuestro seruiçio.

LOÇANA: Señores, ¿quándo dexé yo de ser presta para seruir essas caras honrradas? Que agora y en todo tiempo tuvieron mereçimiento para ser de mí muy honrrados, y no solamente agora que estoy en mi libertad, mas siendo sujeta no me faltaua ynclinaçión para serles muy afiçionada. Bien que yo y mi cassa seamos pobres, al menos aparejada sienpre para lo que sus merçedes me quisieren mandar.

GIRALDO: Señora, seruir.

LOÇANA: Señores, beso las manos de vuestras merçedes mill uezes, y suplícoles que se siruan[200] de mi pobreza, pues[201] saben que soy toda suya. ¡Por vida del rei, que no me la vayan a penar al otro mundo los puercos! Que les é hecho mill honrras quando estáuamos en Damiata y en Túnez de Beruería, y agora con palabras prestadas me an pagado. ¡Dios les dé el mal año! Quisiera yo, ¡pesse al diablo!, que metieran la mano a la bolsa por qualque dozena de ducados, como hazía yo en aquel tiempo, y si no los tenía se los hazía dar a mi señor Diomedes, y a sus criados los hazía vestir, y agora a mala pena me conoçen, porque senbré en Porcuna. Bien me dezía Diomedes: "Guárdate, que estos a quien tú hazes bien te an de hazer mal". ¡Mirá qué canes reñegados, villanos secretos, capotes de terçiopelo! Por estos tales se deuía dezir: "Si te ui, no me acuerdo. Quien sirue a munchos no sirue a ninguno."

---

[199] Orig. *Loça-* (final de línea).
[200] Orig. *sirnan*.
[201] Orig. *pnes*.

Xilografía 3 (fol. H4v)

La casa de Lozana, en la que se observan sus diferentes labores celestinescas no solo como alcahueta (Divicia yace en la cama con un hombre), sino también como "esteticista". Rampín aparece con el mortero en la mano y avivando el fuego, acciones polisémicas con connotaciones sexuales. Colgando de una barra encontramos granadas, símbolos del sexo femenino. Esta xilografía también aparece, con marcos florales, al principio de la obra, tras el frontispicio.

Parte tercera

Aquí comiença la Tercera Parte del Retrato y serán más graciosas cosas que lo pasado. Cómo tornó a casa y afeitó con lo que traýa las sobredichas, y cómo se fueron, y su criado con ellas, y quedó sola y contaua todo lo que auía menester para su trato que quería començar. Y de aquí adelante le daremos fin.

Mamotreto XLI

LOÇANA: Agora que me aremangé a poner trato en mi casa, vale todo caro. Andar, pase por agora por contentar estas putas, que después yo sabré lo que tengo de hazer.
GRIEGA: ¡Mírámela quál viene, que le nazcan baruas, narizes de medalla!
LOÇANA: Pareçe mi casa atalaya de putas. Más puse del mío que no me distes.
TULIA: ¡Sus, a mí primero, señora Loçana!
LOÇANA: Andá, no curéys, que esso haze primero para esto que a la postre. Vení acá vos, gaytero, yd con ellas y mirá que es conbite de catalanes, vna vez en uida y otra en muerte. Apañá lo que pudiéredes, que liçençia tenés plomada destas señoras putas, que sus copos lo pagarán todo. Garueá y traer de cara casa, y no palos. Caminá delante. Yd cantando.
RANPÍN: ¿Qué dirán que guardo, mallogrado? ¿Qué dirán que guardo?
LOÇANA: ¡Bueno, por mi vida, bueno como almotaçén de mi tierra! Aquí me quedo sola; desseo tenía de venir a mi casa, que, como dizen, "mi casa y mi hogar çien ducados val". Ya no quiero andar tras el rabo de putas. Hasta agora no he perdido nada, de aquí adelante quiero que ellas me busquen; no quiero que de mí se diga "puta de todo trançe, alcatara a la fin". Yo quiero de aquí adelante mirar por mi honrra, que, como dizen, "a los audaçes la fortuna les ayuda". Primeramente, yo tengo buena mano ligera para quitar çejas, y selo hazer mejor que yo me pienso, y tengo aquí esta casa al paso, y tengo este hombre que mira por mi casa, y me escalienta, y me da dentro con buen ánimo, y no se sabe sino que sea mi moço y nunca me demanda çelos, y es como vn cieruo ligero. Asimesmo tengo muncha plática con quien yo tengo de husar este offiçio. Yo soy querida y amada de quantas cortesanas fauoridas ay, yo só conoçida ansí en Roma como en el vulgo y fuera de Roma de munchos a quien yo he fauoresçido, y me traerán presentes de fuera, que terné mi casa abasteçida. Y si amuestro fauor a villanos, vernán sus mugeres y, porque las enseñe cómo se an de hazer bellas, me traerán paxitas de higos y otras mill cosas, como la

tibulesa por el quatrín del sublimato que le vendí, y como le prometí que otra vez le daría otra cosa mejor, porque secretamente se afeitase, pensó que hurtaua bogas y enbiome oliuas y munchas mançanas y granadas que de Vaena no podían ser mejores. Pues si vna villana me conosçe, ¿qué haré quando todas me tomen en plática? Que mi casa será colmena y tanbién, si yo asiento en mi casa, no me faltarán munchos que yo tengo ya domados, y mi tirillo por encarnaçar, y será más a mi honrra y a mi prouecho[202], que no tomo sabor en casa de otrie, y si quisiere comer en mi casa, será a costa de otrie y sabrame mejor. Que no verná hombre aquí que no saque d'él quándo de la leña, otro el caruón, y otro el vino, y otro el pan, y otro la carne, y ansí, de mano en mano, sacaré la expesa, que no se sentirá, y esto, riendo y burlando, que cada vno será contento de dar para estas cosas, porque no pareçe que sean nada quando el hombre demanda vn bayoque para perras y, como le sea poquedad sacar vn bayoque, sacarán vn julio y vn carlín, y por ruyn se tiene quien saca vn groso. Ansí que, si yo quiero saber biuir, es menester que muestre no querer tanto quanto me dan, y ellos no querrán tomar el demás, y ansí se quedará todo en casa. Otros vernán que traerán el seso en la punta del caramillo, y con estos se ganará más, porque no tienen tiento[203] hasta variar su pasión, y demandándoles darán quanto tienen. Y vernán otros que, con el amor que tienen, no comen, y hazelles he conprar de comer y pagar lo conprado, y hazelle he que corte, y comeré yo y mi criado, y assí si castigan los neçios. Y vernán otros que no serán salamones, y afrentallos luego en dos o tres julios para cartas, y vernán otros nouiçios que agora buelan. A estos tales no demandalles nada, sino fingir que si ellos tuuiessen que yo no passaría neçesidad, y darme an fin a las bragas, y quanto más si los alabo de valientes y que son amados de la tal, y que no vinieron a tiempo, y que el enamorado ha de ser gastador como el tal y no míssero como el tal, y alabarlos que tienen gran cosa, que es esto para muchachos hazellos reyes. Y a todos mirar de qué grado y condiçión son, y en qué los puedo yo coger y a qué se estiende su facultad, y ansí sacaré prouecho y pagamiento, si no en dineros en otras cosas, como de pajes rapina y de hijos de mercaderes robaýna, y ansí daré a todos melezina. Yo sé que si me dispongo a no tener enpacho y vo por la calle con mi çestillo y lleuo en él todos los aparejos que se requieren para aconchar, que no me faltará la merçed del Señor, y si soy vergonçosa seré pobre, y como dizen, "mejor es tener que no demandar". Assí que, si tengo de hazer este ofiçio, quiero que se diga que no fue otra que mejor lo hiziese que yo. ¿Qué vale a ninguno lo que sabe si no lo procura saber y hazer mejor que otrie? *Exenplo gratia*: si vno no es buen jugador, ¿no pierde? Si

---

[202] Orig. *prouechño*.
[203] Orig. *tiẽte*.

es ladrón bueno, sábese guardar que no lo tomen. Ha de poner el ombre en lo que haze gran diligençia y poca vergüenza y rota conçiençia para salir con su enpresa al corrillo de la gente.

Mamotreto XLII. Cómo, estando la Loçana sola, diziendo lo que le conuenía hazer para tratar y platicar en esta tierra sin seruir a nadie, entró el Autor callando y disputaron los dos. Y dize el Autor

<AUTOR>: Si está en casa la Loçana, quiero vella y demandalle[204] vn poco de algalia para mi huéspeda qu'está sorda. En casa está. ¡Dame! ¿Con quién habla? ¡Voto a mí, que deve de estar enojada con qualque puta! Y agora todo lo que dize será nada, que después serán amigas antes que sea noche, porque ni ella sin ellas, ni ellas sin ella no pueden biuir. Sabello tengo, que qualque cosa no le an querido dar, y por esto son todas estas braverías o braueaduras. "¿Quién mató la leona, quién la mató? Matola vuestro hierno, marido de vuestra hija". Assí será esta quistión. Su criado aurá muerto qualque ratón, y pensará que sea leona. Otra cosa es, agora la entiendo. ¿Qué dize de sueños? Tanbién sabe de agüeros, y no sé qué otra cosa dixo de hurracas y de tordos que saben hablar y que ella sabría biuir. ¿El Persio ha oýdo? ¡O, pesse a san, con la puta astuta! ¡Y no le bastaua Ouidio, sino Persio! Quiero sobir, que no es de perder, sino de gozar de sus desparates, y quiero atar bien la bolsa antes que suba, que tiene mala boca, y sienpre mira allí. Creo que sus ojos se hizieron de bolsa agena, aunque yo sienpre oý dezir que los ojos de las mugeres se hizieron de la bragueta del ombre, porque sienpre miran allí, y esta a la bolsa; de manera que para con ella no basta vn ñudo en la bolsa y dos gordos en la boca, porque huele los dineros donde están. Señora Loçana, ¿tiene algo de bueno a que me conbide? Que vengo cansado, y pareçiome que no hazía mi deuer si no entraua a ueros, que, como vos sabéys, os quiero yo muncho por ser de hazia mi tierra. Bien sabéys que los días passados me hezistes pagar vnas calças a la Maya, y no quería yo aquello, sino qualque biuda que me hiziesse vn hijo y pagalla bien, y vos que no perdiéssedes nada en auisarme de cosa linpia sobre todo, y haremos vn depósito que qualquier muger se contente, y vos primero.

LOÇANA: Señor, a todo ay remedio sino a la muerte. Asentaos, y haremos colaçión con esto que ha traýdo mi criado, y después hablaremos. Va por vino. ¿Qué dizes? ¡O, buen grado aya tu agüelo! ¿Y de dos julios no tienes quatrín? ¡Pues busca, que yo no tengo sino dos quatrinos!

AUTOR: Dexá estar. Toma, canbia, y trae lo que as de traer.

LOÇANA: ¡Por mi vida, no le deys nada, qu'él buscará! Desa manera no le faltará

---

[204] Orig. *de mandelle*.

a él qué jugar. ¡Caminá pues! ¡Vení presto! ¿Sabéys, señor, qué he pensado? Que[205] quiçá Dios os ha traýdo oy por aquí. A mí me ha venido mi camisa, y quiero yr esta tarde al estufa, y como venga, que pegemos con ello, y yo soy desta conplisión, que como yo quiero, luego encaxo, y mirá, llegar y pegar todo será vno. Y bástame a mí que lo hagáys criar vos, que no quiero otro depósito. Y sea mañana, y veníos acá, y comeremos vn medio cabrieto, que sé yo hazer apedreado.

AUTOR: ¡Hi, hi! Veys, viene el vino, *in quo est luxuria*.

LOÇANA: Dame a beuer, y da el resto del ducado a su dueño.

RANPÍN: ¿Qué resto? Veyslo aý, todo es guarnacha y maluasía de Candía, que cuesta dos julios el bocal, ¿y queréys resto?

LOÇANA: ¡Mirá el borracho! ¿Y por fuerça auéys vos de traer guarnacha? ¡Traxérades corço o griego, y no espendiera tanto!

AUTOR: Anda, ermano, que bien hezistes traer sienpre de lo mejor. Toma, tráeme vn poco de papel y tinta, que quiero notar aquí vna cosa que se me recordó agora.

LOÇANA: ¡Mirá, mançebo, sea esse julio como el ducado! ¡Hazé de las vuestras! Señor, si él se mete a jugar no torna acá oy, que yo lo conosco.

AUTOR: ¿En qué pasáys tienpo, mi señora?

LOÇANA: Quando vino vuestra merçed, estaua diziendo el modo que tengo de tener para biuir, que quien veza a los papagayos a hablar, me vezará a mí a ganar. Yo sé ensalmar y encomendar y santiguar quando alguno está aojado, que vna vieja me vezó, que era saludadera y buena como yo. Sé quitar ahítos, sé para lonbrizes, sé encantar la terçiana, sé remedio para la quartana y para el mal de la madre. Sé cortar frenillos de bouos y no bouos, sé hazer que no duelan los riñones y sanar las renes, y sé medicar la natura de la muger y la del ombre; sé sanar la sordera y sé ensoluer sueños; sé conoçer en la frente la phissionomía y la chiromançia en la mano, y prenosticar.

AUTOR: Señora Loçana, a todo quiero callar, mas a esto de los sueños ni mirar en abusiones, no lo quiero conportar. Y pues soys muger de yngenio, notá que el ombre, quando duerme sin cuydado y bien cubierto y harto el estómago, nunca sueña y, al contrario, assí mismo, quando duerme el hombre sobre el lado del coraçón, sueña cosas de gran tormento, y quando despierta y se halla que no cayó de tan alto como soñaua, está muy contento; y si miráys en ello veréys que sea verdad. Y otras vezes sueña el ombre que comía o dormía con la tal persona, que ha gran tienpo que no la vido, y otro día verala o hablarán della, y piensa que aquello sea lo que soñó, y son los humos del estómago que fueron a la cabeça, y por esso conforman los otros sentidos con la memoria. Ansí que, como dizen los maestros que

---

[205] Orig. *qne*.

vezan los niños en las materias, "munchas vezes acaheçe qu'el muchacho sueña dineros y a la mañana se le ensueluen en açotes". Tanbién dezís que ay aojados; esto quiero que os quitéys de la fantasía, porque no ay ojo malo, y si me dezís cómo, yo vi vna muger que dixo a un niño que su madre criaua muy lindo, y dixo la otra: "¡Ay, qué lindo hijo y qué gordico!", y alora el niño no alçó cabeça; esto no era mal ojo, mas mala lengua y dañada jntençión y venenosa maliçia, como sierpe que trahe el veneno en los dientes, que si dixera "¡Dios sea loado, que lo crió!", no le pudiera enpeçer. Y si me dezís cómo aquella muger lo pudo enpeçer con tan dulçe palabra, digo que la culebra con la lengua haze cariçias, y da el veneno con la cola y con los dientes. Y notá: auéys de saber que todas vosotras, por la mayor parte, soys más prestas al mal y a la enbidia que no al bien, y si la maliçia no reinase más en vnas que en otras, no conoçeríamos nosotros el remedio que es signarnos con el signo de la ✝ contra la maliçia y dañada jntençión. De aquellas digo que, líçitamente, se podrían dezir mienbros del diablo. A lo que de los agüeros y de las suertes dezís, digo que si tal vos miráys, que hazéys mal, vos y quien tal cree, y para esto notá que munchos de los agüeros en que miran, por la mayor parte son alimañas o aues que buelan. A esto digo que es suziedad creer que vna criatura criada tenga poder de hazer lo que puede hazer su Criador, que tú que viste aquel animal que se desperezó y as miedo, mira que si quieres, en virtud de su Criador[206], le mandarás que rebiente y rebentará. Y por esso tú deues creer en el tu Criador, que es omnipotente, y da la potentia y la virtud, y no a su criatura. Ansí que, señora, la ✝ sana con el romero, no el romero sin la ✝ que ninguna criatura os puede enpeçer tanto quanto la ✝ os puede defender y ayudar. Por tanto, os ruego me digáys vuestra jntençión.

LOÇANA: Quanto vos me auéys dicho es santo y bueno, mas mirá bien mi respuesta, y es que, para ganar de comer, tengo de dezir que sé muncho más que no sé, y afirmar la mentira con jngenio por sacar la verdad. ¿Pensáys vos que si yo digo a vna muger vn sueño, que no le saco primero quanto tiene en el buche? Y dígole yo qualche cosa que veo yo que allí tiene ella ojo, y tal buelta el ánima apassionada no se acuerda de sí misma, y yo dígole lo que ella otra vez ha dicho, y como vee que yo açierto en vna cosa, piensa que todo es ansí, que de otra manera no ganaría nada. Mirá el prenóstico que hize quando murió el enperador Maximiliano, que dezían "¿quién será enperador?". Dixe: "Yo oý aquel loco que passaua diziendo: «Oliua d'España, d'España, d'España», que más de vn año turó, que otra cosa no dezían sino «d'España, d'España». Y agora que ha vn año que pareçe que no se dize otro sino «Carne, carne, carne salata», yo digo que gran carneçería se ha de hazer[207] en Roma".

---

[206] Orig. *Caiador.*
[207] Orig. *hezer.*

AUTOR: Señora Loçana, yo me quiero yr y estó sienpre a vuestro seruiçio. Y digo que es verdad vn dicho que munchas vezes leý, que *"Quidquid agunt homines, intentio saluat omnes"*. Donde se vee claro que vuestra jntinçión es buscar la vida en diuersas maneras, de tal modo que otro cría las gallinas y vos coméys los pollos sin perjudiçio ni sin fatiga. Feliçe Loçana, que no auría putas[208] si no huuiesse rufianas que las jnxiriessen a las buenas con las malas.

MAMOTRETO XLIII. Cómo salía el Autor de casa de la Loçana, y encontró vna fantesca cargada y vn villano con dos asnos cargados, vno de çebollas y otro de castañas, y después se fue el Autor con vn su amigo, contándole las cosas de la Loçana

AUTOR: ¿Qvé cosa es esto que traés, señoreta?
JACOMINA: Bastimento para la çena, que viene aquí mi señora y vn su amigo notario, y agora verná su moço, que trae dos cargas de leña. Señor, ¿es vuestra merçed de casa? Ayúdeme a descargar, que se me cae el bote de la mostaza.
AUTOR: Sube, que arriba está la Loçana. ¿Qué quieres tú? ¿Vendes essas çebollas?
VILLANO: Señor, no, que son para presentar a vna señora que se llama la Fresca, que mora aquí, porque me sanó a mi hijo del ahíto.
AUTOR: Llama, que aý está. ¿Essas castañas son para que se ahíte ella, y tú con sus pedos?
VILLANO: Miçer, sí.
AUTOR: ¡Pues boto a Dios, que no ay letrado en Valladolid que tantos cliéntulos tenga! Pues aquellas, ocultras,[209] allá uan, que por ella demandan. Y no me partiré de aquí sin ver el trato que esta muger tiene. Allá entra la vna. Y otra muger con dos ánades. Aquella no es puta, sino mal de madre; yo lo sabré al salir. Ya se ua el villano. Ya viene la leña para la çena. Milagros haze, que la quiere menuda. Ya van por más leña; dize que sea seca. Al moço enbía que trayga espeçias y açúcar, y que sean hartas y sin moler; que trayga candelas de seuo de las gordas, y que trayga hartas, por su amor, que será tarde, que an de jugar. Yo me marauillaua si no lo sabía dezir. ¡A mi fidamani, que ella çene más de tres noches con candelas de notario y a costa de qualque monitorio! ¿Veys dó sale la de los anadones? Quiero saber qué cosa es. Dezime, madre, ¿cómo os llamáys?
VITORIA: Fijo, Vitoria, enferma de la madre, y esta señora española me ha dado aqueste çerote para poner al ombligo.

---

[208] Orig. *p tas* (con espacio en blanco y final de línea tras la *p*).
[209] Mantenemos la forma original, con vibrante simple epentética tras oclusiva. En este caso, se puede interpretar como un juego de palabras (*ocultas tras*).

AUTOR: Dezime, señora, ¿qué mete dentro, si vistes?

VITORIA: Yo's lo diré. Gálbano y armoníaco, que consuma la ventosidad. Y perdoname, que tengo priesa.

AUTOR: Ándate en buen ora. Yo me quiero estar aquí y ver aquel palafrenero a qué[210] entra allá, que no estará muncho, que ya viene el notario, o nouio que será. ¡Cardico y moxama le trae el ladrón! Bueno, pues entra, que aý te quiero yo; que mejor notario es ella que tú, que ya está matriculada. Ya sale el otro; ytaliano es, mas bien habla español y es mi conoçido. ¡A vos, Penacho! ¿Qué se dize? ¿Soys seruiçial a la señora Loçana? ¿Qué cosa es eso que lleuáys?

PENACHO: ¡Juro a Dios, cosas buenas para el rabo! Guarda que tú no lo dizes a otro: questo es para l'imorroide que tiene monseñor mío. Adío.

AUTOR: Va norabuena, que aquí viene quien yo deseaua. Si vuestra merçed viniera más presto viera marauillas, y entre las otras cosas oyera vn remedio que la señora Loçana ha dado para çierta enfermedad.

SILUANO: Pues desso me quiero reír, que os marauilléys vos de sus remedios sabiendo vos que remedia la Loçana a todos de qualquier mal o bien. A los que a ella venían, no sé agora cómo haze, mas en aquel tiempo que yo la conosçí enbaucaua las gentes con sus palabras y, por çierto, que dos cosas le[211] vi hazer: la vna a un señor que auía comido tósigo, y ella majó presto vn ráuano sin las hojas y metiolo en vinagre fuerte y púsoselo sobre el coraçón y pulsos. Y quando fue la peste, ella en Belitre hizo esto mismo en vino bueno, y que tomase siempre plazer[212] y que no se curase de otras píldoras ni purgas. Cada mes de mayo come vna culebra; por esso está gorda y fresca la traydora, aunque ella de suyo lo hera.

AUTOR: ¿No veys qué prisa se dan a entrar y salir putas y notarios?

SILUANO: Vámonos, que ya son vacaçiones, pues que çierran la puerta.

Mamotreto XLIV[213]. Cómo fue otro día a visitarla este su conoçido Siluano, y las cosas que allí contaron

<SILUANO>: Señora Loçana, no se marauelle, que quien viene no viene tarde y el deseo grande vuestro me ha traýdo, y tanbién por ver si ay páxaros en los nidos d'antaño.

LOÇANA: Señor, nunca faltan palomas al palomar. Y a quien bien os quiere no le faltarán palominos que os dar.

---

[210] Orig. *qne*.
[211] Se trata de un leísmo de persona aplicado a un referente femenino (Lozana), en una intervención del personaje culto Silvano. Delicado usa este recurso para caracterizarlo, pues el leísmo gozaba de prestigio en el Siglo de Oro (véase Medina Morales 2005: 270-78).
[212] Orig. *plazez*.
[213] Orig. *VLIIII*.

SILUANO: No sean de camisa, que todo quanto vos me dezís os creo. ¡Dios os bendiga, qué gorda estáys!
LOÇANA: Ermano, como a mis espesas y sábeme bien, y no tengo enbidia al Papa, y gánolo y esténtolo y quiéromelo gozar y triunfar, y mal año para putas, que ya las he dado de mano, que, por la luz de Dios, que si me an menester, que vienen cayendo, que ya no soy la que solía. Mirá qué casa y en qué lugar, y qué paramentos y qué lecho que tengo. Saluo que esse vellaco me lo gasta cada noche, que no duerme seguro y yo que nunca estoy queda; y vos que me entendéys, que somos tres. ¡Hi, hi! ¿Acordaysos de aquellos tienpos passados cómo triunfáuamos? Y auía otros modos de biuir, y heran las putas más francas y los galanes de aquel tienpo no conprauan offiçios ni escuderatos como agora, que todo lo espendían con putas y en plazeres y conbites. Agora no ay sino maullantes, ouero, como dizen en esta tierra, fotiuento, que todo el año hazen hebrero, y ansí se pasan; no como quando yo me recuerdo, que venía yo cada sábado con vna dozena de ducados ganados en menos tienpo que no ha que venistes; y agora, quando traygo doze julios, es muncho. Pues Sábado Santo me recuerdo venir tan cansada, que estaua toda la Pascua sin yr a estaçiones ni a uer parientas ni amigas, y agora este Sábado Santo con negros ocho ducadillos me ençerré, que me marauillo cómo no me ahorqué. ¡Pues las Nauidades de aquel tienpo, los aguinaldos y las manchas que me dauan! Como agora, çierto nunca tan gran estrechura se vido en Cataluña ny en Florençia como agora ay en Roma. Y si miráys en ello, entonçes trayán vnas mangas bouas y agora todos las traen a la perladesca. No sé, por mí lo digo; que me marauillo cómo pueden biuir munchas pobres mugeres que an seruido esta corte con sus haziendas y honeras, y puesto su vida al tablero por honrrar la corte y pelear y batallar, que no las[214] bastauan puertas de hierro, y ponían sus copos por broquel y sus oýdos por capaçetes, conbatiendo a sus espesas y a sus acostamientos de noche y de día. Y agora, ¿qué mérito les dan?, saluo que vnas, rotos braços; otras, gastadas sus personas y bienes; otras, señaladas y con dolores; otras, paridas y desmanparadas; otras, que siendo señoras son agora sieruas; otras, estaçioneras; otras, lauanderas; otras, estableras; otras, cabestro de símiles; otras, alcahuetas; otras, parteras; otras, cámara locanda; otras, que hilan y no son pagadas; otras, que piden a quien pidió y siruen a quien siruió; otras, que ayunan por no tener; otras, por no poder; ansí que todas esperan que el Senado las proüea a cada una según el tienpo que siruió y los méritos que debe auer, que sean satisfechas.

---

[214] Este ejemplo de laísmo, en boca de Lozana, se puede justificar por acomodación lingüística a su interlocutor, Silvano (uno de los personajes más cultos del RLA, *alter ego* del autor). Además, se trata de una larga intervención de Lozana, cuyo objetivo no es imitar la conversación cotidiana.

Y segund piensan y creen, que harán vna tauerna meritoria, como antiguamente solían tener los romanos y agora la tienen veneçianos, en la qual todos aquellos que auían seruido o conbatido por el senado romano, si venían a ser viejos o quedauan lissiados de sus mienbros por las armas o por la defensión del pueblo, les dauan la dicha tauerna meritoria, en la qual les proueýan del vito e vestito. Esto alhora hera bueno, que el senado cobraua fama y los conbatientes tenían esta esperança, la qual causaua en ellos ánimo y lealtad. Y no solamente entonçes, mas agora se espera que se dará a las conbatientes, en las quales ha quedado[215] el arte militario, y máxime a las que con buen ánimo an seruido y siruen en esta alma çibdad, las quales, como dixe, pusieron sus personas y fatigas al carro del triunfo passado por mantener la tierra y tenella abastada y honrrada con sus personas, viniendo de lexos y luengas partidas y de diuersas naçiones y lenguajes, que, si bien se mira en ello, no ay tantos lenguajes en Babilonia, adonde yo soy estada en mi juuentud. Ansí que, si esto se hiziese, munchas más vernían y sería como en las batallas, quando echan delante la gente harmada y, a la postre, quando van faltando estos, los peones y hombres d'armas, y esles fuerça pelear a ellos y a los otros que esperauan seguir vitoria, que si bien venzen el canpo, no ay quien lo regozije como en la de Ráuena, ni quien fauoresca el plazer que consiguen por ser pocos y solos, que no tienen quien los ayude a leuantar. Y así esperan la luna de Boloña, que es como el socorro de Scalona; ansí que, tornando al propósito, quiero dezir que, quando a las perdidas y lisiadas y pobres y en senetud constitutas, no les dan el premio o mérito que mereçen, serán causa que no vengan munchas que vinieran a releuar a las naturales las fatigas y cansançios y conbates, y esto causará la yngratitud que con las passadas husaron, y de aquí redundará que los galanes requieran a las casadas y a las vírgenes desta tierra, y ellas darán de sus casas joyas, dinero y quanto ternán a quien las encubra y a quien las quiera, de modo que quedarán los naturales ligeros como çieruos asentados a la sonbra del alcornoque; y ellas, contentas y pobres, porque se quiere dexar hazer el tal offiçio a quien lo sabe manear.

Mamotreto XLV. Vna respuesta que haze este Siluano, su conoçido de la Loçana

<siluano>: Por mi vida, señora Loçana, que creo que si fuérades vos la misma teórica no dixérades más de lo dicho; mas quiero que sepáys que la taberna meritoria para essas señoras ya está hecha archiospital, y la honrra, ayuda y triunfo que ellas dan al senato es como el grano que sienbran sobre

---

[215] Orig. *quedudo*.

las piedras, que como naçe se seca. Y si oýstes dezir que antiguamente, quando venía vn romano o enperador con vitoria, lo lleuauan en vn carro[216] triunfante por toda la çibdad de Roma, y esto hera gran honrra, y en señal de forteza vna corona de hojas de roble, y él asentado ençima, y si alguna señal tenía de las heridas que en las batallas y conbates oviese resçebido la mostraua públicamente, de manera que entonçes el carro y la corona y las heridas heran su gloria, y después su renonbre, fama y gloria, ¿qué mejor ni más largo os lo puedo yo dar a entender, señora Loçana, de lo que vos misma podéys ver? Que, como se hazen françesas o grimanas, es neçesario que, en muerte o en uida, vayan a Santiago de las Carretas, y allí el carro y la corona de flores y las heridas serán su mérito y renonbre a las que vernán, las quales tomarán *audibilia pro uisibilia*. Ansí que, señora Loçana, a uos no's ha de faltar sin ellas de comer, que ayer, hablando con vn mi amigo, hablamos de lo que vos alcançáys a saber, porque me recordé quando nos ronpistes las agallas a mí y a quantos estáuamos en el vanco de ginoueses.

LOÇANA: Y si entonçes las agallas, agora los agallones. Y oýdme dos razones.

Mamotreto XLVI. Respuesta que da la Loçana en su laude

<LOÇANA>: Aquel es loado que mira y nota y a tiempo manifiesta. Yo he andado en mi juuentud por Leuante, só estada en Nigroponte y he visto y oýdo muchas cosas, y entonçes notaua y agora saco de lo que entonçes guardé. ¿No se os acuerda, quando estaua por ama de aquel hijo de vuestro amo, qué concurrençia tenía de aquellos villanos que me tenían por médica, y venían todos a mí, y yo les dezía: "Andaos a vuestra casa y echaos vn ayuda", y sanauan? Acontesçió que vna vieja auía perdido vna gallina que munchos días auía que ponía hueuos sobre vna pared, y como se encocló, echose sobr'ellos; y vino la vieja a mí que le dixese de aquella gallina, y yo estaua enojada y díxele: "Andá, yd a vuestra casa y traeme la yerua canilla que naçe en los tejados". Y díxeselo porque era vieja, pensando que no subiría; en fin, subió y halló la gallina. Y publicome que yo sabía hazer hallar lo perdido. Y assí vn villano perdió vna borrica; vino a mí que se la encomendase, por que no la comiesen lobos. Mandele que se hiziese vn tristel[217] d'agua fría y que la fuesa'a buscar. Él hízolo y, entrando en vn higueral a andar del cuerpo, halló su borrica. Y desta manera tenía yo más presentes que no el juez. Dezime, por mi vida, ¿quién es esse vuestro amigo que dezís que ayer hablaua de mí? ¿Conóscolo yo? ¿Reýssos?

---

[216] Orig. *carto*.
[217] Por *cristel*. Mantenemos la forma original, con variación en el punto de articulación de las oclusivas sordas (en este caso, se usa la dental /t/ en lugar de la velar /k/).

Quiérolo yo muncho porque me contrahaze tan natural mis meneos y autos, y cómo quito las çejas, y cómo hablo con mi criado, y cómo lo echo de casa, y cómo le dezía quando estaua mala: "Andá por essas estaçiones y mirá essas putas cómo lleuan las çejas", y cómo brauea él por mis duelos, y cómo hago yo que le ayan todos miedo, y cómo lo hago moler todo el día solimán. Y el otro día (no sé quién se lo dixo), que mi criado hazía quistión con tres, y yo, por que no los matase, salí y metilo en casa y çerré la puerta; y él metiose debaxo del lecho a buscar la espada, y como yo estaua afanada por que se fuesen ante qu'él saliese, entré y busquelo; y él tiene vna condiçión: que quando tiene enojo, si no lo desmuele, luego se duerme. Y como lo veo dormido debaxo de la cama, me alegré y digo: "En este medio, los otros huyrán". Y cómo lo halago, que no se me vaya; y cómo reñimos porque metió el otro día lo suyo en vna olla, que yo la tenía media de agua de mayo, y, como armó dentro por causa del agua, traýa la olla colgada. Y yo quise más perder la olla y el agua, que no que se le hiziese mal. Y el otro día, que estauan aquí dos mochachas como hechas de oro, pareçe que el vellaco armó; y tal armada que todas dos agujetas de la bragueta ronpió, que heran de gato soriano. Y cómo yo lo hago dormir a los pies, y él cómo se sube poco a poco… Y otras mill cosas que, quando yo lo vi contrahazerme, me pareçía que yo hera. Si vos lo viérades aquí, quando me vino a uer que estaua yo mala, que dixe a esse cabrón de Ranpín que fuesse[218] aquí, a vna mi vezina, que me prestase vnos manteles. Dixo que no los tenía; dixe yo sinplemente: "¡Mira qué borracha, qu'está ella sin manteles! Toma, ve, cónprame vna libra de lino, que yo me los hilaré y ansí no la auré menester". Señor: yo lo dixe y él lo oyó; no fue menester más, como él a tiempo, quando yo no pensaua en ello, me contrahizo, que quedé espantada.

Mamotreto XLVII. Cómo se despide el conosçido de la señora Loçana, y le da señas de la patria del Autor

<SILUANO>: Señora Loçana, quisiera que acabáramos la materia començada de la meritoria, mas como no tuuo réplica, mandá vuestra merçed que digamos reliqua, para que se sienten y vayan reposadas donde la rueda de la carreta las acabará. Y tornando a responderos de aquel señor que de vuestras cosas haze vn retrato, quiero que sepáis que só estado en su tierra y dareos señas della. Es vna villa çercada y cabeça de maestradgo de Calatraua, y antiguamente fue muy gran cibdad, dedicada al dios o planeta Marte. Como dize Apuleyo, quando el planeta Mercurio andaua en el cielo, al dios Marte que aquella peña era su trono y ara, de donde

---

[218] Orig. *fusse*.

tomó nonbre la Peña de Marte, y, al presente, de los Martos, porque cada uno de los que allí moran son vn Marte en batalla, que son ombres inclinados al arte de la milicia y a la agricultura, porque remedan a los romanos, que rehedificaron donde agora se abita, al pie de la dicha peña, porque allí era sacrificado el dios de las batallas; y ansí son los ombres de aquella tierra muy actos para armas, como si oýstes dezir lo que hizieron los Couos de Martos en el reyno de Granada, por tanto que dezían los moros que el Couo viejo y sus çinco hijos eran de hierro y aun de azero, bien que no sabíen la causa del planeta Marte, que en aquella tierra reynaua de nonbre y de hecho, porque allí puso Hércules la terçera piedra o colona, que al presente es puesta en el tenplo. Hallose el año M.D.IIII. Y la Peña de Martos nunca la pudo tomar Alexandro Magno ni su gente porque es ynexpuñábile a quien la quisiesse por fuerça. Ha sido sienpre honrra y defensión de toda Castilla. En aquella tierra ay las señales de su antigua grandeza en abundançia. Esta fortíssima peña es tan alta que se vee Córdoua, que está catorze leguas de allí. Esta fue sacristía y conserua quando se perdió España, al pie de la qual se an hallado atahútes de plomo y marmóreos esçritos de letras gódicas y egipciacas, y ay vna puerta que se llama la Puerta del Sol, que guarda al oriente, dedicada al planeta Febo. Ay otra puerta, la Ventosilla, que quiere dezir que allí era la silla del solícito elemento Mercurio; y la otra, Puerta del Viento, dedicada a este tan fuerte elemento aéreo; por tanto, el fortíssimo Marte dedicó a este elemento dos puertas que guardasen su altar. Todas dos puertas de Mercurio guardan al poniente. Ay vn albollón, que quiere dezir salida de agua, al valuarte do reposa la diosa Ceresa. Ay dos fortalezas, vna en la altíssima peña y otra dentro en la villa, y el Almedina, que es otra fortaleza, que haze quarenta fuegos, y la villa de santa María, que es otra forteza que haze cien fuogos,[219] y toda la tierra haze mill y quinientos, y tiene buenos vinos torrontesses y alvillos y haloques; tiene gran canpiña, donde la diossa Ceressa se huelga; tiene monte, donde se coge muncha grana, y grandes términos y muy buenas aguas biuas. Y en la plaça, vn altar de la Madalena y vna fuente y vn alamillo y otro álamo delante la puerta de vna yglesia, que se llama la solícita y fortíssima y santíssima Martha, huéspeda de Christo. En esta ylesia está vna capilla que fue de los Tenplares, que se dize de San Benito. Dizen que antiguamente se dezía Roma la Vieja. Todas estas cosas demuestran su antigua grandeza, máxime que todas las ciudades famosas del Andaluzía tienen[220] la puerta Martos, que dize su antigua fortaleza, saluo Granada, porque mudó la Puerta Elvira. Tiene ansí mismo vna

---

[219] Mantenemos la variante con diptongo irregular, en este caso, por influencia del italiano *fuoco*.
[220] Orig. *tieñe*.

fuente marmórea con çinco pilares, a la puerta la villa, hedificada por arte mágica en tanto spacio quanto cantó vn gallo, el agua de la qual es salutífera. Está en la vía que va a la cibdad de Mentessa, alias Jaén. Tiene otra al pie de Maluezino, donde Marte abreuaua sus caua llos, que agora se nonbra la fuente santa Martha, salutífera contra la fiebre. La mañana de San Juan sale en ella la cabelluda, que quiere dezir que allí munchas vezes apareció la Madalena. Y más arriba está la Peña la Sierpe, donde se ha vista santa Martha defensora, la qual allí miraculosamente mató vn ferocíssimo serpiente, el qual deuoraua los habitatores de la cibdad de Marte, y esta fue la principal causa de su despoblación. Por tanto, el tenplo lapídeo y fortíssima ara de Marte fue y es al presente consagrado a la fortíssima santa Marta, donde los romanos, por conseruar sus mugeres en tanto que ellos eran a las batallas, otra vez la fortificaron; de modo que toda la honestidad y castidad y bondad que an de tener las mugeres, la tienen las de aquel lugar, porque traen el orígine de las castíssimas romanas, donde munchas y munchas son con vn solo marido contentas. Y si en aquel lugar, de poco acá, reyna alguna inbidia o malicia, es por causa de tantos forasteros que corren allí por dos cosas: la vna, porque redundan los torculares y los copiossos graneros[221], juntamente con todos los otros géneros de vituallas, porque tiene quarenta millas de términos, que no le falta saluo tener el mar a torno; la segunda, que en todo el mundo no ay tanta caridad, hospitalidad y amor proximal quanta en aquel lugar, y cáusalo la caritatiua huéspeda de Christo. Allí poco lenxos[222] está la siera[223] de Ayllóm antes de Alcahudete[224].

LOÇANA: Alcahudete, el que haze los cornudos a ojos vistas.

SILUANO: Finalmente, es vna felice patria donde, siendo el rey, personalmente mandó despeñar los dos ermanos Carauajales, ombres animosíssimos, acusados falsamente de tiranos, la cuia sepultura o mausoleo permaneçe en la capilla de Todos Santos, que antiguamente se dezía la Santa Santorum, y son en la dicha capilla los huesos de fortíssimos reyes y animossos maestres de la dicha orden de Calatraua.

LOÇANA: Señor Siluano, ¿qué quiere dezí que el autor de mi retrato no se llama cordoués, pues su padre lo fue, y él nació en la diócessi?

SILUANO: Porque su castíssima madre y su cuna fue en Martos y, como dizen:

---

[221] Orig. *granaros*.
[222] Desarrollamos la tilde nasal que aparece sobre la vocal *e*, pues, aunque generalmente la epéntesis nasal suele preceder a un elemento oclusivo, también es posible delante de una consonante fricativa, como documenta Medina Morales (2005: 176) en su corpus de novelas picarescas del Siglo de Oro.
[223] La forma *siera* ('sierra') está documentada en el CORDE, especialmente en un inventario de bienes moriscos del Reino de Granada de 1562.
[224] Orig. *Alchahudete*.

"No donde naces, sino con quien paces". Señora Loçana, veo que viene gente y si estoy aquí os daré enpacho. Dadme liçençia y mirá quándo mandáys que venga a seruiros.

LOÇANA: Mi señor, no sea mañana ni el sábado, que terné priessa, pero sea el domingo a çená y todo el lunes,[225] porque quiero que me leáys, vos que tenéys graçia, las coplas de Fajardo y la comedia Tinalaria y a Çelestina, que huelgo de oýr leer estas cosas muncho.

SILUANO: ¿Tiénela vuestra merçed en casa?

LOÇANA: Señor, velda aquí. Mas no me la leen a mi modo, como haréys vos. Y traé vuestra vihuela y sonaremos mi pandero.

SILUANO: Contenplame essa muerte.

Mamotreto XLVIII. Cómo vinieron diez cortesanas a se afeitar, y lo que pasaron, y después otras dos, casadas, sus amigas, camiseras

DOROTEA: Señora Loçana, más cara soys vos de auer que la muerte quando es deseada. Mirá quántas venimos a seruiros, porque vos no's dexáys ver depués que os enriqueçistes, y hauemos de comer y dormir todas con vos.

LOÇANA: Sea norabuena, que quando amaneçe, para todo el mundo amaneçe. ¿Quién diría de no a tales conbidadas? ¡Por mi vida que se os pareçe que estáys pellejadas de mano de otrie que de la Loçana! Así lo quiero yo, que me conozcáys; que pagáys a otrie bien por mal pelar. ¡Por vida de Ranpín, que no tengo de perdonar a hija de madre, sino que me quiero bien pagar! ¡Mirá qué çeja esta! ¡No ay pelo con pelo! ¿Y quién gastó tal çeja como esta? Por vida del rei, que mereçía vna cuchillada por la cara por que otra buelta mirara lo que hazía. ¡Mirá si huuiera vn mes que yo estuuiera[226] en la cama, quando en quinze días os an puesto del lodo! Y vos, señora, ¿qué paño es esse que tenéys? Essa, agua fuerte y solimán crudo fue. Y vuestra prima, ¿qué es aquello, que todos los cabellos se le salen? ¡La judía anda por aquí! No me curo, que por esso se dize "a río buelto, ganançia de pescadores". Vení acá vos. ¿Qué manos son essas? Entrá allá y dame aquel botezillo de oro. ¡Y manos heran estas para dexar gastar! Tomá y teneldo hasta mañana y veréys qué manos sacaréys el domingo. Si estuuiera aquí mi criado, enbiara a conprar çiertas cosas para vosotras. Mas torná por aquí, que yo lo enbiaré a conprar si me dexáys dineros, que, a deziros la verdad, estos que me auéys dado bien los he ganado, y haun es poco, que, quando os affeyto cada sábado, me days vn julio y agora mereçía dos por hauer hemendado lo que las otras os gastaron.

TERESA NARBÁEZ: Mirá bien y contá mejor, que no ay entre todas nosotras quien os aya dado menos de dos.

---

[225] Orig. *luñs*.
[226] Orig. *estuiera*.

LOÇANA: Bien, mas no contáys vosotras lo que yo he puesto de mi casa. A uos, azeyte de adormideras y olio de almendras amargas perfetíssimo. Y a ella, vnto de culebra. Y a cada una segundo vi que tenía menester. Por mi honrra, que quiero que las que yo afeyto vayan por todo el mundo sin vergüença y sean miradas. ¡Por el siglo de vuestro padre, señora Dorotea!, ¿qué os pareçe qué cara lleuan todas? Y a uos, ¿cómo se os ha passado el fuego que trayades en la cara con el olio de calabaça que yo's puse? Yd en buen ora, que no quiero para con vosotras estar en vn ducado, que otro día lo ganaré que vernés mejor aperçebidas.

NARBÁEZ: ¡O, qué cara es este diablo! ¡Esta y nunca más! Si las jodías me pelan por medio carlín, ¿por qué esta á de comer de mi sudor? ¡Pues antes de vn año Teresa Narbáez quiere saber más que no ella!

LOÇANA: ¿Quién son estas que vienen a la romanesca? ¡Ya, ya! Acá vienen.

LEONOR: ¡Abrí, puta uieja, que a saco os tenemos de dar! ¿Paréçeos bien que ha vn mes que no visitáys a vuestras amigas? En puntos estamos de daros de mazculillo. ¡Ay, qué gorda está esta putana! Bien pareçe que come y beue y triunfa, y tiene quien bien la caualgue para el otro mundo.

LOÇANA: Tomá vna higa, por que no me aojéys. ¿Qué viento fue este que por acá os hechó? Mañana quería yr a Pozo Blanco a ueros.

LEONOR: Mirá, ermana: tenemos de yr a vnas bodas de la hija de Panyagua con el Hizquierdo y no valemos nada sin ti. Tú as de poner aquí toda tu çiençia. Y más, que no puedo conportar a mi marido los sobacos. Dame qualque menjurge que le ponga, y vézanos a mí y a esta mi prima cómo nos rapemos los pendejos, que nuestros maridos lo quieren ansí, que no quieren que pareçcamos a las romanas, que jamás se lo rapan. Y págate a tu modo: ves aquí çinco julios y después te enbiaremos el resto.

LOÇANA: Las romanas tienen razón, que no ay en el mundo mugeres tan castas ni tan honestas. Andá, quitá allá vuestros julios, que no quiero de vosotras nada. Enbiá a conprar lo que es neçessario y dexá poner a mí el trabajo.

LEONOR: Pues sea ansí. Enbiemos a vuestro moço que lo conpre.

LOÇANA: Bien será menester otro julio, que no se lo darán menos de seys.

LEONOR: Tomá, veys ay. Vaya presto.

LOÇANA: ¿Cómo estáys por allá? Que acá muy ruynmente lo passamos. Por mí lo digo, que no gano nada. Mejor fuera que me casara.

LEONOR: ¡Ay, señora, no lo digáys, que soys reyna ansí como estáys! ¿Sabéys qué dezía mi señor padre, en requia sea su alma? Que la muger[227] que sabía texer hera esclaua a su marido y qu'el marido no la auía de tener sugeta sino en la cama. Y con esto nos queremos yr, que es tarde, y el Señor os dé salud a vos y a Ranpín y os lo dexe ver barrachel de canpaña, amén.

LOÇANA: Ansí veáys de lo que más queréys, que si no fuera aquella desgraçia

---

[227] Orig. *mnger*.

qu'el otro día le vino, ya fuera él alcalde[228] de la hermandad de Belitre. Y si soy biua el año que viene, yo lo haré porquerón de Bacano, que no le falta ánimo y manera para ser esso y más. Andad sanas y encomendame toda la ralea.

Mamotreto XLIX. Cómo venieron a llamar a la Loçana que fuese ha uer vn gentil hombre nueuamente venido, que estaua malo, y dize ella entre sí, por las que se partieron

<LOÇANA>: Yo doy munchas graçias a Dios porque me formó en Córdoua más que en otra tierra y me hizo muger sabida y no bestia, y de naçión española y no de otra. Miraldas quáles van[229] después de la Çoca y la Meca y la Val d'Andorra. Por eso se dize: "Sea marido avnque sea de palo, que por ruyn que sea, ya es marido". Estas están ricas y no tienen sus maridos, saluo el vno vna pluma y el otro vna aguja; y trabajan de día y de noche porque se den sus mugeres buen tiempo. Y ellos tranpear, y de vna aguja hazen tres. Y ellas al reués. Yo me recuerdo hauer oýdo en Leuante a los christianos de la çintura, que contauan cómo los moros reprehendían a los christianos en tres cosas: la primera, que sabían escreuir y dauan dineros a notarios y a quien escriuiese sus secretos; y la otra, que dauan a guardar sus dineros y hazían ricos a los canbiadores; la otra, que hazían fiesta la terçia parte del año, las quales son para hazer al hombre sienpre en pobreza y enriqueçer a otrie que se ríe de gozar lo ajeno. Y no me curo, porque, como dizen: "No ay cosa nueua debaxo del sol". Querría poder lo que quiero, perho, como dixo Séneca: "Graçias hago a este señal que me dio mi fortuna, que me costriñe a no poder lo que no deuo de querer". Porque de otra manera, yo haría que me mirassen con ojos de alinde.
RANPÍN: ¿Qué hazéys? Mirá, que os llama vn moço de vn nouiçio bisoño.
LOÇANA: Vení arriba, mi alma. ¿Qué buscáys?
HERGETO: Señora, a vuestra merçed, porque su fama buela.
LOÇANA: ¿De qué modo, por vida de quien bien queréys? Que vos nunca os hezistes sosegadamente, que el ayre os lo da, y si no, os diese çien besos en esos ojos negros. Mi rey, dezime, ¿y quién os dixo mal de mí?
HERGETO: Señora, en España nos dixeron mill bienes de vuestra merçed y en la nao vnas mugeres que tornan acá con vnas niñas que quedan en Çiuitavieja, y ellas vezan a las niñas vuestro nonbre porque, si se perdieren, que vengan a uos porque no tienen otro manparo. Y vienen ha

---

[228] Orig. *alca de*. En el texto original (*V*) aparece un pequeño espacio en blanco entre *alca* y *de*, que podría estar motivado por duda del impresor entre diversas grafías (*i, y, l*). Nos decantamos por la variante *alcalde*, pues, exceptuando el nombre del personaje *Alcayde*, es la que aparece en otro ejemplo del texto (en la forma de plural: *alcaldes*).
[229] Orig. *an*.

uer el año santo, que, segund dizen, an visto dos y con este serán tres, y creo que esperarán el otro por tornar contentas.

LOÇANA: Deuen de ser mis amigas y por esso saben que mi casa es alhóndiga para seruirlas y haurán dicho su bondad.

HERGETO: Señora Loçana, mi amo viene de camino y no está bueno. Él os ruega que le vays ha uer, que es hombre que pagará qualquier seruiçio que vuestra merçed le hiziere.

LOÇANA: Vamos, mi amor. A vos digo, Ranpín. No's partáys, que auéys de dar aquellos trapos a la galán portuguesa.

RANPÍN: Sí haré. Vení presto.

LOÇANA: Mi amor, ¿dó posáys?

HERGETO: Señora, hasta agora yo y mi amo auemos posado en la posada del señor don Diego o Santiago a dormir solamente, y comer en la posada de Bartoleto, que sienpre salimos sospirando de sus manos, pero tienen esto: que sienpre siruen bien. Y allí es otro estudio de Salamanca y otra Sapiençia de París y otras Gradas de Seuilla y otra Loja de Valençia, otro Drageto a Rialto en Venecia y otra baruería de cada tierra y otro Chorrillo de Nápoles: que más nueuas se cuentan allí que en ninguna parte destas que he dicho, por munchas que se digan en Vancos. En fin, hemos tenido vna vita dulçedo y agora mi amo está aquí en casa de vna que creo que tiene bulda firmada de la cancillería de Valladolid para dezir mentiras y loarse y dezir qué fue y qué fue, y boto a Dios que se podía dezir de quinze años, como Elena.

LOÇANA: ¿Y a qué es venido vuestro amo a esta tierra?

HERGETO: Señora, por corona. Dezime, señora, ¿quién es aquella galán portuguesa que vos dexistes?

LOÇANA: Fue vna muger que mandaua en la mar y en la tierra, y señoreó a Nápoles, tienpo del Gran Capitán, y tuuo dineros más que no quiso, y vesla allí asentada demandando limosna a los que passan.

HERGETO: ¿Aquella es? Temor me pone a mí, quanto más a las que ansí biuen. Y mirá, señora Loçana, como dizen en latín: *"non praeposuerunt Deum ante conspectum suum"*, que quiere dezir que no pusieron a Dios las tales delante a sus ojos. Y nótelo vuestra merçed esto.

LOÇANA: Sí haré. Entremos presto, que tengo que hazer. ¿Aquí posáys, casa dessa puta vieja lengua d'oca?

HERGETO: Doña Ynés, zagala como espada del Cornadillo.

LOÇANA: ¡Esta sacó de pila a la donzella Teodor!

MAMOTRETO L. Cómo la Loçana va a uer este gentil ombre, y dize subiendo

<LOÇANA>: Más sabe quien muncho anda que quien muncho biue, porque

quien muncho biue cada día oye cosas nueuas, y quien muncho anda vee lo que ha de oýr. ¿Es aquí la estançia?

HERGETO: Señora, sí. Entrá en aquella cámara, que está mi amo en el lecho.

LOÇANA: Señor mío, no conoçiendo's quise venir por ver gente de mi tierra.

TRUGILLO: Señora Loçana, vuestra merçed me perdone, que yo auía de yr a omillarme delante de vuestra real persona, y la pasión corporal es tanta que puedo dezir que es ynterlineal. Y por esto me atreuí a suplicalla me visitase malo, porque yo la visite a ella quando sea bueno, y con su visitaçión sane. ¡Va tú! Conpra confites para esta señora.

LOÇANA: (Nunca en tal me vi, mas veré en qué paran estas longuerías castellanas).

TRUGILLO: Señora, alléguese acá y contalle he mi mal.

LOÇANA: Diga, señor, y en lo que dixere veré su mal, avnque deue ser luengo.

TRUGILLO: Señora, más es ancho que luengo. Yo, señora, oý dezir que vuestra casa hera aduana y, para despachar mi mercadançía, quiero ponella en vuestras manos para que entre essas señoras, vuestras contenporáneas, me hagáys conoçer para desenpachar y hazer mis hechos. Y como yo, señora, no estó bueno munchos días ha, auéys de saber que tengo lo mío tamaño y, después que venistes, se me ha alargado dos o tres dedos.

LOÇANA: ¡En boca de vn perro! Señor, si el mal que vos tenéys es natural, no ay ensalme para él; mas si es açidental, ya se remediará.

TRUGILLO: Señora, querría aduanallo por no perdello. Meté la mano y veréys si ay remedio.

LOÇANA: ¡Ay, triste! ¿De verdad tenéys esto malo? ¡Y cómo está valiente!

TRUGILLO: Señora, yo he oýdo que tenéys vos muy lindo lo vuestro y quiérolo ver por sanar.

LOÇANA: ¡Mis pecados me metieron aquí! Señor, si con uello entendéys sanar, veyslo aquí. Mas a mí porque vine, y a vos por cuerdo, nos auían d'escobar.

TRUGILLO: Señora, no ay que escobetear, que mi huéspeda escobeteó esta mañana mi ropa. Lléguese vuestra merçed acá, que se vean bien, porque el mío es tuerto y se despereza.

LOÇANA: Bien se ven si quieren.

TRUGILLO: Señora, bésense.

LOÇANA: Basta auerse visto.

TRUGILLO: Señora, los tocos y el tacto es el que sana, que así lo dixo santa Nefixa, la que murió de amor suaue.

Mamotreto LI. Cómo se fue la Loçana corrida, y decía muy enojada[230]

<LOÇANA>: Esta venida a uer este guillote me porná escarmiento para quanto biuiere. Nunca más perro a molino, porque hera más el miedo que tenía que no el gozo que huue, que no ossaua ni sabía a qué parte me echase. Este fue el mayor aprieto que en mi vida pasé; no querría que se supiese por mi honrra. ¡Y dizen[231] que vienen d'España muy grosseros! ¡A la fe, este más supo que yo! Es trugillano. Por esso dizen: "perusino en Ytalia y trugillano en España, a todas naçiones engaña". Este majadero ha quesido descargar en mí por no pagar pontaje, y veréys que a todas hará desta manera y a ninguna pagará. Yo callaré por amor del tienpo. ¡La vejez de la pimienta le venga! Engañó a la Loçana, como que fuera yo santa Nefixa, que daua a todos de caualgar en limosna. ¡Pues no lo supiera ansí hordir Hernán Çenteno! Si yo esto no lo platicase con alguno, no sería ni valdría nada si no lo çelebrásemos al dios de la risa, porque yo sola me sonrrío toda de cómo me tomó a manos. Y mirá que si yo entendiera a su criado, bien claro me lo dixo, que bien mirado, ¿qué me podía a mí dar vno que es estado en la posada del señor don Diego sino fruta de ospital pobre? En fin, la codiçia ronpe el saco. Otro día no me engañaré, aunque bien me supo. Mas quisiera comer semejante bocado en plazer y en gasajo. Pedro de Hurdemalas no supiera mejor enredar como á hecho este vellacazo desflorador de coños. Las paredes[232] me metió adentro. Ansí me vea yo gran señora, que pensé que tenía mal en lo suyo, y dixe: "aquí mi ducadillo no me puede faltar". Y él pensaua en otro. No me curo, que en ál va el engaño, pues me quedan las paredes enhiestas. Quiero pensar qué diré a mi criado para que mire por él, mas no lo vi vestido. ¿Qué señas daré dél, saluo que a él le sobra en la cara lo que a mí me falta?

RANPÍN: Caminá, que es venida madona Diuiçia, que viene de la feria de Requenate y trae tantos cuchillos que es vna cosa de uer.

LOÇANA: ¿Qué los quiere hazer?

RANPÍN: Dize que gratis se los dieron y gratis los quiere dar.

LOÇANA: ¿Veys aquí? Lo que con vnos se pierde con otros se gaña.

Mamotreto LII. Cómo la Loçana encontró, antes que entrase en su casa, con vn vagamundo llamado Sagüeso, el qual tenía por offiçio jugar y caualgar de balde, y dize

SAGÜESSO: Si como yo tengo a Çelidonia, la del vulgo, de mi mano, tuviesse a esta traydora colmena de putas, yo sería duque del todo. Mas aquel azemilón de su criado es causa que pierda yo y otros tales el susidio desta

---

[230] Orig. *enojado*. Debe ser femenino, pues concuerda con *Loçana*.
[231] Orig. *dizeu*.
[232] Orig. *paredas*.

alcatara de putas y alcanzía de bouas y alanbique de cortesanas. Juro a Dios que la tengo de hazer dar a los leones, que quiero dezir que Çelidonia sabe más que no ella y es más rica y vale más, aunque no es maestra de enxanbres.

LOÇANA: ¿Dónde ys vos por aquí? ¿Ay algo que malsinar o que baratar? Ya es muerto el duque Valentín, que mantenía los haraganes y vagabundos.

SAGÜESSO: Señora Loçana, sienpre lo touistes de dezir lo que queréys. Es porque demostráys el amor que tenéys a los vuestros seruidores, máxime a quien os desea seruir hasta la muerte. Vengo que me arrastran estas çejas.

LOÇANA: Agora te creo menos. Yo deseo ver dos cosas en Roma antes que muera, y la vna es que los amigos fuesen amigos en la prosperidad y en la aduersidad, y la otra, que la caridad sea exerçitada y no offiçiada, porque, como veis, va en officio y no en exerçiçio y nunca se ve sino escrita o pintada o por oýdas.

SAGÜESSO: En esso y en todo tenéys razón, mas ya me pareçe que la señora Çelidonia os sobrepuja casi en el todo porque en el vulgo no ay casa tan frequentada como la suya y está rica que no sabe lo que tiene, que ayer solamente, porque hizo vender vn sueño a vno, le dieron de corretaje quatro ducados.

LOÇANA: ¿Sabes con qué me consuelo? Con lo que dixo Ranpín, mi criado: que en dinero y en riquezas me pueden lleuar, mas no en linage ni en sangre.

SAGÜESSO: Boto a mí que tenéys razón, mas para saber lo çierto será menester sangrar a todas dos, para ver quál es mejor sangre. Pero vna cosa veo: que tiene gran fama, que dizen que no es naçida ni naçerá quien se le pueda conparar a la Çelidonia, porque Celestina la sacó de pila.

LOÇANA: Deso me querría yo reýr, de la puta cariacochillada en la cuna que no me fuesse a mí tributaria. ¡La puta vieja otogenaria! Será menester hazer con ella como hizieron los romanos con el pópulo de Herusalén.

SAGÜESSO: ¿Qué, por vuestra vida, señora Loçana?

LOÇANA: Quando los romanos vençieron y señorearon[233] toda la tierra de Leuante, ordenaron que, en señal de tributo, les enbiasen doze hijos primogénitos, los quales, viniendo muy adornados de joyas y vestidos, trayán sus vanderas en las manos y por armas vn letrero que dezía en latín: "*Quis mayor unquam Israel?*", y ansí lo cantauan los niños hierosolimitanos. Los romanos, como sintieron la canción, hizieron salir sus niños vestidos a la antigua y con las vanderas del Senado en las manos y como los romanos no tenían sino vna ✝ blanca en canpo[234] roxo, que Constantino les dio por armas, hazen poner debaxo de la ✝ vna S y vna P que y vna R, de manera que, como ellos dezían "¿Quién fue jamás mayor que el pueblo ysraelítico?", estotros les repondieron con sus armas diziendo "*Senatus Populusque Romanus*". Ansí que, como vos dezís, que

---

[233] Orig. *señorearan*.
[234] Orig. *cnapo*.

quién se halla mayor que la Çelidonia, yo digo: "Loçana y Ranpín en Roma".

SAGÜESSO: ¡Por vida del gran maestro de Rodas, que me conbidéys a comer sólo por entrar debaxo de vuestra vandera!

LOÇANA: ¿Por qué no? Entrá en vuestra casa y mía y de todos los buenos, que más ventura tenéys que seso. Pero entrá cantando: "¿Quién mayor que la Çelidonia? Loçana y Ranpín en Roma".

SAGÜESSO: Soy contento, y avn baylar como osso en colmenar, alojado a discriçión.

LOÇANA: Calla, loco, caxcos de agua, qu'está arriba[235] madona Diuiçia y alojarás tu cauallo.

SAGÜESSO: Beso las manos de sus alfardillas que, voto a Dios, que os arrastra la caridad como gramalla de luto.

LOÇANA: Y a ti la ventura, que naçiste de pies.

SAGÜESSO: ¡Boto a mí, que naçí con lo mío delante!

LOÇANA: Bien se te pareçe en esse remolino. Çierra la puerta y sube pasico y ten discreçión.

SAGÜESSO: Así goze yo de vos, que esta mañana me la hollé, que me sobra y se me cae a pedaços.

Mamotreto LIII. Lo que passan entre todos tres, y dize la Loçana a Diuiçia

LOÇANA: ¡Ay, cómo vienes fresca, puta! ¿Aste dado solaçio y buen tienpo por allá? ¿Y los dientes de plata? ¿Qué son dellos?

DIUIÇIA: Aquí los traygo en la bolsa, que me hizieron estos de hueso de çieruo y son mejores, que como con ellos.

LOÇANA: ¡Por la luz de Dios, que se te pareçe la feria! ¿Chamelotes son essos v qué?

DIUIÇIA: Mira, hermana, más es el deseo que traygo de uerte que quanto gané. Siéntate y comamos, que por el camino coheché estas dos liebres. Dime, hermana, ¿quién es este que sube?

LOÇANA: Vn ombre de bien que comerá con nosotras.

SAGÜESSO: Esté norabuena esta galán conpañía.

LOÇANA: Mira, Sagüeso. ¡Qué pierna de puta y vieja!

DIUIÇIA: ¡Está queda, puta Loçana, que no lo conosco y quieres que me vea!

LOÇANA: ¡Mira qué onbligo! ¡Por el siglo de tu padre, que se lo beses! ¡Mira qué duro tiene el vientre!

SAGÜESSO: Como yerua de çien hojas.

LOÇANA: ¡Mira si son sesenta años estos!

DIUIÇIA: Por çierto que pasó, que quando vino el rei Carlo a Nápoles, que

---

[235] Orig. *arraba*.

comenzó el mal incurable el año de mill y quatro çiento y ochenta y ocho, vine yo a Ytalia, y agora estoy consumida del caualgar, que jamás tengo ya de salir de Roma sino para mi tierra.

LOÇANA: ¡Andá, puta refata! ¿Agora quieres yr a tu tierra a que te digan puta jubilada? Y no querrán que traygas mantillo, sino bernia. Gózate, puta, que agora viene lo mejor, y no seas tú como la otra que dizía después de quarenta[236] años que hauía estado a la mançebía: "Si de aquí salgo con mi honrra, nunca más al burdel, que ya estoy harta".

SAGÜESO: Agora está vuestra merçed en el adoleçençia, que es quando apuntan las baruas, que en vuestra puerizia otrie gozó de vos, y agora vos de nos.

DIUIÇIA: ¡Ay, señor, que tres enfermedades que tuue siendo niña me desmedraron! Porque en Medina ni en Burgos no hauía quien se me conparase. Pues en Çaragoça más ganaua yo que puta que fuese en aquel tienpo, que por exçelençia me lleuaron al Publique de Valençia, y allí conbatieron por mí quatro rufianes y fui libre. Y desde entonçes tomé reputaçión y, si huuiese guardado lo ganado, ternía más riquezas que Feliçiana.

SAGÜESSO: Harta riqueza tenéys, señora, en estar sana.

LOÇANA: ¡Yo quería saber quánto ha que no comí salmorejo mejor hecho!

SAGÜESSO: ¡De tal mano está hecho! ¡Y, por Dios, que no me querría morir hasta que comiesse de su mano vna capirotada o vna lebrada! Avnque en esta tierra no se toma sabor ni en el comer ni en el hodor[237], que en mi tierra es más dulçe que el cantar de la serena.

DIUIÇIA: Pues yo os conbido para mañana.

SAGÜESSO: Mi sueño ensuelto.

LOÇANA: ¿Quiéreslo vender?

SAGÜESSO: ¡No, boto a Dios!

LOÇANA: Guarda, que tengo buena mano, que el otro día vino aquí vn escobador de palaçio y dixo que soñó que era muerto vn canónigo de su tierra, y estaua allí vn soliçitador y hize yo que se lo conprase y que le dixese el nonbre del canónigo que soñó. Y fue el soliçitador y demandó este canonigado y diéronselo; y a cabo de quinze días vino el auiso al escobador y teníalo ya el otro y quedose con él y yo con vna caparela.

SAGÜESSO: Dexame beuer y después hablaremos.

LOÇANA: Siéntate para beuer, que te tenblarán las manos.

SAGÜESSO: ¿Y deso viene el tenblar de las manos? No lo sabía. Y quando tienbla la cabeça, ¿de qué viene?

LOÇANA: Esso viene de hazer aquella cosa en pie.

---

[236] Orig. *queranta*.
[237] La forma *hodor* no está recogida en ningún diccionario del NTLLE; sin embargo, la variante *odor* sí que aparece en numerosos diccionarios bilingües de los siglos XVII y XVIII, así como en diccionarios monolingües del XIX, con la marca *ant*.

SAGÜESSO: ¡Oh, pesse a tal! ¿Y si no puede auello el ombre de otra manera?
LOÇANA: Dime, Sagüeso: ¿por qué no estás con vn amo, que te haría bien?
SAGÜESSO: ¿Qué mejor amo que tenellos a todos por señores, y a uos y a las putas por amas que me den leche, y yo a ellas suero? Yo, señora Loçana, soy gallego y criado en Mogollón, y quiero que me siruan a mí y no seruir a quien, quando esté enfermo, me enbíe al hospital. Que yo me sé yr sin que me enbíen. Yo tengo en Roma sesenta canauarios por amigos, que es reuolución por dos meses.
LOÇANA: Mira cómo se te durmió Diuiçia ençima de la pierna.
SAGÜESSO: Mirá la mano dó la tiene.
LOÇANA: Fuésele aý. Es señal que te quiere bien. Tómala tú y lléuala a essotra cámara y échala sobre el lecho, que su vsança es dormir sobre el pasto. Espera, te ayudaré yo, que pesa.
SAGÜESSO: ¡O, pese a mí! ¿Y pensáys que no me la lleuaré espetada, por más pesada que sea? Quanto más que estoy tan vsado que se me antoja que no pesa nada. ¿Cómo haré, señora Loçana, que me duermo todo? ¿Queréys que me entre en vuestra cámara?
LOÇANA: Échate cab'ella, que no se espantará.
SAGÜESSO: Mirá que me llaméys, porque tengo de yr a nadar, que tengo apostado que paso dos vezes el río sin descansar.
LOÇANA: Mira no te ahogues, qu'este Tíber es carniçero como Tormes, y paréçeme que tiene este más razón que no el otro.
SAGÜESSO: ¿Por qué este más que los otros?
LOÇANA: As de saber que esta agua que viene por aquí hera partida en munchas partes y el enperador Tenperio quiso juntarla y que viniese toda junta, y por más exçelençia quiso hazer que jamás no se perdiese ni faltase tan exçelente agua a tan manífica çibdad, y hizo hazer vn canal de piedras y plomo debaxo, a modo d'artessa, y hizo que de milla a milla pusiesen vna piedra, escrita de letras de oro su nonbre, Tenperio. Y andauan dos mill ombres en la lauor cada día. Y como los arquimaestros fueron a la fin, que llegauan a Hostia Tiberina, antes que acabasen, vinieron, que querían ser pagados. El enperador mandó que trauajasen fin a entrar en la mar; ellos no querían porque, si acabauan, dubitauan lo que les vino, y demandaron que les diese su hijo primogénito, llamado Tiberio, de hedad de diez y ocho años, porque de otra manera no les pareçía estar seguros. El enperador se lo dio y por otra parte mandó soltar las aguas, y ansí el agua con su ýnpetu los ahogó a maestros y laborantes y al hijo, y por esto dizen que es y tiene razón de ser carniçero Tíber, a Tiberio. Por esso, guárdate de nadar, no pagues la manifatura.
SAGÜESSO: Esso que está escrito no creo que lo leyese ningund poeta sino vos, que sabéys lo que está en las honduras, y Lebrixa, lo que está en las

alturas, exçeto lo que estaua escrito en la fuerte Peña de Martos, y no alcançó a saber el nonbre de la çibdad que fue allí edificada por Hércules, sacrificando al dios Marte, y de allí le quedó el nonbre Martos, a Marte fortíssimo. Es esta peña hecha como vn hueuo, que ni tine prinçipio ni fin; tiene medio, como el planeta, que se le atribuye estar en medio del cielo y señorear la tierra, como al presente, que no reyna otro planeta en la Ytalia. Mas vos que sabéys, dezime: ¿qué ay debaxo de aquella peña tan fuerte?

LOÇANA: En torno della te diré que no ay cosa mala de quantas Dios crió sobre la tierra, porque en todas las otras tierras ay en partes lo que allí ay junto, como podrás ver si vas allá, que es buena tierra para forasteros, como Roma.

SAGÜESSO: Todo me duermo, perdoname.

LOÇANA: Guarda, no retoçes essa rapazeja.

SAGÜESSO: ¡Cómo duerme su antigüedad!

LOÇANA: Quiero entender en hazer aguas y olios, porque mañana no me darán hado ni vado que se casen ocho putas, y madona Septuaginta querrá que yo no me parta d'ella para dezille lo que tiene de hazer. Ya es tarde. Quiero llamar aquel caxcafrenos, porque, como dizen, "al bueno porque te honrre y a este tal porque no me deshonrre", que es vn atreguado y se sale con todo quanto haze. Ya me pareçe que los siento hablar.

DIUIÇIA: ¡Ay, Sagüeso! ¿Qué me as hecho, que dormía?

SAGÜESO: De la çintura arriba dormíades, que estáuades quieta.

DIUIÇIA: La vssança es cassi ley: soy vsada a mouer las partes ynferiores en sintiendo vna pulga.

SAGÜESSO: ¡O, pesse al verdugo! ¿Y arcando con las nalgas oxeáys las pulgas?

DIUIÇIA: Si lo que me heziste durmiendo me quieres reiterar yo te daré vn par de cuchillos que en tu vida los viste tan lindos.

SAGÜESSO: Sé que no ssó d'azero. Mostrá los cuchillos.

DIUIÇIA: Veslos aquí, y si tú quieres, en tanto que no tienes amo, ven, que yo te haré triunfar. Y mira por mí y yo por lo que tú has menester.

SAGÜESSO: ¿Os contento donde os llego? No será ombre que ansí os dé en lo biuo como yo. Quedá norabuena. ¡Señora Loçana! ¿Mandáys en qué os sirua?

LOÇANA: Que no nos oluidéys.

DIUIÇIA: No hará, que yo le haré venir avnque esté en cabo del mundo.

LOÇANA: Siéntate, puta hechizera, que más verná por comer que por todos tus encantes.

MAMOTRETO LIV. Cómo platicaron la Loçana y Diuiçia de munchas cosas

LOÇANA: ¡Oo, Diuiçia! ¿Oýste nunca dezir "entre col y col, lechuga"? ¿Sabes qué quiere dezir? Afanar y guardar para la vejez, que más vale dexar en la muerte a los enemigos, que no demandar en la vida a los amigos.

DIUIÇIA: ¿Qué quieres dezir?

LOÇANA: Quiero dezir que vn hortolano ponía en vna haça coles y las coles ocupauan todo el canpo. Y vino su muger y dixo: "Marido, entre col y col, lechuga, y ansí este canpo nos frutará lo que dos canpos nos hauían de frutar". Quiero dezir que vos no deys lo que tenéys, que si vno no's paga, que os hagáys pagar de otro doblado, para que el vno frute lo que el otro goza. ¿Qué pensáys vos que á de hazer aquel naziado de aquellos cuchillos? Jugallos ha, y ansí los perderéys.

DIUIÇIA: No perderé, que en los mismos cuchillos van dichos[238] tales palabras que él tornará.

LOÇANA: ¡Ándate aý, puta de Tesalia, con tus palabras y hechizos! Que más sé yo que no tú ni quantas naçieron, porque he visto moras, judías, zíngaras, griegas y çeçilianas, que estas son las que más se perdieron en estas cosas, y vi yo hazer munchas cosas de palabras y hechizos, y nunca ui cosa ninguna salir verdad, sino todo mentiras fingidas. Y yo he quesido saber y ver y prouar, como Apuleyo, y en fin hallé que todo hera vanidad y cogí poco fruto, y ansí hazen todas las que se pierden en semejantes fantasías. Dezime, ¿por qué pensáys que las palabras vuestras tienen efeto, y lléuaselas el viento? Dezime, ¿para qué son las plumas de las aues sino para bolar? Quitaldas y ponéoslas vos, veamos si bolaréys. Y ansí las palabras dichas de la boca de vna ostinada vieja antigualla como vos. Dezime, ¿no dezís que os acontesçió ganar en vna noche çiento y diez y ocho quartos abrochados? ¿Por qué no les dixistes essas palabras para que tornasen a vos sin ganallos otra vez?

DIUIÇIA: ¿Y vos los pelos de las çejas? Y dezís las palabras en algarauía, y el plomo con el çerco en tierra, y el orinal y la clara del hueuo, y days el coraçón de la gallina con agujas y otras cosas semejantes.

LOÇANA: A las bouas se da a entender essas cosas, por comerme yo la gallina. Mas por esso vos no auéys visto que saliesse nada çierto, sino todo mentira, que si fuera verdad, más ganara que gallina. Mas si pega, pega.

DIUITIA: Quítame este pegote o xáquima, qu'el baruoquexo de la barua yo me lo quitaré.

LOÇANA: Pareçes borrica enfrenada.

DIUIÇIA: Acaba presto, puta, que me muero de sed.

LOÇANA: No beuas desa, qu'es del pozo.

DIUIÇIA: ¿Qué se me da?

LOÇANA: Porque todos los pozos de Roma están entredichos a efeto que no se beua el agua dellos.

DIUIÇIA: ¿Por qué?

LOÇANA: Hera muy dulce de beuer, y como venían los peregrinos y no podían

---

[238] Sin concordancia de género.

beuer del río, que sienpre viene turuia o suzia, demandauan por las casas agua, y por no sacalla no se la querían dar. Los pobres rogaron a Dios que el agua de los pozos no la pudiesen beuer y ansí se gastaron. Y es menester que se conpre el agua tiberina de los pobres, como veys, y tiene esta exçelençia, que ni tiene color, ni olor ni sabor, y quanto más estantiua o reposada está el agua deste río Tíber, tanto es mejor.

DIUIÇIA: ¿Como yo?

LOÇANA: No tanto, que hedería o mufaría como el trigo y el vino romanesco, que no es bueno sino vn año, que no se puede beuer el vino como passa setienbre y el pan como passa[239] agosto, porque no lo guarden de los pobres, y si lo guardan, ni ellos ni sus bestias lo pueden comer porque, si lo comen las gallinas, mueren.

DIUIÇIA: ¡Por tu vida y mía, que yo lo vi ogaño echar en el río y no sabía por qué!

LOÇANA: Porque lo guardaron para el diluuio, que auía de ser este año en que estamos de mill e quinientos y veynte y quatro, y no fue.

DIUIÇIA: Ermana, ¿qué quieres que meta en estas apretaduras, que hieruen en seco?

LOÇANA: Mete vn poco de agua, que la retama y la xara y los marrubios[240] y la piña si no nadan en el agua, no valen nada. No metas desa, qu'es de río y alarga. Mete de pozo, que aprieta, y saca vn poco y prouá si os aprieta a uos; aunque tenéys seys texaredecas, que ya no's auía de seruir esse vuestro sino de mear.

DIUIÇIA: ¡Calla, puta de *quis vel qui!*

LOÇANA: ¡Y tú puta de tres quadragenas menos vna!

DIUIÇIA: ¡Calla, puta de candoque, que no vales nada para venderme ni para ser rufiana!

LOÇANA: ¡A tal puta tal rufiana! ¿Ves? Viene Apariçio, tu padrino.

DIUIÇIA: Qual Valderas el malsín, es de nuestra cofradía.

LOÇANA: ¿Cofradía tenés las putas?

DIUIÇIA: ¿Y agora sabes tú que la cofradía de las putas es la más noble cofradía que sea porque ay de todos los linages buenos que ay en el mundo?

LOÇANA: Y tú heres la priosta. Va, que te llama. Y dexa subir aquella otra puta vieja rufiana sarracina con su batirrabo, que por apretaduras verná.

DIUIÇIA: Subí, madre, que arriba está la señora Loçana.

LOÇANA: Vení acá, madona Doméstica, ¿qué buscáys?

DOMÉSTICA: Hija mía, aués de saber que çerca de mi casa está vna pobre mochacha, y está virgen, la qual si pudiesse o supiéssedes qualque español ombre de bien que la quisiesse, qu'es hermosa, porque le diesse algún socorro para casalla.

---

[239] Orig. *possa*.
[240] Orig. *marruios*.

LOÇANA: ¡Vieja mala escanfarda! ¿Qué español ha de querer tan gran cargo de corronper vna virgen?

DOMÉSTICA. Esperá, que no es muncho virgen, que ya á uisto de los otros ombres; mas es tanto estrecha que pareçe del todo virgen.

LOÇANA: A tal persona podrías engañar con tus palabras antepensadas que te chinfarase a ti y a ella. ¡O hideputa! ¡Y a mí te venías, que só matrera? ¡Mirá qué çalagarda me traýa pensada! ¡Va con Dios, que tengo que hazer!

DIUITIA: ¿Qué quería aquella mala sauandija?

LOÇANA: ¡Tres bayoques de apretaduras, ansí la açoten! Conmigo quiere ganar, que la venderé yo por más vieja astuta que sea.

DIUIÇIA: A casa de la Çelidonia va.

LOÇANA: ¿Qué más Çelidonia o Celestina qu'ella? Si todas las Çelidonias o Celestinas que ay en Roma me diesen dos carlines al mes, como los médicos de Ferrara al Gonela, yo sería más rica que quantas mugeres ay en esta tierra.

DIUITIA: Dezime esso de Gonela.

LOÇANA: Demandó Gonela al duque que los médicos de su tierra le diesen dos carlines al año. El duque, como vido que no auía en toda la tierra arriba de diez, fue contento. El Gonela, ¿qué hizo? Atose vn paño al pie y otro al braço y fuesse por la tierra. Cada uno le dezía: "¿Qué tienes?" Y él les respondía: "Tengo hinchado esto". E luego le dezían: "Va, toma la tal yerua[241], y tal cosa, y póntela y sanarás". Después escreuía el nonbre de quantos le dezían el remedio y fuesse al duque y mostrole quántos médicos auía hallado en su tierra. Y el duque dezía: "¿As tú dicho la tal medizina a Gonela?" El otro respondía: "Señor, sí". "Pues pagá dos carlines, porque soys médico nueuo en Ferrara". Assí querría yo hazer por saber quántas Çelidonias ay en esta tierra.

DIUIÇIA: Yo's diré quántas conozco yo. Son treynta mill putanas y nueue mill rufianas sin vos. Contaldas. ¿Sabéys, Loçana, quánto me an apretado aquellas apretaduras? Hanme hecho lo mío como bolsico con çerraderos.

LOÇANA: ¿Pues qué si metieras de aquellas soruas secas dentro? No huuiera ombre que te lo abriera por más fuerça que tuuiera, avnque fuera miçer puntiagudo, y en medio arcudo y al cabo como el muslo.

DIUIÇIA: Yo querría, Loçana, que me rapases este pantano, que quiero salir a uer mis amigos.

LOÇANA: Espera que venga Ranpín, qu'él te lo raerá como frente de caluo. No viene ninguna puta, que deuen xabonar el vien de Francia. Dime, Diuiçia, ¿dónde començó o fue el prinçipio del mal françés?

DIUIÇIA: En Rapolo, vna villa de Génoua, y es puerto de mar, porque allí mataron los pobres de San Lázaro y dieron a saco los soldados del rei

---

[241] Orig. *yerna*.

Carlo christianíssimo de Françia aquella tierra y las casas de San Lázaro, y vno que vendió vn colchón por vn ducado, como se lo pusieron en la mano, le salió vna buua ansí redonda como el ducado, que por esso son redondas. Después aquel lo pegó a quantos tocó con aquella mano y luego yncontinente se sentían los dolores acerbíssimos y lunáticos, que yo me hallé allí y lo vi; que por esso se dize "el Señor te guarde de su ira", que es esta plaga, que el sexto ángel deramó sobre casi la meatad de la tierra.

LOÇANA: ¿Y las plagas?

DIUIÇIA: En Nápoles començaron, porque tanbién me hallé allí quando dizién que auían enfeçionado los vinos y las aguas. Los que las beuían luego se aplagauan, porque auían echado la sangre de los perros y de los leprosos en las çisternas y en las cubas. Y fueron tan comunes y tan ynuisibles, que nadie pudo pensar de adónde proçedién. Munchos murieron, y como allí se declaró y se pegó la gente que después vino de Spaña, llamáuanlo mal de Nápoles. Y este fue su prinçipio y este año de veynte y quatro son treynta e seys años que començó. Ya comiença ha aplacarse con el legño de las Yndias Oçidentales. Quando sean sesenta años que començó, alhora cessará.

MAMOTRETO LV. Cómo la Loçana vido venir vn jouen desbaruado, de diez y ocho años, llamado Coridón, y le dio este consejo como supo su enfermedad

LOÇANA: Mi alma, ¿dó bueno? Vos me pareçéys vn Absalón y Dios puso en vos la hermosura del gallo. Vení arriba, buey hermoso. ¿Qué auéys, mi señor Coridón? Dezímelo, que no ay en Roma quien os remedie mejor. ¿Qué me traés aquí? Para comigo no hera menester presente, pero porque yo's quiera más de lo que os quiero, vos, mi alma, ¿pensáys que, por venirme cargado, lo tengo de hazer mejor? Pues no soy desas, que más haré viendo's penado porque sé en qué cahen estas cosas, porque no solamente el amor es mal que atormenta a las criaturas raçionales mas a las bestias priua de sí mismas. Si no, veldo por essa gata, que ha tres días que no me dexa dormir, que ni come ni beue ni tiene reposo. ¿Qué me hará vn mochacho como vos, que os hierue la sangre, y más el amor que os tiene consumido? Dezime vos a mí dónde y cómo y quién, y yo veré cómo os tengo de socorrer. Y vos contándomelo aplacaréys y gozaréys del humo, como quien huele lo que otro guisa o assa.

CORIDÓN: Señora Loçana, yo me vine de mi tierra, qu'es Mantua, por esta causa: el primero día de mayo, al ora quando Joue el carro de Phetonte intorno giraua, yo venía en vn cauallo bianco y vestido de seda verde. Hauía cogido munchas flores y rosas y traýalas en la cabeça sin bonete, como vna guirnalda, que quien me veýa se namoraua. Vi a vna ventana de vn jardín vna hija de vn çibdadano. Ella de mí y yo della nos enamoramos, mediante Cupido, que con sus saetas nos vnió haziendo de dos ánimos vn solo coraçón. Mi padre, sabiendo la causa de mi pena, y siendo par del padre de aquella hermosa donzella Polidora, demandola por nuera. Su parentado y el mío fueron contentos, mas la miseria vana estoruó nuestro honrrado matrimonio, que vn desgraciado viejo, vano de ingenio y rico de thesoro, se casó con ella descontenta. Yo, por no verme delante mi mal, y por escusar a ella infeliçe pena y tristiçia, me partí por mejor. Y al presente es venido aquí vn espión que me dize qu'el viejo va en officio de senador a otra çibdad. Querría que vuestra señoría me remediasse con su consejo.

LOÇANA: Amor mío, Coridón dulçe, réçipe el remedio: va, conpra vna veste de villana que sea blanca y vnas mangas verdes, y vayte descalço y suzio y loqueando, que todos te llamarán loca, y di que te llaman Jaqueta, que vas por el mundo reprehendiendo las cosas mal hechas, y haz a todos seruicios y no tomes premio ninguno sino pan para comer. Y va munchas vezes por la calle della, y coge serojas, y si su marido te mandare algo, hazlo, y viendo él que tú no tomas ni quieres salario, saluo pan, ansí te dexará en casa para fregar y çerner y xabonar. Y quando él sea partido, linpia la casa alto y baxo y haz que seas llamada y rogada de quantas amas terná en casa, por bien seruir y a todas agradar con gentil manera. Y si te vieres solo con essa tu amante Polidora, haz vista que sienpre lloras y, si te demandare por qué, dile: "Porque jamás mi naçión fue villana. Sabé que soy gentildona breçiana y me vi que podía estar par a par con Diana y con qualquier otra dama que en el mundo fuesse estada". Ella te replicará que tú le digas: "¿Por qué vas ansí, mi cara Jaqueta?". Tú le dirás: "Cara madona, voy por el mundo reprochando las cosas mal hechas. Sabed que mi padre me casó con vn viejo como vuestro marido, caluo, floxo como niño, y no me dio a un jouen que me demandaua siendo donzella, el qual se fue desperado, que yo voy por el mundo a buscallo". Si ella te quiere bien, luego lo uerás en su hablar. Y si te cuenta a ti lo mismo, dile cómo otro día te partes a buscallo. Si ella te ruega que quedes, haz que seas rogada por sus amas que su marido le dexó, y assí, quando tú vieres la tuya y siendo seguro de las otras, podrás gozar de quien tanto amas y deseas penando.

CORIDÓN: ¡O, señora Loçana! Yo's ruego que toméys todos mis vestidos, que sean vuestros, que yo soy contento con este tan remediable consejo que me auéys dado. Y suplico's que me esperéys a esta ventana, que verné por aquí y veréys a la vuestra Jaqueta cómo va loqueando a sus bodas. Y reprehenderé muncho más de lo que vos auéys dicho.

LOÇANA: ¿Y a mí, qué me reprehenderás?

CORIDÓN: A vos no siento qué, saluo diré que biuís *arte et ingenio*.

LOÇANA: Coridón, mira que quiere vn loco ser sabio. Que quanto dixeres e hizieres sea sin seso y bien pensado porque, a mi ver, más seso quiere vn loco que no tres cuerdos, porque los locos son los que dizen las verdades.

Di poco y verdadero y acaba riendo y suelta sienpre vna ventosidad, y si soltares dos, serán sanidad, y si tres, assinidad. ¿Y qué más me dirás? ¿Çelestial sin tartamudear?

CORIDÓN: Çe-les-tinal.

LOÇANA: ¡Ay, amarga, muncho tartamudeas! Di alcatara.

CORIDÓN: Al-ca-go-ta-ra.

LOÇANA: ¡Ay, amarga! ¡No ansí! ¡Y tanto çeçeas! ¡Lengua d'estropajo tienes! Entendamos en lo que dirás a tu amiga quando esté sola, y dilo en ytaliano, que te entienda: "Eco, madona, el tuo caro amatore. Se tu voy que yo mora só contento. Eco coluy que con perfeta fede, con lachryme, pene y estenti te á senpre amato e tenuta esculpita in suo core. Yo son Coridone, tuo primo seruitore. ¡O, mi cara Polidora, fame el corpo feliçe y seró senpre tua Jaqueta, dicta Beatrice!". Y assí podrás hazer tu voluntad.

CORIDÓN: Mirá si lo que os digo a vos está bien.

LOÇANA: No, porque tú no piensas la maliçia que otrie entenderá. Haz locuras y calla, no me digas nada que tienes trastrauada la lengua, que muncho estropajo comiste, pues no puedes dezir en español arrofaldrada, alcatara, çelestial.

CORIDÓN: A-rro-fi-a-na-da, al-ca-go-ta-ra, çe-les-ti-nal.

LOÇANA: Calla, que por dezirme taymada me dixiste tabaquinara, y por dezirme canestro me dizes cabestro. Y no me curo, que no se entiende en español qué quiere dezir. Mas, por la luz de Dios, que si otro me lo dixera y Ranpín lo supiesse, que poco tenemos que perder, y soy conoçida en todo Leuante y Poniente, y tan buen quatrín de pan nos hazen allá como acá. Coridón, esto podrás dezir, que es cosa que se ve claro: "¡Vittoria, vittoria, el enperador y rei de las Españas aurá gran gloria!".

CORIDÓN: No quería ofender a nadie.

LOÇANA: No se ofende porque, como ves, Dios y la fortuna les es fauorable. Antiguo dicho es "Teme a Dios y honrra tu rey". Mira qué prenóstico tan claro, que ya no se husan vestes ni escarpes franceses, que todo se vsa a la española.

CORIDÓN: ¿Qué podría dezir como ignorante?

LOÇANA: Di que sanarás el mal francés y te judicarán por loco del todo, que esta es la major locura que vno puede dezir, saluo qu'el legño salutífero.

MAMOTRETO LVI[242]. Cómo la Loçana estaua a su ventana y dos galanes vieron salir dos mugeres y les demandaron qué era lo que negoçiauan

<OUIDIO>: ¡Mirámela quál está atalayando putas! ¡Mirá el alfaquí de su foxco marido que conpra grullos! Ella pareçe que escandaliza truenos. Ya no se desgarra como solía, que pareçía trasegadora de putas en bodegas

---
[242] Orig. *LV*.

comunes. Estemos a uer qué quieren aquellas que llaman, que ella de todo sabe tanto que rebienta, como *Petrus in cunctis*, y tiene del natural y del positiuo y es vniuersal *in agibilib<us>*.

GALÁN: ¿No veys su criado negociando[243], que pareçe en forro de almiherez? Librea trae fantástiga. Pareçe almorafán en çinto de cuero.

OUIDIO: Callá, que no pareçe sino cayrel de puta pobre, que es de seda, avnque gorda. Ya sale vna muger. ¿Cómo haremos para saber qué negoçió?

GALÁN: Vamos y dexámela ynterrogar a mí. Madona, ¿soys española?

PRUDENÇIA: Fillolo, no. Mas senpre o voluto ben a spañoli. Questa española me ha posto olio de ruda para la sordera.

GALÁN: Madona, ¿cómo os demandáys?

PRUDENÇIA: Fillolo, me demando Prudença.

GALÁN: Madona Prudençia, andá en buen ora.

OUIDIO: ¿Qué os pareçe si la señora Loçana adorna esta tierra? En España no fuera ni valiera nada. Veys. Sale la otra con vn mochacho en braços. Por allá ua. Salgamos a essotra calle.

GALÁN: ¡A vos, señora! ¿Soys española?

CRISTINA: Señor, sí, de Çeçilia, a vuestro comando.

OUIDIO: Queríamos saber quién queda con la señora Loçana.

CRISTINA: Señor, su marido, o criado pretérito o amigo secreto o esposo futuro, porque mejor me entendáys. Yo soy yda a su casa no a far mal, sino bien, que vna mi vezina, cuya es esta criatura, me rogó que yo veniese a pedille de merçed que santiguase este su hijo, que está aojado, y ella lo hizo por su virtud. Y no quería tomar vnos hueuos y vnas granadas que le traxe.

GALÁN: Dezinos, señora, que uos bien hauréys notado las palabras que dixo.

CRISTINA: Señor, yo's diré. Dixo: "Si te dio en la cabeça, válate santa Elena. Si te dio en los hombros, válante los apóstoles todos. Si te dio en el coraçón, válgate el Saluador". Y mandome que lo sahumase con romero y ansí lo haré por contentar a su madre y por dalle ganançia a la Loçana, que en esta quemadura me ha puesto leche de narizes.

GALÁN: Mas no de las suyas.

CRISTINA: Y vuestras merçedes queden con Dios.

OUIDIO: Señora Cristina, somos a vuestro seruiçio. Yd con la paz de Dios.

GALÁN: Quien no se arriesga no gana nada. Son venidas a Roma mill españolas que saben hazer de sus manos marauillas y no tienen vn pan que comer; y esta plemática de putas y arançel de comunidades, que, boto a Dios que no sabe hilar, y nunca la vi coser de dos puntos arriba, su moço friega y barre, a todos da que hazer y nunca entiende sino "¿Qué guisaremos? ¿Qué será bueno para comer? La tal cosa yo la sé hazer. Y el tal manjar cónprelo vuestra merçed, que es bueno. Y daca espeçia, açúcar. Trae canela, miel,

---

[243] Orig. *negociado*.

manteca. Ve por hueuos. Trae tuétanos de vaca, açafrán. Y mira si venden culantro verde…". ¡No çesa jamás! ¡Y todo de bolsa agena!

OUIDIO: ¡O, pese al turcho! Pues veys que no sienbra y coge, no tiene ganado y tiene quesos, que aquella vieja se los traxo, y la otra, granadas, sin tener huerto, y hueuos sin tener gallinas, y otras munchas cosas, que su audaçia y su no tener la hazen afortunada.

GALÁN: Es porque no tiene pleytos ni letigios que le turen de vna audençia a la otra, como nosotros, que no bastan las bibalías que damos a notarios y procuradores, que tanbién es menester el su soliçitar para nuestros negoçios acabar.

OUIDIO: Es alquiuio de putas y trae difiniçiones con sentençias, oxalá sin dilaçiones, y desta manera no batiendo[244] moneda la tiene, y huerta y pegujar, y roça sin roçar, como hazen munchos que, como no saben sino espender lo ganado de sus passados, quando se veen sin arte y sin pecunia, métense frayles por comer en común.

MAMOTRETO LVII. Cómo salió la Loçana con su canastillo debaxo, con diuersas cosas para su offiçio, y fue en casa de quatro cortesanas fauoridas y sacó de cada una, en partes, prouisión de quien más podía

LOÇANA: ¿Qvién son aquellos tres galanes que están allí? Cúbranse quanto quisieren, que de saber tengo si son pleyteantes. ¡Andá ya, por mi vida! ¿Para mí todas essas cosas? Descubrí, que lo sirua yo, que vn beso ganarés.

GALÁN: ¿Y yo, señora Loçana?

LOÇANA: Y vos, beso y abraçijo. ¿Qué cosa es esta? ¿Quién os dixo que yo hauía de yr a casa de la señora Xerezana? Ya sé que le distes anoche música de falutas[245] de açiprés[246], porque huelan, y no sea menester que ynteruenga yo a poner bemol. Hazé quanto quisiéredes, que a las manos me vernés.

OUIDIO: ¿Quándo?

LOÇANA: Luego vengan vuestras merçedes, quando yo sea entrada, que me tengo de salir presto, que es oy sábado y tengo de tornar a casa que, si vienen algunas putas orientales y no me hallan, se van enojadas y no las quiero perder, que no valgo nada sin ellas, y máxime agora que son pocas y locas.

GALÁN: Señora Loçana, dezí a la señora Xerezana que nos abra y terçiá vos lo que pudiéredes. Y veys aquí la turquina que me demandastes.

---

[244] Orig. *batiende*.
[245] No consideramos que sea una errata por *flautas*, ya que las metátesis consonánticas eran frecuentes en el Siglo de Oro. Pueden consultarse otros ejemplos en Medina Morales (2005: 174).
[246] La variante *aciprés* está documentada en el CORDE en los siglos XV, XVI y hasta principios del XVII. Corominas data su primera documentación h. 1300 y explica esta forma por etimología popular, pues se estableció una relación entre el árbol y un arcipreste (DCECH, s.v. *ciprés*).

LOÇANA: Pues miren vuestras merçedes que si fuere cosa que podéys entrar, yo porné este mi paño listado a la ventana, y entonçes llamá.

GALÁN: Sea ansí. ¡Alegre va la puta vieja encruzijada! ¡Boto a Dios, mejor cosa no hize en mi vida que dalle esta turquina! Que esta es la hora que me haze entrar en su graçia, cossa que no podía acabar con quanto he dado a sus moços y fantescas, que no me an aprouechado nada, tanto como hará agora la Loçana, que es la mejor acordante que nunca naçió. Y pareçe que no pone mano en ello. Vello hemos. Ya llama. Y la señora está a la ventana. Vámonos por acá, que bolueremos.

XEREZANA: ¡Ola, moços! ¡Abrí allí, que viene la Loçana y sus aderentes! Mirá, vosotros yd abaxo y hazelda rauiar, y dezí que es estada aquí vna jodía que me afeytó, y que agora se ua y que va en casa de la su fauorida, la Penpinela, si queremos ver lidia de toros. Y yo diré que, porque se tardó, pensé que no viniera.

CORILLÓN: ¿Quién es? ¡Passo, passo, que no somos sordos! Señora Loçana, ¿y vos soys? Vengáys norabuena. Y tan tarde, que la señora quiere yr fuera.

LOÇANA: ¿Y dó quiere yr su merçed? ¿No esperará hasta que la afeyte?

CORILLÓN: No lo digo por esso, que ya está afeytada, que vna jodía la afeitó. Y si antes veniérades la hallárades aquí, que agora se va a casa de la Pinpinela.

LOÇANA: ¡Mal año para ti y para ella, que no fuese más tu vida como dizes la verdad! La Pinpinela me tiene pagada por vn año. Mirá cómo se dexará afeitar de vna jodía. Mas si la señora se ha dexado tocar (y gastar, que no podía ser menos), por la luz de Dios, ella se arepentirá. Mas yo quiero ver esta afeitadura cómo está. Dime, ¿su merçed está sola?

CORILLÓN: Sí, que quiere yr en casa de monseñor, que ya está vestida de regaço y ua a pie.

ALTOBELO: Señora Loçana, sobí, que su merçed os demanda, que os quiere hablar antes que se parta.

LOÇANA: ¿Dónde está la señora? ¿En la anticámara o en la recámara?

ALTOBELO: Entrá allá a la loja, que allá está sola.

LOÇANA: Señora, ¿qué quiere dezir que vuestra merçed haze estas nouedades? ¿Cómo? ¿He yo seruido a vuestra merçed desde que venistes a Roma, y a vuestra madre hasta que murió, que hera ansí linda cortesana como en sus tienpos se uido, y por vna buelta que me tardo llamáys a quien más presto os gasten la cara, que no adornen como hago yo? Mas no me curo, que no son cosas que turan, que su fin se traen como cada cosa. Esta me porná sal en la mollera y a la jodía yo le daré su mereçer.

XEREZANA: Vení acá, Loçana, no's vays. Que essos vellacos os deuen hauer dicho qualque cosa por enojaros. ¿Quién me suele a mí afaitar sino vos? Dexá dezir, que, como auéys tardado vn poco, os dixeron esso. No's curéys, que yo me contento. ¿Queréys que nos salgamos allá, a la sala?

LOÇANA: Señora, sí, que traygo este paño listado mojado y lo meteré a la finestra.

XEREZANA: Pues sea ansí. ¿Qué es esto que traés aquí en esta garrafeta?

LOÇANA: Señora, es vn agua para lustrar la cara, que me la mandó hazer la señora Montesina, que cuesta más de tres ducados y yo no la quería hazer, y ella la pagó. Y me prometió vna carretada de leña y dos barriles de vino dulçe para esta ynuernada.

XEREZANA: ¿Tenés más que esta?

LOÇANA: Señora, no.

XEREZANA: Pues esta quiero yo. Y pagalda, veys aquí los dineros. Y enbiá por vna bota de vino y hazé dezir a los mulateros de monseñor que toda esta semana vayan a descargar a vuestra casa.

LOÇANA: ¡Ay, señora, que soy perdida! Que me prometió que si hera perfetta que me daría vn sayo para mi criado.

XEREZANA: Mirá, Loçana, sayo no tengo. Aquella capa de monseñor es buena para vuestro criado. Tomalda y andá norabuena. Y vení más presto otro día.

LOÇANA: Señora, no sé quién llama. Miren quién es, porque, quando yo salga, no entre alguno.

XEREZANA: Va, mirá quién es.

MONTOYA: Señora, los dos señores janíçeros.

XEREZANA: Di que no só en casa.

LOÇANA: Haga, señora, que entren y contarán a vuestra merçed cómo les fue en el conbite que hizo la Flaminia a quantos fueron con ella, que es cosa de oýr.

XEREZANA: ¿Qué podía ser, poco más o menos? Que bien sabemos sus cosas della.

LOÇANA: Mande vuestra merçed que entren, y oyrá marauillas.

XEREZANA: ¡Ora, sus! Por contentar a la Loçana, va. Ábrelos.

Mamotreto LVIII. Cómo va la Loçana en casa de la Garça Montesina y encuentra con dos rufianes napolitanos y lo que le dizen

<RUFIÁN>: ¡Pese al diablo con tanta justiçia como se haze de los que poco pueden, que vos mía auíades de ser para ganarme de comer! Mas como va el mundo al reués, no se osa el ombre alargar, sino quitaros el bonete y, con gran reuerençia, poneros sobre mi cabeça.

LOÇANA: Quitaos allá, hermanos. ¿Qué cosas son essas? Ya soy casada. No's cale burlar, que castigan a los locos.

RUFIÁN: Señora, perdoná, que razón tenéys. Mas en el bosque de Belitre os quisiera hazer vn conbite.

LOÇANA: Mirá si queréys algo de mí, que voy depriesa.

ROFIÁN: Señora, somos todos vuestros seruidores. Y máxime si nos days remedio a vn açidente que tenemos: que toda la noche no desarmamos.

LOÇANA: Cortados y puestos al pescueço por lómina, que essa es sobra de sanidad. A Puente Sisto t'é visto.

RUFIÁN: Aý os querría tener para mi seruiçio, por ganar la romana perdonança[247]. Dezinos, señora Loçana, ¿quién son agora las más altas y más grandes señoras entre todas las cortesanas? Y luego os yréys.

LOÇANA: ¡Mira qué pregunta tan neçia! Quien más puede y más gana.

ROFIÁN: Pues esso queremos saber, si es la Xerezana como más galana.

LOÇANA: Si miramos en galanerías y hermosura, essa y la Garça Montesina pujan a las otras. Mas dezime: de fauor o pompa, y fausto y riqueza, callen todas con madona Clarina, la fauorida, y con madona Auiñonesa, que es rica y poderosa. Y vosotros, ladrones, cortados tengáys los conpañones. Y quedaos aý.

RUFIÁN: ¡Válala el que lleua los pollos, y qué preçiosa que es! Allá ua, a casa de la Garça Montesina.

MONTESINA: Señora Loçana, sobí, que a vos espero. ¿Ya os passáuades? ¿No sabéys que oy es mío? ¿Dónde ývades?

LOÇANA: Señora, luego tornara, que yua a dar vna cosa aquí a vna mi amiga.

MONTESINA: ¿Qué cosa y a quién?, ¡por mi vida, si me queréys bien!

LOÇANA: No se puede saber. Asiéntese vuestra merçed más acá a la lunbre, que me da el sol en los ojos.

MONTESINA: ¡Por mi vida, Loçana, que no lleuéys de aquí el canestico si no me lo dezís!

LOÇANA: ¡Passo, señora! No me derrame lo que está dentro, que yo se lo diré.

MONTESINA: Pues dezímelo luego, que estó preñada. ¿Qué es esto que está aquí dentro en este botezico de cristal?

LOÇANA: Paso, señora, que no es cosa para vuestra merçed, que ya soys vos harto garrida.

MONTESINA: ¡Mirá, Loçana, catá que lo quebraré si no me lo dezís!

LOÇANA: ¡Pardiós, más niña es vuestra merçed que su ñetezica! Dexe estar lo que no es para ella.

MONTESINA: Agora lo verés. Sacaldo de mi cofre y séase vuestro.

LOÇANA: Sáquelo vuestra merçed, que quiero yr a lleuallo a su dueño, que es vn licor para la cara que quien se lo pone no enuejeçe jamás. Y madona Clarina, la fauorida, ha más de quatro meses que lo espera y agora se acabó de estilar y se lo quiero lleuar por no perder lo que me prometió por mi fatiga, que ayer me enbió dos ducados para que lo acabase más presto.

MONTESINA: ¡Y cómo, Loçana! ¿Soy yo menos, o puede pagallo ella mejor que

---

[247] Orig. *perdonăca*.

yo? ¿Quédaos algo en vuestra casa deste licor?

LOÇANA: Señora, no, que no se puede hazer si las culebras que se estilan no son del mes de mayo. Y soy perdida porque, como es tan fauorida, si sabe que di a otrie este licor hauiendo ella hecho traer las culebras çerbunas y gouernádolas de mayo acá, y más el caruón que me ha enbiado, y todo lo vendí quando estuue mala, que si lo tuuiera dixera que las culebras se me hauían huydo y como viera el caruón me creyera.

MONTESINA: Dexá hazer a mí, que yo sabré remediar a todo. Ven aquí, Gasparejo. Va, di a tu señor que luego me enbíe diez cargas de caruón muy bueno del saluático. Y mira, ue tú con el que lo truxere y hazlo descargar a la puerta de la Loçana. Esperá, Loçana, que otra paga será esta que no la suya. Veys aý seys ducados. Y llamá los moços que os lleuen estos quatro barriles o toneles a vuestra casa. Este es semulela y este de fideos ceçilianos, y este de alcaparras alexandrinas y este de almendras anbrosinas. Y tomá: veys aý dos cofines de pasas de Almuñécar, que me dio el prouisor de Guadix. Ven aquí, Margarita. Va, descuelga dos presutos y dos somadas; y de la guardarropa, dos quesos mallorquinos y dos parmesanos. Y, presto, vosotras, lleuáselos a su casa.

LOÇANA: Señora, ¿quién osará yr a mi casa? Que luego me matará mi criado, que le prometió ella misma vna capa.

MONTESINA: Capa no la ay en casa que se le pueda dar, mas mirá si le uerná bueno este sayo, que fue del protonotario.

LOÇANA: Señora, lléuemela el moço, porque no vaya yo cargada. No se me ensuelua el sueño en todo, que esta noche soñaua que caýa en manos de ladrones.

MONTESINA: Andá, no miréys en sueños que, quando veníades acá, os vi yo hablar con quatro.

LOÇANA: ¡Buen paraýso aya quien acá os dexó! Que, verdad es, esclaua soy a vuestra merçed, porque no basta ser hermosa y linda, mas quanto dize hermosea y adorna con su saber. ¡Quién[248] supiera oy hazerme callar y amansar mi deseo! Que tenía de ver qué me hauía de dar madona Clarina, la fauorida, por mi trabajo y fatiga, la qual vuestra merced ha satisfecho en parte y, como dizen, la buena voluntad con que vuestra merçed me lo ha dado vale más que lo muncho más que ella me diera. Y, sobre todo, sé yo que vuestra merçed no me será ingrata. Y bésole las manos, que es tarde. Mírese vuestra merçed al espejo y verá que no só pagada según lo que meresco.

---

[248] Orig. *quuien*.

Mamotreto LIX. Cómo la Loçana fue a casa de madona Clarina, fauorida, y encontró con dos médicos, y el vno hera çirúgico, y todos dos dizen

<FÍSICO Y CIRÚGICO>: Señora Loçana, ¿adónde se va? ¿Qué espeçiería es essa, que debaxo lleuáys? ¿Ay curas? ¿Ay curas? Danos parte.

LOÇANA: Señores míos, la parte por el todo y el todo por la parte, y yo que soy presta para sus seruiçios.

FÍSICO: Señora Loçana, auéys de saber que, si todos los médicos que al presente nos hallamos en Roma nos juntásemos de acuerdo, que deuíamos hazer lo que antiguamente hizieron nuestros anteçesores. En la vía de San Sebastián estauan vnas tres fosas llenas de agua, la qual agua hera natural y tenía esta virtud: que quantas personas tenían mal de la çintura abaxo yvan allí tres vezes vna semana y entrauan en aquellas fosas de pies, y estauan allí dos horas por buelta y ansí sanauan de qualquier mal que tuuiessen en las partes inferiores, de modo que los médicos de aquel tienpo no podién medicar sino de la çintura arriba. Visto esto, fueron todos y çegaron estos fosos o manantíos y hizieron que vn arroyo que yva por otra parte que pasasse por ençima porque no se hallassen. Y agora aquel arroyo tiene la misma virtud para los cauallos y mulas represas y, finalmente, a todas las bestias represas que allí meten sanan, como auéys visto si auéys pasado por allí. Esto digo que deuíamos hazer, pues que ni de la çintura arriba ni de la çintura abaxo no nos days parte.

CIRÚGICO: Señora Loçana, nosotros deuíamos hazer con vos como hizo aquel médico pobre que entró en Andújar, que, como vido y prouó los munchos y buenos ráuanos que allí nacen, se salió y se fue a otra tierra porque allí no podía él medicar, que los ráuanos defendían las enfermedades. Digo que me auéys lleuado de las manos más de seys personas que yo curaua que, como no les duelen las plagas con lo que vos les aués dicho, no vienen a nosotros, y nosotros, si no duelen las heridas, metemos con qué duelan y escuezgan porque vean que sabemos algo quando les quitamos aquel dolor. Ansí mismo a otros ponemos vngüento egipçiaco, que tiene vinagre.

LOÇANA: Como a cauallos, vngüento de albéitares.

MÉDICO: A los dientes no ay remedio sino pasallos[249] a çera, y vos mandáys que traygan maxcando el almástiga y que se los linpien con raýzes de maluas cochas en vino, y mandayslos lauar con agua fría, que no ay mejor cosa para ellos y para la cara y manos: lauar con fría y no callente. Mas si lo dizimos nosotros no tornarán los pacientes. Y assí, es menester que huyamos de vos porque no concuerda vuestra medicación con nuestra cúpida yntençión.

LOÇANA: Señores míos, ya veo que me queréys motejar. Mis melezinas son: si

---

[249] Orig. *pesallos.*

pega, pega. Y míroles a las manos como haze quien algo sabe. Señores, concluý que el médico y la medicina los sabios se siruen d'él y della, mas no ay tan asno médico como el que quiere sanar el griñimón, que Dios lo puso en su disposiçión. Si vuestras merçedes quieren vn poco de fauor con madona Clarina en pago de mi malefiçio, esperen aquí y haré a su señoría que hable a vuestras merçedes[250], que no será poco. Y si tiene que medicarse en su fuente, entrarán vuestras merçedes aunque sea de rodillas.

CIRÚGICO: Pues sea ansí, señora Loçana. Diga barua qué haga. No querría que más valiese mi capa de lo que esta gana. Ya es entrada. Esperemos y veremos la clareza que Dios puso en esta ytaliana, que dizen que, quando beue, se le pareçe el agua y se le pueden contar las venas. ¿Veyslas las dos? Hable vuestra merçed, que yo no sé qué le dezir.

MÉDICO: Madona Clarina, séale recomendada la señora Loçana.

CLARINA: Oý, da, me recomiendo. Dime, Loçana, ¿quién son aquellos?

LOÇANA: Señora, el vno es de Orgaz y el otro de Jamilena, que medicaua y hyua por leña y metía todas las orinas juntas por saber el mal de la comunidad. Señora, vamos a la loja.

CLARINA: Andemos. Dezime, ¿qué cosa ay aquí en aquesta escátula?

LOÇANA: Madona, vnos poluos para los dientes, que no se caygan jamás.

CLARINA: ¿Y esto?

LOÇANA: Para los ojos.

CLARINA: Dime, española, ¿es para mí?

LOÇANA: Madona, no, que es para madona Albina, la de Auiñón.

CLARINA: ¡Vaya a la horca! ¡Dámelo a mí!

LOÇANA: No lo hagáys, señora, que si vos supiésedes lo que a ella le cuesta, que dos cueros de olio se an gastado, que ella conpró que heran de más de çien años, por hazer esto poquito.

CLARINA: No te curar, Loçana, que non vollo que lei sea da tanto que habia questo, que yo te darò olio de duzenti ani que me donò a mí miçer yncornato mio, trouato sota terra. Dime, ¿ha ella casa ni viña como que ho yo?

LOÇANA: Sea desta manera: tomad vos vn poco y dadme a mí otro poco que le lleue, porque yo no pierda lo que me ha prometido, que la pólvora no se halla ansí a quien la quiere, que se haze en el paraýso terenal y me la dio a mí vn mi caro amante que yo tuue, que fue mi señor Diomedes, el segundo amor que yo tuue en este mundo, y a él se la dieron los turcos, que van y vienen cassi a la continua. Y piense vuestra señoría que tal pólvora como essa no me la quitaría yo de mí por dalla a otrie si no tuuiese gran nesçesidad, que no tengo pedaço de camisa ni de sáuanas, y sobre toda la

---

[250] Orig. *merçdes*.

nesçesidad que tengo de vn pauellón y de vn tornalecho, que si no fuesse esto que ella me prometió para quando se lo lleuasse, no sería yo osada a quitar de mí vna póluora tan exçelente, que si los dientes están bien apretados con ella no se caerán jamás.

CLARINA: Vení acá, Loçana. Abrí aquella caxa grande, tomá dos pieças de tela romanesca para vn pauellón. Va, abre aquel forçel e tomá dos pieças de tela de Lodi para hazer sáuanas y tomá hilo malfetano para coserlo todo. Va, abre el otro forçer y tomá dos pieças de cortinela para que hagáys camisas. Y tomá otra pieça de tela romanesca para hazer camisas a vuestro nueuo marido.

LOÇANA: Madona, mire vuestra señoría que yo de todo esto me contento, mas ¿cómo haremos, que el poltrón de mi preterido criado me descubrirá, porque ella misma le prometió vnas calças y vn jubón?

CLARINA: Bien va. Abre aquella otra caxa y tomá vn par de calças nueuas y vn jubón de raso, que hallarás quatro. Tomá el mejor y llamá la Esclauona que tome vn canestro y vaya con vos a lleuaros estas cosas a vuestra casa. Y yd presto porque aquel azemilero no's tome el olio, que se podría hazer bálsamo, tanto es bueno. Y guardá, española, que no des a nadie desto que me as dado a mí.

LOÇANA: Madona, no; mas haré desta manera: que pistaré el almáçiga, y la grana, y el alunbre, y se lo daré, y diré que sea essa misma. Y haré vn poco de olio de hauas y diré que se lo ponga con el colirio, que es apropiado para los ojos. Y ansí no sabrá que vuestra señoría tiene lo más perfeto.

CLARINA: Andá y hazé[251] ansí, por mi amor, y no de otro modo. Y recomendame a vuestro marido, miçer Ranpín.

MAMOTRETO LX. Cómo fue la Loçana en casa de la Ynperia Auiñonesa y cómo encontró con dos juristas letrados que ella conosçía, que se hauían hecho cursores o enplazadores

<LOÇANA>: Estos dos que vienen aquí, si estuuiesen[252] en sus tierras, serían alcaldes y aquí son mandatarios, solicitadores qu'enplazan. Y si fuessen sus hermanas casadas con quien hiziese aquel offiçio, dirían que más las querrían ver putas que no de aquella manera casadas, porque ellos fueron letrados o bueytres[253] de rapiña. Todo su saber no vale nada, a lo que yo veo, que más ganan ellos con aquellas varillas negras que con quanto estudiaron en jure. Pues yo no estudié y sé mejor el jure çeuil que traygo

---

[251] Orig. *heze*.
[252] Orig. *estuiesen*.
[253] La variante *bueitre* está recogida por Nebrija en sus dos principales vocabularios, pero es ya un arcaísmo en la época de Delicado (Frago 1993: 82).

en este mi canastillo que no ellos en quantos capítulos tiene el çeuil y el criminal. Como dixo Apuleyo, "Bestias letrados".

JURISTA: ¡Aquí! ¡Aquí somos todos! Señora Loçana, *hodie hora vigessima* en casa vuestra.

LOÇANA: No sé si seré a tienpo, mas trahé qué roçar, que allá está mi Ranpín que lo guise. Y mirá no faltés porque de buena razón ellas an de venir oy que es sábado. Mas yo creo que vosotros ya devéys y no os deuen.

JURISTAS: ¿Qué cosa es esso de deuer o que nos deuen? ¡Cuerpo del mundo! ¡El otro día no lleuamos buen pexe y buen vino? Y más: dormimos con ellas y las pagamos muy bien.

LOÇANA: No lo digo por esso, que ya sé que traxistes todo esso y que beuistes hasta que os enborrachastes; mas otra cosa es menester que traher y beuer, que esso de iure antiguo se está; sino "que os deuen o deuéys" quiere dezir que hera vna jodía vieja de nouenta años y tenía dos nueras mujeres burlonas y venían a su suegra cada mañana y dezían: "Buenos días, señora". Y respondía ella: "¡Vosotras tenéys los buenos días y hauéys las buenas noches!". Y como ellas veyan esta respuesta sienpre dixeron a sus maridos: "Vuestra madre se quiere casar". Dezían ellos: "¿Cómo es possible?". Dezían ellas: "Casalda y vello es, que no dize de no". Fueron y casáronla con vn jodío viejo y médico. ¿Qué hizieron las nueras? Rogaron al jodío que no la caualgase dos noches; él hízolo ansí, que toda la noche no hizo sino contalle sus deudas que tenía. Vinieron las nueras otro día y dixo la vieja: "¿Qué quiero hazer deste viejo, que no es bueno sino para comer y tiene más deudas que no dineros, y será menester que me destruya a mí y a mis hijos?". Fueron las nueras al jodío y dixéronle que hiziesse aquella noche lo que pudiesse y él, como hera viejo, caminó y passó tres colchones. Viniendo la mañana, vienen las nueras y dizen a la suegra: "¡Señora, albricias, que vuestros hijos os quieren quitar este jodío pues que tanto deue!". Respondió la vieja: "Mirad, hijas: la vejés es causa de la sordedad, que yo no oyo bien. Que le deuen a él, que le deuen, que él no deue nada". Assí que, señores, ¿vosotros deués o déuenos?

JURISTA: ¡Voto a Dios, que a mí que me deuen desa manera más que no es de menester! Acá, a mi conpañero, no sé. Demandaldo a ella, que bien creo que passa todos los dedos y avn las tablas de la cama.

CURSOR: No me curo, que la obra es la que alaba al maestro. Señora Loçana,[254] torná presto, por vuestra fe, que nosotros vamos a pescaría.

LOÇANA: Gente ay en casa de la señora Ynperia. Mejor para mí, que pescaré yo aquí sin jure. ¿Qué hazés aý, Medaldo? ¡Va, abre, que vo a casa!

MEDALDO: Andá, que Nicolete es de guardia y él os abrirá. Llamá.

---

[254] Orig. *Locana*.

LOÇANA: ¡Nicolete, hijo mío! ¿Qué hazes?
NICOLETE: Soy de guardia. Y mirá, Loçana, qué pedaço de caramillo que tengo.
LOÇANA: ¡Ay, triste! ¿Y estás loco? ¡Está quedo, beodo, que nos oyrán!
NICOLETE: Callá, que todos están arriba. Sacá los calçones, que yo os daré vnos nueuos de raso encarnado.
LOÇANA: Haz a plazer, que vengo cansada, que otro que calçones quiero.
NICOLETE: ¿Qué, mi vida, de cara arriba?
LOÇANA: Yo te lo diré después.
NICOLETE: ¡No, sino agora! ¡No, sino agora! ¡No, sino agora!
LOÇANA: ¡Oh, qué vellaco que heres! Va arriba y di a la señora cómo estoy aquí.
NICOLETE: Sobí vos y tomallos: es sobre tabla y harés colaçión.
LOÇANA: Por munchos años y buenos halle yo essas presençias juntas. ¿Qué enperatriz ni gran señora tiene dos aparadores, como vuestra señoría, de contino aparejados a estos señores reyes del mundo?
Dize el CORONEL: Española, fa colaçión aquí con nos. Quiero que beues con esta copina, que sea la tua, porque quieres bien a la señora Ynperia, mi patrona.
YNPERIA: Todo es bien enpleado en mi Loçana. ¡Moços! Seruí allí todos a la Loçana[255] y esperen las amas y los escuderos hasta que ella acabe de comer. Loçana[256] mía, yo quiero reposar vn poco. Entre tanto hazte seruir, pues lo sabes hazer.
LOÇANA: Yo quiero comer este faysán y dexar esta astarna para Nicoleto porque me abrió la puerta d'abaxo. Estos pasteles serán para Ranpín, aunque duerme más que es menester.

MAMOTRETO LXI. Cómo vn médico, familiar de la señora Ynperia, estuuo con la Loçana hasta que salió de reposar la Ynperia

MÉDICO: Dezí, señora Loçana,[257] ¿cómo os va?
LOÇANA: Señor, ya veys: fatigar y no ganar nada. Estome en mi casa, la soledad y la pobreza están mal juntas, y no se halla lino a conprar, aunque el ombre quiera hilar, por no estar oçiosa, que querría hordir vnos manteles por no andar a pedir prestados cada[258] día.
MÉDICO: Pues vos, señora Loçana, que hazéys y days mill remedios a villanos, ¿por qué no les encargáys que os traygan lino?
LOÇANA: Señor, porque no tomo yo nada por quanto hago, saluo presentes.
MÉDICO: Pues yo querría más vuestros presentes que mi ganançia, que es tan

---

[255] Orig. *Locana*.
[256] Orig. *Locana*.
[257] Orig. *Locana*.
[258] Orig. *cadi*.

poca que valen más las candelas que gasté estudiando que quanto he ganado después endeuinando pulsos. Mas vos, ¿qué estudiastes?

LOÇANA: Mirá qué me acontesçió ayer. Vinieron a mi casa vna muger piumontesa con su marido romañolo y pensé que otra cosa hera: traxeron vna llaue de cañuto, la qual hera llena de cera y no podían abrir, y pensaron que estauan hechizados. Rogáronme que lo viese yo: yo hize lo que sabía y diéronme dos julios y prometiéronme vna gallina que me truxeron oy, y hueuos con ella. Y ansí pasaré esta semana con este presente.

MÉDICO: Pues dezime, señora Loçana, ¿qué hezistes a la llaue? ¿Qualque silogismo o qué?

LOÇANA: Yo's diré. Como sacaron ellos la cera, no pudo ser que no se pegase qualque poca a las paredes de la llaue; fuy yo presto al fuego y escallentela hasta que se consumió la çera; y vine abaxo y dísela y dixe que todo hera nada. Fuéronse, y abrieron y caualgaron, y ganeme yo aquel presente sofísticamente. Dezime por qué no tengo yo de hazer lo que sé sin perjuyzio de Dios y de las gentes. Mirá, vuestro saber no vale si no lo mostráys que lo sepa otrie. Mirá, señor, por saber bien hablar gané agora esta copica de plata dorada, que me la dio su merçed del coronel.

MÉDICO: Esse bien hablar, adular yncóñito le[259] llamo yo.

LOÇANA: Señor Salomón, sabé que quatro cosas no valen nada si no son partiçipadas o comunicadas a menudo: el plazer, y el saber, y el dinero y el coño de la muger, el qual no deue estar vacuo, según la philosophía natural. Dezime, ¿qué le valdría a la Xerezana su galanería si no la partiçipase? ¿Ni a la Montesina su hermosura, havnque la guardase otros sesenta años, que jamás muriese, si tuviese su coño puesto en la guardaropa? ¿Ni a madona Clarina sus riquezas, si no supiesse guardar lo que tiene? Y a la señora Aviñonesa, ¿qué le valdrían sus tratos si no los partiçipase y comunicase con vuestra merçed y comigo, como con personas que antes la podemos aproüechar? ¿Qué otra cosa veys? Aquí yo pierdo tienpo, que sé que en mi casa me están esperando, y porque la señora sé que me ha de vestir a mí y a mi criado, callo.

MÉDICO: No puedo pensar qué remedio tener para caualgar vna mi vizina lonbarda, porque es casada y está preñada.

LOÇANA: Dexá hazer a mí.

MÉDICO: Si hazés como a la otra, mejor os pagaré.

LOÇANA: Esto será más fácil cosa de hazer porque diré que a la criatura le faltan los dedos y que vuestra merçed los hará.

MÉDICO: Yo lo doy por hecho, que no es esta la primera que vos sabés hazer.

LOÇANA: Yo's diré. Son lonbardas de buena pasta: fuime esta semana a vna y

---

[259] Ejemplo de leísmo, rasgo considerado prestigioso por Delicado, en el parlamento de un personaje culto (un médico).

díxele: "¿Quándo viene vuestro marido, mi conpadre?". Dize: "Mañana". Digo yo: "¿Por qué no's ys al vaño y aconpañaros he yo?". Fue, y como era nouiçia, apañele los anillos y dile a entender que l'eran entrados en el cuerpo. Fuime a vn mi conpadre, que no deseaua otra cosa, y dile los anillos y di orden que se los sacase vno a vno. Quando fue al v́ltimo, ella le rogaua que le sacase tanbién vn caldero que le hauía caýdo en el pozo. Y en esto, el marido llamó. Dixo ella al marido: "En toda vuestra vida me sacastes vna cosa que perdiesse, como ha hecho vuestro conpadre, que si no viniérades me sacara el caldero y la cadena que se cayó el otro día en el pozo". Él, que consideró que yo auría tramado la cosa, amenazome si no le hazía caualgar la muger del otro. Fuyme allá diziendo que era su parienta muy cercana, a la qual demandé que quánto tiempo hauía que era preñada, y si su marido estaua fuera. Dixo que de seys meses. Yo, astutamente, como quien ha gana de no uerse en vergüença, le di a entender la criatura no tener orejas ni dedos. Ella, que estimaua el honor, rogome que si la sabía o podía que le ayudase, que sería d'ella pagada. "Aquí está", digo yo, "el marido de la tal, que por mi amor hos seruirá, y tiene excelençia en estas cosas". Finalmente, que hizo dedos y orejas, cosa por cosa. Y venido su marido, ella lo reprehende hauer tan poca auertençia, antes que se partiera, a no dexar acabada la criatura. Desta manera podemos seruiros, máxime que, diziendo que soys físsico eximio, pegará mejor nuestro engrudo.

MÉDICO: No quería yr por lana y que hiziéssedes a mi muger hallar vna saya que estotro día perdió.

LOÇANA: ¡Por el sacrosanto saco de F<lorencia>, que quiero otro que saya de vuestra merçed!

MAMOTRETO LXII. Cómo la señora Ynperia, partido el médico, hordenó de yr a la estufa ella y la Loçana, y cómo encontraron a vno que dezía "Oliua, oliua d'España", el qual yua en máxcara, y dize la Ynperia al médico

<YNPERIA>: ¿Qvé se dize, maestro Arresto? ¿Retoçáuades a la Loçana o veramente hazéys partido con ella que no os lleue los prouechos? Ya lo hará si se lo pagáys. Por esso, antes que se parta, sed de acordo con ella.

MÉDICO: Señora, entre ella y mí el acuerdo sería que partiéssemos lo ganado y partiçipásemos de lo por venir, mas Ranpín despriua a munchos buenos que querían ser en su lugar. Mas si la señora Loçana quiere, ya me puede dar vna espetatiua en forma común para quando Ranpín se parta que entre yo en su lugar, porque, como ella dize, no esté lugar vazío, la qual razón conuiene con todos los philósophos que quieren que no aya lugar vacuo. Y, después desto, verná bien su conjunçión con la mía que, como dizen, "segund que es la materia que el ombre manea, ansí es más exçelente el maestro que la *opera*".²⁶⁰ Porque çierta cosa es que más exçelente es el médico del cuerpo humano raçional que no el albéytar, que medica el cuerpo yraçional; y más exçelente el mienbro del ojo que no el dedo del pie, y mayor milagro hizo Dios en la cara del ombre o de la muger que no en todo el ombre ni en todo el mundo, y por esso no se halla jamás que vna cara sea semejante a otra en todas las partículas, porque, si se pareçe en la nariz no se pareçe en la barua, y assí *de singulis*. De manera que yo al cuerpo y ella a la cara, como más exçelente y mejor artesana de caras que en nuestros tienpos se uido, estaríamos juntos y ganaríamos para la vejez poder passar, yo sin réçipe y ella sin *hic et hec et hoc*, el alcohol. Y amigos, como de antes. Y beso las manos a vuestra merçed y a mi señora Loçana la boca.

LOÇANA: Yo la vuestra ençucarada. ¿Qué me dezís? Quando vos quisiéredes regar mi manantío, está presto y a vuestro seruiçio, que yo sería la dichosa.

YNPERIA: Más vale asno que os lleue que no cauallo que os derueque. De Ranpín hazéys vos lo que queréys y sirue de todo. Y dexá razones y vamos a la estufa.

LOÇANA: Vamos, señora, mas sienpre es bueno saber. Que yo tres o quatro cosas no sé que deseo conocer. La vna, qué vía hazen o qué color tienen los cuernos de los ombres. Y la otra, querría leer lo que entiendo. Y la otra, querría que en mi tienpo se perdiese el temor y la vergüença para que cada uno pida y haga lo que quisiere.

YNPERIA: Esso postrero no entiendo, de temor y vergüença.

LOÇANA: Yo, señora, yo's lo diré. Çierto es que si yo no tuuiese vergüença, que quantos ombres passan querría que me besasen, y si no fuesse el temor, cada uno entraría y pediría lo vedado. Mas el temor de ser castigados los que tal hiziesen, no se atreuen; porque la ley es hecha para los transgressores. Y assí de la vergüença, la qual ocupa que no se haga lo que se piensa. Y si yo supiesse o viesse estas tres cosas que arriba he dicho, sabría más que Juan d'Espera en Dios, de manera que quantas putas me viniesen a las manos les haría las çejas a la chançilleresca, y a mi marido se los pornía verdes, que sinifican esperança, porque me metió el anillo de cuerno de búfalo. Y la quarta, que *penitus* jnñoro es: ¿de quién me tengo de enpreñar quando alguno m'enpreñe? Señora, vaya Jusquina delante y lleue los adereços. Vamos por aquí, que no ay gente. Señora, ya comiençan las máxcaras. ¡Mire vuestra merçed quál va el vellaco de Hércoles

---

²⁶⁰ Escribimos este término en cursiva y sin acento gráfico para reflejar la ambigüedad entre el latinismo *opera* 'obra' y el verbo *operar*. La rima, frecuente en el RLA, con las paroxítonas *materia* y *manea*, reforzaría la segunda opción.

enmaxcarado! Y ¡oliua, oliua de Spaña! Aquí vienen y hazen quistión, y van cantando. ¡Agora me vezo sonar de rezio! Entre vuestra merçed y salgamos presto, que me vernán a buscar más de quatro agora que andan máxcaras, que aquí ganaré yo qualque ducado para dar la parte a mastro Arresto el de Betrala, que medicó el asno y meritó el aluarda. ¡Pues vaya a la horca, que no me ha de faltar ombre, aunque lo sepa hurtar!

Mamotreto LXIII. Cómo la Loçana fue a su casa y enbió por vn sastre, y se vistió del paño que le dieron en casa del coronel, y lo que pasó con vna boua. Y dize la Loçana

<LOÇANA>: ¿Dónde metéys essa leña? ¿Y el caruón? ¿Está abaxo? ¿Mirastes si era bueno? ¿Sobistes arriba los barriles, los presutos y quesos? ¿Contastes quántas pieças de tela vinieron? ¿Vistes si el olio está seguro que no se derrame? Pues andá: llamá a maestro Gil, no sea para esotra semana. Y mirá que ya comiençan las máxcaras a andar en torno. Estas carrastollendas tenemos de ganar. Torná presto porque prestéys essos vestidos a quien os los pagare. ¿Veys? Viene madona Pelegrina, la sinple, a sse[261] afeitar. Aunque es boua, sienpre me da vn julio[262]; y otro que le venderé de solimán, serán dos. Entrá, ánima mía cara. ¿Y con este tienpo venís, ánima mía dulçe, saporida? ¡Mirá qué ojos y qué dientes! Bien pareçe que soys de buena parte. Bene mío, assentaos, que venís cansada, que vos soys española, por la vida, y podría ser, que los españoles por do uan sienbran, que veynte años ha que nos los tenés allá por essa Lonbardía. ¿Estáys gráuida, mi señora?

PELEGRINA: Señora, no. Mas si vos, señora Loçana, me supiésedes dezir con qué me engrauidase, yo's lo satisfaría muy bien, que no deseo en este mundo otro.

LOÇANA: ¡Ay, ánima míaençucarada! Récipe lo que sé qu'es bueno, si vos lo podéys hazer. Tomá sáuana de frayle que no sea quebrado y halda de camisa de clérigo macho y reçincháoslas a las caderas con vñas de sacristán marçolino, y veréys qué hijo haréys.

PELEGRINA: Señora Loçana, vos que sabéys en qué caen estas cosas, dezime, ¿qué quiere dezir que quando los ombres hazen aquella cosa se dan tanta prisa?

LOÇANA: Auéys de saber que me plaze, porque el dicípulo que no dubda ni pregunta no sabrá jamás nada, y esta tierra haze los ingenios sotiles y biuos, máxime vos, que soys de la Marca. Muncho más sabréys interrogando que no adeuinando. Auéys de saber que fue vn enperador que, como viese que las mugeres tenían antiguamente cobertera en el ojo de cucharica de

---

[261] Orig. *esse*.
[262] Orig. *judio*.

plata y los ombres fuessen eunucos, mandó que de la cobertera hiziessen conpañones a los ombres. Y como ay vna profeçía que dize Merlín que ha de tornar cada cosa a su lugar, como aquellos al cufro de la muger, por esso se dan tanta priessa, por no quedar sin ellos, y beata la muger a quien se le pegaren los primeros. Por tanto, si vos me creéys, hazé desta manera: alçá las nalgas y tomaldo a él por las ancas y apretá con vos y quedaréys con cobertera y preñada. Y esto hazed hasta que açertéys.

PEREGRINA: Dezime, señora Loçana, ¿qué quiere dezir que los ombres tienen los conpañones gordos como hueuos de gallina, de paloma y de golondrina, y otros que no tienen sino vno?

LOÇANA: Si bien los mirastes, en ellos vistes las señales. Auéys de saber que los que no tienen sino vno perdieron el otro desuirgando mugeres ançianas. Y los que los tienen como golondrinas se los an desminuydo malas mugeres quando sueltan su artillería. Y los que los tienen como paloma, esos te saquen la carcoma. Y los que los tienen como gallina es buena su manida.

PELEGRINA: Dezime, señora Loçana, ¿qué quiere dezir que los moços tienen más fuerça y mejor que sus amos, por más ombres de bien que sean?

LOÇANA: Porque somos las mugeres bouas. Çierta cosa es que para dormir de noche y para sudar no's hazéys camisa sotil, que luego destexe. El ombre, si está bien vestido, contenta al ver, mas no satisfaze la voluntad. Y por esto valen más los moços que sus amos en este caso. Y la camisa sotil es buena para las fiestas, y la gorda a la continua. Que la muger sin ombre es como fuego sin leña. Y el ombre machucho que la ençienda y que coma torreznos, por que haga los mamotretos a sus tienpos. Y su amo que page el alquilé de la casa y que dé la saya. Y ansí, pelallos y popallos y cansarlos, y después de pelados, dexallos enxugar.

MAMOTRETO LXIV. Cómo vinieron quatro palafreneros a la Loçana, si quería tomar en su casa vn gentil ombre que venía a negociar, y traýa vn asnico sardo llamado Robusto y ensalmoles los encordios. Y dize vno

<PALAFRENERO>: Señora Loçana, nosotros, como somos huérfanos y no tenemos agüelas, venimos con nuestros tencones en las manos a que nos ensalméys, y yo, huérfano, a que me beséys.

LOÇANA: Amigos, este monte no es para asnos, conprá mulos. ¡Qué gentileza! Hazesme subir la calamita. ¡Si os viera hazer esso Ranpín, el brauo, que es vn diablo de la peña Camasia! ¿Pensáys que soy yo vuestra Ginebra, que se afeita ella misma por no dar vn julio a quien la haría pareçer moça?

PALAFRENERO: Puta ella y vos tanbién, ¡guay de ti, Jerusalén[263]!

---

[263] Orig. *Jerusalez*.

CAMARINO: Señora Loçana, ensalmanos estos encordios y veys aquí esta espada y estos estafiles: vendeldos vos para melezinas.
LOÇANA: Vení vno a vno. Dexame poner la mano.
CAMARINO: ¡Ay! Que estáys fría.
LOÇANA: Vos seréys abad, que soys medroso. Vení vos. ¡O, qué tenéys de pelos en esta forma! Dios la bendiga. Vería si tuuiesse çejas.
PALAFRENERO: Señora Loçana, si tuuiese tantos esclauos que vender, a vos daría el mejor.
LOÇANA: Andá, que vos seréys mercader cobdiçioso. Vení vos. Esperá. Meteré[264] la mano.
SARACÍN: Meté, señora, mas mirá que estoy derecho.
LOÇANA: ¡Por mi vida que soys cauallero y hidalgo, avnque pobre! Y si tanto direcho tuuiésedes a un benefiçio sería vuestra la sententia. Esperá, diré las palabras y tocaré, porque en el tocar está la virtud.
SARACÍN. Pues dígalas vuestra merçed alto que las oygamos.
LOÇANA: Só contenta. Santo Ensalmo se salió, y contigo encontró y su vista te sanó. Ansí como esto es verdad, ansí sanes deste mal. Amén. Andá, que no será nada, que pecado es que tengáys mal en tal mandragulón.
PALAFRENERO: Mayor que el rollo de Éçija, seruidor de putas.
LOÇANA: Mala putería corras, como Margarita Corillón, que corrió los burdeles de Oriente y Poniente y murió en Setentrión, sana y buena como yo.
PALAFRENERO: Dezinos, ¿agora cómo haréys, que dizen que aurá guerra? Que ya con la peste passada qualque cosa gannáuades.
LOÇANA: Mal lo sabéys. Más quiero yo guerra que no peste, al contrario del duque de Sauoya, que quiere más peste en sus tierras que no guerra. Yo, si es peste, por huyr como de lo ganado y, si ay guerra, ganaré con putas y comeré con soldados.
PALAFRENERO: (¡Boto a Dios, que bien dize el que dixo que de puta vieja y de tauernero nueuo me guarde Dios!) Digámosle a la señora Loçana a lo que más venimos. Vuestra merçed sabrá que aquí a Roma es venido vn gentil ombre y en su tierra rico y trahe consigo vn asnico que entiende como vna persona, y llámalo Robusto, y no querría posar sino solo. Y pagará bien el seruiçio que a él y a Robusto le harán y por estar çerca del río, adonde Robusto vaya a beuer. Por tanto, querríamos rogar a vuestra perniquitençia que, pagándo'slo, fuésedes contenta por dos meses de darle posada, porque pueda negoçiar sus hechos más presto y mejor.
LOÇANA: Señores, yo sienpre deseé de tener plática con estaferos, por munchos prouechos que dellos se pueden hauer. Y viendo que, si hago esto que me rogáys, no solamente terné a esse señor mas a todos vosotros, por esso digo que la casa y la persona a vuestro seruiçio. Auisaldo que, si no sabe,

---

[264] Orig. *metera*. Se trata, sin duda, de la primera persona.

sepa que no ay cosa tan vituperosa en el ombre como la miseria, porque la miseria es sobrina de la enbidia, y en los ombres es más notada que en las mugeres y más en los nobles que no en los comunes, y sienpre la miseria daña la persona en quien reina y es aduersa al bien común. Y es señal de natura, porque luego se conosçe el rico mísero ser de baxa condiçión, y esta regla es ynfalible segundo mi ver. Y auisaldo, que no se hazen los negoçios de hongos, sino con buenos dineros redondos.

Mamotreto LXV. Cómo vino el asno de miçer Porfirio por corona y se graduó de bachiller, y dize entre sí, mirando al Robusto, su asnico

<PORFIRIO>: No ay en este mundo quien ponga mientes a los dichos de los viejos que, si yo me recuerdo, sienpre oý dezir que ni fíes ni porfíes ni prometas lo ynçierto por lo çierto. Bien sé yo que a este Robusto le falta lo mejor, que es el leer, y si en esto lo examinan primero, no verán que sabe cantar y ansí me lo desecharán sin grado, y yo perderé mi apuesta. ¡Robusto, canta! Vt, re, mi, fa, sol, la. ¡Di comigo! ¡Más baxo, vellaco! ¡Otra vez! Comiença del la, sol, fa. Híncate de rodillas, abaxa la cabeça. Di vn texto entre dientes y luego comerás. Aza-aza,-aza,-ro-ro-ro-as-as-as-no-no-no. ¡Ansí! Comed agora y sed linpio. ¡O, Dios mío y mi Señor! Como Balán hizo hablar a su asna, ¿no haría Porfirio leer a su Robusto, que solamente la paçiençia que tuuo quando le corté las orejas me haze tenelle amor? Pues vestida la veste talar, y asentado, y vello cómo tiene las patas como el asno d'oro Apuleyo, es para que le diesen benefiçios, quanto más graduallo bacalario.

LOÇANA: Señor Porfirio, véngase a çenar y dígame qué pasión tiene y por qué está ansí pensoso.

PORFIRIO: Señora, no's osso dezir mi pena y tormento que tengo, porque temo que no me lo ternéys secreto.

LOÇANA: No aya vuestra merçed miedo que yo jamás lo descubra.

PORFIRIO: Señora, bien que me veys ansí solo no só de los ýnfimos de mi tierra, mas la honrra me costriñe, que, si pudiese, querría salir con vna apuesta que con otros hize, y es que, si venía a Roma con dinero, que ordenaua mi Robusto de bacalario. Y siendo venido y proueýdo de dinero, y vezado a Robusto todas las cosas que an sido posible vezar a vn su par, y agora, como veo que no sabe leer, no porque le falte ingenio, mas porque no lo puede expremir por los mismos inpedimentos que Luçio Apuleyo quando diuentó asno y retuuo sienpre el yntelecto de ombre raçional, por ende estoy mal contento y no querría comer ni beuer ni hazer cosa en que me fuese solaçio.

LOÇANA: Miçer Porfirio, estad de buena gana, que yo os lo vezaré a leer, y os daré horden que despachés presto para que os boluáys²⁶⁵ a vuestra tierra. Yd mañana y hazed vn libro grande de pargamino y traédmelo, y yo le vezaré a leer e yo hablaré a vno que, si le vntáys las manos, será notario y os dará la carta del grado. Y haze vos con vuestros amigos que os busquen vn cauallerizo que sea pobre y jouen y que tenga el seso en la bragueta, que yo le daré persona que se lo acabe de sacar. Y desta manera vençeremo el pleyto y no dubdéys que deste modo, se hazen sus pares bacalarios. Mirá, no le deys a comer al Robusto dos días, y, quando quisiere comer, metelde la çeuada entre las hojas, y ansí lo enseñaremos a buscar los granos y a boltar las hojas, que bastará. Y diremos que está turbado y ansí el notario dará fee de lo que viere y de lo que cantando oyere. Y assí, *omnia per pecunia falsa sunt*. Porque creo que basta harto que lleuéys la fe, que no os demandarán²⁶⁶ si leó en letras escritas con tinta o con olio o iluminadas con oro. Y si les pareçiere la boz gorda, dezí que está resfriado, que es vsanza de músicos. Vna mala noche los enrronqueçe. Assí mismo, que *Ytali vlulant, hispani plangunt, gali canunt*. Que su merçed no es gallo sino asno, como veys, que le sobra la sanidad.

MAMOTRETO LXVI. Cómo la Loçana se fue a biuir a la ínsula de Lípari, y allí acabó muy santamente ella y su pretérito criado Ranpín, y aquí se nota su fin y vn sueño que soñó

<LOÇANA>: ¿Sabéys, venerábile Ranpín, qué he soñado? Que veýa a Plutón cauallero sobre la Sierra Morena y, voltándome en verso la tramontana, veýa venir a Marte debaxo vna niebla y era tanto el estrépito que sus ministros hazían que cassi me hazían caer las tenazuelas de la mano. Yo, que consideraua qué podría suceder, sin otro ningún detenimiento caualgaua en Mercurio que, de repente, se me acostó, el qual me pareçía a mí que hiziese el más seguro viaje que al presente se halle en Ytalia, en tal modo que nauegando lleguáuamos en Venecia, donde Marte no puede estender su ira. Finalmente desperté, y no pudiendo quietar en mí vna tanta alteración, traxe a la memoria el sueño que aun todauía la maginatiua lo retenía. Considerando, consideraua cómo las cosas que an de estar en el profundo, como Plutón, que está sobre la Sierra Morena, y las altas se abaten al baxo, como milano, que tantas vezes se abate hasta que no dexa pollo ni polla, el qual diablo de milano ya no teme espantajos, que cierto las gallinas ya no pueden hazer tantos pollos como él consuma. En conclussión, me recordé hauer visto vn árbor grandíssimo sobre el qual era vno asentado, riendo sienpre y guardando el fruto, el qual

---

²⁶⁵ Orig. *boluias*.
²⁶⁶ Orig. *demadarā*.

ninguno[267] segía, debaxo del qual árbol vi vna gran conpaña que cada uno quería tomar vn ramo del árbol de la locura, que por bienauenturado se tenía qujen podía hauer vna hoja o vna rameta: quien tiraua d'acá, quien de allá, quien cortaua, quien ronpía, quien cogía, quien la corteza, quien la raýz, quien se enpinaua, quien se ponía sobre las puntillas, ansí buenos como medianos y más chicos, ansí ombres como mugeres, ansí griegos como latinos, como tramontanos o como bárbaros, ansí religiosos como seculares, ansí señores como súbditos, ansí sabios como iñorantes, cogían y querían del árbol de la vanidad. Por tanto dizen que el ombre aperçibido[268], medio conbatido. Ya vistes que el astrólogo nos dixo que vno de nosotros hauía de yr a paraýso, porque lo halló ansí en su arismética y en nuestros passos, y más este sueño que yo he soñado. Quiero que este sea mi testamento. Yo quiero yr a paraýso y entraré por la puerta que abierta hallare, pues tiene tres, y soliçitaré que vays vos, que lo sabré hazer.

RANPÍN: Yo no querría estar en paraýso sin vos. Mas mejor será a Nápoles a biuir, y allí biuiremos como reyes y aprenderé yo a hazer guaçamalletas y vos venderés regalizia y allí será el paraýso que soñastes.

LOÇANA: Si yo vo, os escriueré lo que por el alma auéys de hazer con el primero que venga, si viniere, y si veo la paz, que allá está continua, la enbiaré atada con este ñudo de Salamón. Desátela quien la quisiere. Y esta es mi vltima voluntad, porque sé que tres suertes de personas acaban mal, como son soldados y putanas y osurarios; si no ellos, sus descendientes. Y por esto es bueno fuir romano por Roma, que, voltadas las letras, dize "amor", y entendamos en dexar lo que nos ha de dexar. Y luego vamos en casa de la señora Guiomar López, que mañana se parte madona Sabina. Vamos con ella, que no podemos herrar, al ýnsula de Lípari con nuestros pares, y mudareme yo el nonbre y direme la Vellida, y assí más de quatro me echarán menos, aunque no soy sola, que más de quatro Loçanas ay en Roma. Y yo seré salida de tanta fortuna pretérita, continua y futura y de oýr palabradas de neçios, que dizen no lo hagáys y no's lo dirán, que a ninguno haze ynjuria quien honestamente dize su razón. Ya estoy harta de meter barboquexos a putas y poner xáquimas de mi casa, y pues é visto mi ventura y desgraçia y é tenido modo y manera y conuersaçión para saber biuir, y veo que mi trato y plática ya me dixan, que no corren como solían, haré como haze la paz, que huye a las yslas, y como no la buscan, duerme quieta y sin fastidio, pues ninguno se lo da, que todos son ocupados a ronper ramos del sobrescrito árbol, y cogiendo las hojas

---

[267] Orig. *niguno*.
[268] Orig. *aperçibedo*. Aparece en el refrán "el hombre aperçibido, medio combatido", lo cual refuerza el argumento de que es una errata, pues la rima debe ser en *-ido*. Además, dicho refrán está documentado en otros textos literarios (con la forma del participio regular en *-ido*), como en las ediciones de la *Celestina* corregidas por Delicado en Venecia (1531, 1534).

será mi fin. Estarme he reposada y veré mundo nueuo, y no esperar que él me dixe a mí, sino yo a él. Ansí se acabará lo passado y estaremos a uer lo presente, como fin de Ranpín y de la Loçana. Fenezca la historia conpuesta en retrato, el más naturá que el Autor pudo, y acabose oy, primo de dizienbre, año de mill e quinientos e veynte e quatro, a laude y honrra de Dios trino y vno. Y porque reprendiendo los que ronpen el árbol de la vanidad seré causa de moderar que su fortuna, por que no se rría quien está encima de los que[269] truxere y conduxere a no poder biuir sin semejantes conpañías, y porque siendo por la presente obra auisados, que no offendan a su Criador, el qual sea rogado que perdone a los passados y a nosotros, que dezimos: "*Auerte, domine, oculos meos ne videant vanitatem sine perjudicio personarum.*" *In alma vrbe*, MDXXIIII.

FINIS.

---

[269] Orig. *los truxere*.

<Apología>

Cómo se escusa el Autor en la fin del Retrato de la Loçana, en laude de las mugeres

Sin dubda, si ningún ombre quisiesse escreuir el audaçia de las mugeres, no creo que bastassen plumas de veloçes escritores; y si, por semejante, quisiesse escreuir la bondad, honestidad, deuoçión, charidad, castidad y lealtad que en las claras mugeres se halla y hemos visto, porque las que son buenas no son tanto partiçipadas en común. Por tanto, munchas virtudes están táçitas y ocultas que serían espejo a quien las oyese contar. Y como la muger sea jardín del ombre y no ay cosa en este mundo que tanto realegre al ombre esterior[270], y que tanto y tan presto lo regozije, porque no solamente el ánima del ombre se alegra en ver y conuersar muger, ma todos sus sentidos, pulsos y mienbros se reuiuifican yncontinente. Y si ouiese en la muger modestia y en el ombre tenperança honesta, gozarían con temor lo que, con temerosa audaçia, ciega la ynpaçiençia, ansí al ombre raçional como a la frágile muger. Y çierto que si este tal jardín que Dios nos dio para recreaçión corporal, que si no castamente, al menos cautamente lo gozásemos en tal manera que naçiesen en este tal jardín frutos de bendiçión, porque toda obra loha y alaba a su Hazedor quando la preçede el temor, y este tal fruto aprouecha en laude a su Criador, máxime a quien lo sabe moderar.

La señora Loçana fue muger muy audace, y como las mugeres conosçen ser solaçio a los[271] ombres y ser su recreaçión común, piensan y hazen lo que no harían si tuuiesen el prinçipio de la sapiençia, que es temer al Señor. Y la que alcança esta sapiençia o intelligençia es más preçiosa que ningún diamante; y ansí, por el contrario, muy vil. Y sin dubda, en esto quiero dar gloria a la Loçana, que se guardaua muncho de hazer cosas que fuessen ofensa a Dios ni a sus mandamientos, porque, sin perjuyzio de partes, procuraua comer y beuer sin ofensión ninguna; la qual se apartó con tienpo y se fue a biuir a la ínsula de Lípari y allí se mudó el nonbre y se llamó la Vellida. De manera que gozó de tres nonbres: en España, Aldonça, y en Roma, la Loçana y en Lípari, la Vellida. Y si alguno quisiere saber del autor quál fue su yntinçión de retraer reprehendiendo a la Loçana y a sus secaçes[272], lean el prinçipio del retrato. Y si quisieren reprehender que por qué no van munchas palabras en perfeta lengua castellana, digo que, siendo andaluz y no letrado y escriuiendo para darme solaçio y passar mi fortuna que en este tienpo el Señor me hauía dado, conformaua mi hablar al sonido de mis orejas, que es la lengua materna y su común hablar entre mugeres. Y si dizen por qué puse algunas palabras en

---

[270] Orig. *esterio*.
[271] Orig. *las*.
[272] Según Corominas, *secaz* era forma corriente en los siglos xv y xvi (DCECH s.v. *seguir*).

ytaliano, púdelo hazer escriuiendo en Ytalia, pues Tulio escriuió en latín y dixo munchos vocablos griegos y con letras griegas. Si me dizen que por qué no fui más elegante, digo que soy yñorante y no bachiller. Si me dizen cómo alcancé a saber tantas particularidades, buenas o malas, digo que no es muncho escreuir vna vez lo que vi hazer y dezir tantas vezes. Y si alguno quisiere dezir que ay palabras maliçiosas, digo que no quiera nadie glosar maliçias ynputándolas a mí, porque yo no pensé poner nada que no fuesse claro y a ojos vistas. Y si alguna palabra ouiere, digo que no es maliçiosa sino malencónica, como mi passión antes que sanasse. Y si dixeren que por qué perdí el tiempo retrayendo a la Loçana y a sus secaçes, respondo que, siendo atormentado de vna grande y prolixa enfermedad, pareçía que me espaçiaua con estas vanidades. Y si, por ventura, os veniere por las manos vn otro tratado, *De consolaçione ynfirmorum*, podéys ver en él mis pasiones para consolar a los que la fortuna hizo apassionados como a mí. Y en el tratado[273] que hize del leño del Yndia sabréys el remedio mediante el qual me fue contribuyda la sanidad y conoçeréys el autor no auer perdido todo el tienpo, porque, como vi coger los ramos y las hojas del árbol de la vanidad a tantos, yo, que soy de chica estatura, no alcançé más alto: asenteme al pie hasta pasar, como pasé, mi enfermedad. Si me dezís por qué en todo este retrato no puse mi nonbre, digo que mi offiçio me hizo noble, siendo de los mínimos de mis conterráneos, y por esto callé el nonbre, por no vituperar el offiçio escriuiendo vanidades con menos culpa que otros que conpusieron y no vieron como yo. Por tanto, ruego al prudente letor, juntamente con quien este retrato viere, no me culpe, máxime que, sin venir a Roma, verá lo que el viçio della causa. Ansí mismo, por este retrato sabrán munchas cosas que deseauan ver y oýr, estándose cada uno en su patria, que cierto es vna grande feliçidad no extimada. Y si alguno me dirá algún inproperio en mi ausençia al ánima o al cuerpo *imperet sibi Deus*, saluo iñorante, porque yo confieso ser vn asno, y no de oro.

Válete con perdón
y notá esta conclusión.

El ánima del ombre desea que el cuerpo le fuesse par perpetuamente. Por tanto, todas aquellas personas que se retraherán de caer en semejantes cosas[274], como estas que en este retrato son contadas, serán pares al espíritu y no a la voluntad ni a los viçios corporales. Y siendo dispares o desyguales a semejantes personas, no serán retraýdas. Y serán y seremos gloria y laude a[275] aquel ynfinito Señor que para sí nos preseruó[276] y preseruará. *Amen.*

---

[273] Orig. *trado.*
[274] Orig. *cosa.*
[275] Orig. *laude aquel.*
[276] Orig. *pre preseruó.*

<Éxplicit o Tabla>

Son por todas las personas que hablan en todos los mamotretos o capítulos çiento y veynte e çinco. Va diuidido en mamotretos sesenta e seys. Quiere dezir mamotreto[277] libro que contiene[278] diuersas razones o copilaçiones ayuntadas. Ansí mismo, porque en semejantes obras seculares no se deue poner nonbre ni palabra que se apertenga a los libros de sana y santa dotrina. Por tanto en todo este retrato no ay cosa ninguna que hable de religiosos, ni de santidad, ni con yglesias ni eclesiásticos, ni otras cossas que se hazen que no son de dezir. Ítem, ¿por qué más se fue la Loçana a biuir a la ýnsula de Lípari que a otra parte? Porque antiguamente aquella ýnsula fue poblada de personas que no auía sus pares, d'adonde se dixeron Li pari, los pares. Y dizen en ytaliano: "li pari loro non si trouano", que quiere dezir: "no se hallan sus pares". Y era que, quando vn ombre hazía vn ynsigne delito no le dauan la muerte, mas condenáuanlo a la ýnsula de Lípari. Ítem, ¿por qué más la llamé Loçana que otro nonbre? Porque Loçana es nonbre más común y conprehende su nonbre primero, Aldonça (o Alaroça, en lengua arábica), y Vellida, lo mismo. De manera que Loçana significa lo que cada vn nonbre destos otros significan. Ansí que Vellida y Alaroça y Aldonça particularmente demuestran cosa garrida o hermosa, y Loçana generalmente loçanía, hermosura, lindeza, fresqueza y belleza. Por tanto, digo que para gozar deste retrato y para murmurar del autor, que primero lo deuen bien leer y entender, *sed non legatur in escolis*. (No metí la tabla, aunque estaua hecha, porque esto basta por tabla.)

<Epístola del Autor>

Esta epístola añadió el Autor el año de mill e quinientos e veynte e siete, vista la destruyción de Roma y la gran pestilençia que suçedió, dando gracias a Dios que le dexó ver el castigo que méritamente Dios premitió[279] a vn tanto pueblo

¿Qvién jamás pudo pensar, ¡o, Roma!, ¡o, Babilón!, que tanta confusión

---

[277] Delicado justifica por qué la obra está dividida en mamotretos, ya que pueden considerarse anotaciones o apuntes desordenados (*Autoridades*, s.v. *mamotreto*) y, además, en el libro se tratan "materias fríuolas" (Covarrubias, s.v. *mamotreto*). Bozena Wislocka Breit sostiene que estas acepciones estaban ya presentes en la lengua hablada de la época ("An inquiry into the Mammotrectus' – Mammothrept's – Mamotreto's linguistic ventures in Europe", ponencia presentada en Languages Memory Conference, Londres, 13/06/2018).
[278] Orig. *contien*.
[279] Mantenemos, como Joset y Gernet (2007: 335), la forma que aparece en el texto original, con metátesis, documentada en textos del siglo XV (Joset y Gernert 2007: 532). Asimismo, Medina Morales recoge ejemplos de metátesis en otras palabras (ej.: *perjudicial/prejudicial; pretina/petrina*) en su corpus de novelas picarescas del Siglo de Oro. Por otra parte, se trata de un rasgo frecuente en el judeoespañol, documentado en palabras como *personas/presonas* (Benaim 2011: 146).

pusiessen en ti estos tramontanos ocidentales y de Aquilón, castigadores de tu error? Leyendo tus libros verás lo que más mereçe tu poco temor. ¡O, qué fortuna vi en ti y oý, auiéndote visto triunfante!, y agora te veo y con el dedo te cuento. Dime, ¿dónde son los galanes, las hermosas que con vna chica fossa en diez días cobriste y encerraste, dando fin a las fauoridas, pues vna sáuana enboluió sus cuerpos pestíferos? Las que no se pudié biuir con ellas ya son sepultas: yo las vi. ¡O, Loçana! ¿Qué esperas? Mira la Garça Montesina, que la lleuan sobre vna escalereta por no hallar, ni la ay, vna tabla en toda Roma. ¿Dónde es el fauor? ¿Cómo uan sin lunbre, sin son y sin llanto? Mira los galanes que se atapan las narizes quando con ellas passan. ¡O, Dios! ¿Pensolo nadie jamás tan alto secreto y juyzio como nos vino este año a los habitatores que offendíamos a tu Magestad? No te offendieron las paredes y por esso quedaron enhiestas. Y lo que no hizieron los soldados heziste tú, Señor, pues enbiaste después del[280] saco y de la ruyna, pestilençia ynaudita con carbones péssimos y seuíssimos, hanbre a los ricos, hechos pobres mendigos. Finalmente que vi el fin de los munchos juizios que auía visto y escrito. ¡O, quánta pena mereçió tu libertad y el no tenplarte, Roma, moderando tu ingratitud a tantos benefiçios reçebidos! Pues eres cabeça de santidad y llaue del cielo y colegio de doctrina y cámara de sacerdotes y patria común, ¿quién vido la cabeça[281] hecha pies y los pies delante? ¡Sabroso principio para amargo fin! ¡O, vosotros, que vernés tras los castigados, mirá este retrato de Roma y nadie o ninguno sea causa que se haga otro! Mirá bien este y su fin, que es el castigo del çielo y de la tierra, pues los elementos nos an sido contrarios. Gente contra gente, terremotos, hanbre, pestilençia, presura de gentes, confussión del mar, que hemos visto no solamente persseguirnos sus curssos y raptores, pero este presente diluuio de agua, que se enssoberueçió Tíber y entró por toda Roma, a días xii de henero año de mill e quinientos y veynte e ocho, ansý que llegó al mismo señal que fue puesto el año de mill e quinientos y quinze, donde están escritos estos versos:

> Bis de nos menses X per agente Leone,
> idibus huc Tiberis vnda Nouenbris adest.

No se puede huyr a la Prouidençia diuina, pues con lo sobredicho cessan los delinquentes con los tormentos, mas no cessarán sol, luna y estrellas de prenosticar la meritoria que cada uno aurá. Por cierto,[282] no fui yo el primero que dixo: "¡Ve tibi, ciuitas meretrix!". Por tanto, señor Capitán del felicíssimo exérçito imperial, si yo recibiesse tanta merçed que se dilatasse de mandar este retrato en público, sermeýa a mí disculpa y al retrato preuilegio y graçia; la qual, desde agora, la nobleza y cauallería de vuestra merced se la otorgó, pues mereçió este retrato de las cosas que en Roma passauan presentarsse a vuestra clara prudençia para darle sonbra y alas a bolar syn temor de los vituperadores

[280] Orig. *dal.*
[281] Orig. *cabeca.*
[282] Orig. *cieto.*

que más atilado lo supieran conponer; mas no siendo obra syno retrato, cada día queda facultad para borrar y tornar a perfilarlo, segund lo que cada uno mejor verá. Y no pudiendo resistir sus reproches y pinzeles acutíssimos de los que remirarán no estar bien pintado o conpuesto, será su defensión altíssima y fortíssima inexpuñable el planeta Marte que al presente corre, el qual planeta contribuyrá fauor al retrato en nonbre del autor. Y si alguno quisiere conbatir con mi poco saber, el suyo muncho y mi ausençia me defenderá. Esto digo, noble señor, porque los reprochadores conozcan mi cuna, a los quales affetuosíssimamente desseo informar de las cosas retraídas, y a vuestra merçed seruir y darle solaçio, la qual Nuestro Señor próspero, sano y alegre conserue munchos y felicíssimos tienpos. Ruego a quien tomare este retrato que lo enmiende antes que vaya en público, porque yo lo escreuí para enmendallo por poder dar solaçio y plazer a letores y audientes,[283] los quales no miren mi poco saber syno mi sana intençión y entreponer el tienpo contra mi enfermedad. Soy vuestro y a vuestro seruiçio. Por tanto, todos me perdonaréys.

Carta de excomunión contra vna cruel donzella de sanidad

De mí, el vicario Cupido,
de línea celestial,
por el Dios de Amor
elegido y escogido
en todo lo tenporal,
y muy gran administrador,
a todas las tres hedades
de qualesquier calidades
donde su ley sucedió,
salud y gratia. Sepades
que ante mí paresció
vn amador que se llama
de remedio despedido,
el qual se me querelló
de vna muy graçiosa dama.
Dize que, con su beldad
y con graçias muy extrañas,
le robó la libertad
de dentro de sus entrañas.
Dize que le desclauó
la clauada cerradura
con que su sesso guardaua,

---

[283] En el Siglo de Oro, el término *lectores* incluía a los oyentes (Frenk 1999: 20).

y tanbién que le tomó
toda junta la cordura.
Quál fortuna le guiaua
que le mató el sosiego,
sin boluerle ningún ruego,
ni saber ni discrición;
por la qual causa está çiego
y le arden en muy biuo fuego
las telas del coraçón.
Este dios de affición,
cuyo lugar soy teniente,
manda sin dilatión
que despache este acto presente.
Cappellanes y grandes curas
deste palatio real
de Amor y sus alturas,
hazed esta denunçiaçión
por que no aclame cautela,
desde agora apercibiendo
por tres canominationes.
Y por que le sean notorios
los sacros derechos y vías,
por término perenptorio
yo le asiño nueue días,
porque es término conplido,
como antedicho es,
ya pronunçiado y sabido.
Del tenplo luego la echéis,
como mienbro deshipado
de nuestra ley tan bendita.
Todos cubiertos de luto,
con los versos acostunbrados
que se cantan al defunto,
las canpanas repicando,
y el cura diga: "Muera
su ánima en fuerte fragua
como esta lunbre de çera
veréys que muere en el agua".
Véngale luego a desora
la tan gran malditión
de Sodoma y Gomora

y Atam y Auirón.
Véngale tal confusión
en su dicho cuerpo y sino,
en su cuerpo, en conclusión,
como a nadie le uino.
Maldito lo que comiere:
pan y vino y agua y sal.
Maldito quien se lo diere,
nunca le fallesca mal.
Y la tierra que pissare
y la cama en que durmiere,
y quien luego no lo dixere
que la misma pena pene.
Sus cabellos tan luzidos,
ante quien el oro es fusco,
tornen negros y encogidos
que parezcan de guineo[284].
Y sus cejas delicadas,
con la resplandeciente frente,
se tornen tan espantables
como de vn fiero serpiente.
Y sus ojos matadores,
con que robó mis entrañas,
hínchanse de aradores
que le pelen las pestañas.
Y su nariz delicada,
con que todo el gesto area,
se torne grande y quebrada
como de muy fea negra.
Y su boca tan donosa,
con labrios[285] de vn coral,
se le torne spumosa
como de gota coral.
Y sus dientes tan menudos
y enzías de vn carmesí
se le tornen grandes y agudos,
parescan de jaualí.

---

[284] Orig. *giuneo*.
[285] La variante *labrios* está documentada en el CORDE desde el siglo XIII y aparecen numerosos testimonios en el XVI, aunque su frecuencia desciende notablemente a partir de la segunda mitad de dicha centuria.

Su garganta y su manera,
talle, color y blancura,
se tornen[286] de tan mal ayre
como toda su figura.
Y sus pechos tan apuestos,
testigos de quanto digo,
tornen secos y deshechos
con tetas hasta el onbligo.
Y sus braços delicados,
cobditiosos de abraçar,
se le tornen consumidos,
no hallen de qué tomar.
Y lo demás y su natura,
por más honesto hablar,
se torne de tal figura
que dello no pueda gozar.
Denle demás la cuerda
que lige su coraçón.
Dada mes y año el día de vuestra querella.

Epístola de la Loçana a todas las que determinauan venir a uer Canpo de Flor en Roma

Amigas y en amor ermanas:
Deseando lo mismo, pensé auisaros cómo, auiéndome detenido por vuestro amor, esperando's, sucedió en Roma que entraron[287] y nos castigaron y atormentaron y saquearon catorze mill teutónicos bárbaros; siete mill spañoles sin armas, sin çapatos, con hanbre y sed; italianos, mill y quinientos; napolitanos reamistas, dos mill; todos estos, infantes. Ombres d'armas, seycientos; estandartes de ginetes, treynta y cinco; y más los gastadores. Que cassi lo fueron todos, que si del todo no es destruyda Roma es por el deuoto femenino *sexu* y por las limosnas y el refugio que a los peregrinos se hazía. Agora a todo se ha puesto entredicho[288], porque entraron lunes a días seys de mayo del mill y quinientos y veynte y siete, que fue el escuro día y la tenebrosa noche para quien se halló dentro, de qualquier nación o condición que fuesse, por el poco respecto que a ninguno tuuieron, máxime a los perlados, sacerdotes, religiosos, religiosas, que tanta diferencia hazían de los sobredichos como haría yo de vosotras, mis ermanas. Prophanaron sin duda quanto pudiera prophanar

---
[286] Orig. *torñe*.
[287] Orig. *entraro*.
[288] Orig. *ẽtredijcho*.

el gran Sofí si se hallara presente. Digo que no's marauillés porque murió su capitán, por voluntad de Dios, de vn tiro romano; d'adonde sucedió nuestro daño entrando sin pastor[289], donde la voluntad del Señor y la suya se conformó en tal modo que no os cale venir, porque no ay para qué ni a qué; porque si venís por ver abades, todos están desatando sus conpañones; si por mercaderes, ya son pobres; si por grandes señores, son ocupados buscando la paz que se perdió y no se halla; si por romanos, están rehedificando y plantando sus viñas; si por cortesanos, están tan cortos que no alcançan al pan. Si por triunfar, no vengáys, que el triunfo fue con las passadas. Si por caridad, acá la hallarés pintada, tanta que sobra en la pared. Por ende, sosegad, que sin duda por munchos años podés hilar velas largas y luengas. Sed ciertas que si la Loçana pudiesse festejar lo passado o dezir sin miedo lo presente, que no se ausentaría de vosotras ni de Roma, máxime que es patria común que, voltando las letras, dize *Roma amor*.

<Epílogo>

Digressión que cuenta el autor en Venecia

Cordialíssimos letores:
Pienso que munchas y munchas tragedias se dirán de la entrada y salida de los soldados en Roma, donde estuuieron diez meses a discreción y aun sin ella, que, como dizen: "*Amic<us> Socrates, amic<us> Plato, magis amica veritas*". Digo sin ella porque eran inobedientes a sus nobilíssimos capitanes y crueles a sus naciones y a sus conpatriotas. ¡O, gran juizio de Dios, venir vn tanto exército *sub nube* y sin temor de las maldiciones generales sacerdotales! Porque Dios les hazía lunbre la noche y sonbra el día para castigar los abitatores romanos y por prouar sus sieruos, los quales somos muncho contentíssimos de su castigo, corrigiendo nuestro malo y viciosso biuir, que, si el Señor no nos amara, no nos castigara por nuestro bien. Mas, ¡guay por quien viene el escándalo! Por tanto me auisso que he visto morir munchas buenas personas y he visto atormentar munchos sieruos de Dios como a su Santa Magestad le plugo. Salimos de Roma a diez días de febrero por no sperar las crueldades vindicatiuas de naturales, auisándome que, de los que con el felicíssimo exército salimos, ombres pacíficos, no se halla, saluo yo, en Venecia esperando la paz, que me aconpañe a uisitar nuestro santíssimo protetor, defensor fortíssimo de vna tanta nación, gloriosíssimo abogado de mis anteçessores, Santiago y a ellos, el qual sienpre me ha ayudado, que no hallé otro español en esta ínclita çibdá. Y esta neçessidad me conpelió a dar este retrato a vn estanpador por remediar mi no tener ni poder, el qual retrato me valió más que otros cartapacios que yo tenía por mis legítimas obras. Y este, que no era ligítimo por ser cosas ridiculosas, me

---

[289] Orig. *postor*.

valió a tienpo, que de otra manera no lo publicara hasta depués de mis días y hasta que otrie que más supiera lo emendara. Spero en el Señor eterno que será verdaderamente retrato para mis próximos, a los quales m'encomiendo, y en sus deuotas oraçiones, que quedo rogando a Dios por buen fin y paz y sanidad a todo el pueblo cristiano. *Amen.*

BIBLIOGRAFÍA

Ediciones del *Retrato de la Loçana andaluza*

1871. *Retrato de la Lozana andaluza*, edición del Marqués de la Fuensanta del Valle y José Sancho Rayón (Madrid: Rivadeneyra).

1888. *La Lozana andaluza (La Gentille Andalouse)*, edición de Alcide Bonneau (París: Isidore Liseux).

1950. *Retrato de la Loçana andaluza, en lengua española, muy claríssima. Conpuesto en Roma*, Venecia. Edición facsímil de Antonio Pérez Gómez, que reproduce el único ejemplar conocido, existente en la Biblioteca Imperial de Viena (Valencia: Talleres de Tipografía Moderna). Disponible en línea en la Biblioteca Virtual Miguel de Cervantes <http://www.cervantesvirtual.com/obra-visor/retrato-de-la-lozana-andaluza--0/html/>.

1967. *La Lozana andaluza*, edición e introducción de Antonio Prieto (ilustra Serafín) (Barcelona: Ediciones Marte).

1967. *Retrato de la Lozana andaluza*, edición y estudio preliminar de Joaquín del Val (Madrid: Taurus).

2001^3 [1969^1]. *La Lozana Andaluza,* edición, introducción y notas de Bruno Damiani (Madrid: Castalia).

1975. *Retrato de la loçana andaluza*, edición crítica de Bruno Damiani y Giovanni Allegra (Madrid: Ediciones José Porrúa Turanzas).

1983. *La Lozana Andaluza,* edición, introducción y notas de Giovanni Allegra (Madrid: Taurus).

2000^3 [1985^1]. *La Lozana Andaluza*, edición, introducción y notas de Claude Allaigre (Madrid: Cátedra).

2003^2 [1985^1]. *La Lozana Andaluza*, edición e introducción de Ángel Chiclana (Madrid: Espasa, Colección Austral).

1987. *Portrait of Lozana: The lusty andalusian woman*, traducción con introducción y notas de Bruno Damiani (Potomac: Scripta Humanistica 34).

2004. *La Lozana andaluza*, edición, introducción y notas de Carla Perugini (Sevilla: Fundación Lara).

2007. *La Lozana andaluza,* edición y estudio preliminar de Jacques Joset y Folke Gernert (Barcelona: Galaxia Gutenberg, Círculo de Lectores).

2008. *Retrato de la Lozana andaluza*, edición de Tatiana Bubnova (Doral: Stockcero).

2011. *La Lozana Andaluza*, edición de Jesús Sepúlveda, revisada y preparada por Carla Perugini (Málaga: Analecta Malacitana), anejo LXXX.

2013. *La Lozana andaluza*, edición de Folke Gernert y Jaques Joset (Madrid: Galaxia Gutenber — Círculo de Lectores), Biblioteca Clásica de la Real Academia Española, volumen 22.

Ediciones de otras obras escritas o revisadas por Delicado

AHUMADA, IGNACIO (2009). *El modo de usar el palo de la India Occidental, saludable remedio contra toda llaga y mal incurable*; reproducción facsimilar de la edición publicada en Venecia el año 1529. Título original de la obra: *El modo de adoperare el legno de India occidentale: Salutífero remedio a ogni piaga & mal incurabile*. Edición bilingüe y estudio preliminar por Ignacio Ahumada (Jaén: Publicaciones de la Universidad de Jaén).

ANÓNIMO (1533). *Question de amor de dos enamorados* (Venecia: Juan Batista Pedrezano).

ANÓNIMO (1534). *Los tres libros del muy esforçado caballero Primaleón et Polendos su hermano, hijos del Emperador Palmerín de Oliua* (Venecia: Juan Antonio de Nicolini de Sabio, a las espesas de Juan Batista Pedrezano).

DELICADO, FRANCISCO. *De consolaçione ynfirmorum.*

—— *Spechio vulgare per li sacerdoti.*

MONTALVO, GARCI RODRÍGUEZ DE (1533). *Los quatro libros de Amadís de Gaula* (Venecia: Juan Antonio de Sabia, a las espesas de Juan Batista Pedrezano).

ROJAS, FERNANDO DE (1531). *Tragicomedia de Calisto y Melibea*; corrección y colofón de Francisco Delicado (Venecia: Juan Batista Pedrezano).

—— (1534). *Tragicomedia de Calisto y Melibea*; corrección, "Introducción que muestra el Delicado a pronunciar la lengua española" y colofón de Francisco Delicado (Venecia: Estephano da Sabio).

SAN PEDRO, DIEGO DE (1531). *Cárcel de Amor* (Venecia: Juan Batista Pedrezano).

Referencias bibliográficas

ALLAIGRE, CLAUDE (1995). "Sobre judíos y conversos en *La Lozana Andaluza*", en Irene Andrea-Suárez: *Las dos grandes minorías étnico-religiosas en la literatura española del Siglo de Oro: los judeo-conversos y los moriscos*, Actas del "Grand Séminaire" de Neuchâtel, 26–27 de mayo de 1994, Annales littéraires de l'Université de Besançón, n° 588, Diffusion Les Belles Lettres, París.

—— (2004). "Las 'ciento e veinte e cinco personas que hablan' del *Retrato de la Lozana andaluza*", en Pierre Civil (coord.): *Siglos Dorados, homenaje a Agustín Redondo* (Madrid: Castalia), pp. 15–31.

ALZIEU, PIERRE; ROBERT JAMMES E YVAN LISSORGUES, (2000). *Poesía erótica del Siglo de Oro* (Barcelona: Crítica).

ANIPA, KORMI (2001). *A Critical Examination of Linguistic Variation in Golden-Age Spanish* (Nueva York, Oxford: Peter Lang).

—— (2014). *Juan de Valdés*, Diálogo de la lengua: *A Diplomatic Edition* (Cambridge: Modern Humanities Research Association Critical Texts), volume 38.

ASENSIO, EUGENIO (1961). "Juan de Valdés contra Delicado. Fondo de una polémica", en *Studia philologica*, vol. I, Homenaje a Dámaso Alonso (Madrid: Gredos), pp. 101–13.

BARANDA LETURIO, CONSOLACIÓN (1989). "Las hablas de negros. Orígenes de un personaje literario", *Revista de Filología Española*, vol. LXIX, n° 3/4, pp. 311–23.

BENAIM, ANNETTE (2011). *Sixteenth-Century Judeo Spanish Testimonies: An Edition of Eighty-four Testimonies from the Sephardic Responsa in the Ottoman Empire* (Leiden-Boston: Brill).

BOGNOLO, ANNA (2012). "El libro español en Venecia en el siglo XVI", en Patrizia Botta (coord.): *Rumbos del hispanismo en el umbral del Cincuentenario de la AIH*, vol. III, Siglo de Oro (prosa y poesía), edición de María Luisa Cerrón Puga (Roma: Bagatto Libri), pp. 243-58.

BUBNOVA, TATIANA (2001). "Valdés y Delicado: ¿un diálogo de la lengua?", en *Anuario de Letras*, vol. 39, ejemplar dedicado a Margit Frenk, pp. 89-108.

—— (2012). "El *Retrato de la Lozana andaluza*: en torno a la cuestión del género", en Patrizia Botta (coord.): *Rumbos del hispanismo en el umbral del Cincuentenario de la AIH*, vol. III, Siglo de Oro (prosa y poesía), edición de María Luisa Cerrón Puga (Roma: Bagatto Libri), pp. 13-23.

CARRASCO CANTOS, INÉS Y PILAR CARRASCO CANTOS (dir.), con la colaboración de Rocío Díaz Bravo, Diana Esteba Ramos, Livia García Aguiar y Pilar López Mora. *DITECA: Diccionario de Textos Concejiles de Andalucía*. En línea: <http://www.arinta.uma.es/contenidos/diteca_buscador.action>.

COVARRUBIAS, SEBASTIÁN DE (1611). *Tesoro de la lengua castellana o española*, O-73 (Madrid: Luis Sánchez), en NTLLE.

COROMINAS, JOAN (con la colaboración de José A. Pascual) (1976). *Diccionario crítico etimológico castellano e hispánico* (Madrid: Gredos) (DCECH).

CROCE, BENEDETTO (2007). *España en la vida italiana del Renacimiento*, traducción de Francisco González Ríos y prólogo de Antonio Prieto (Sevilla: Editorial Renacimiento). 1ª ed. 1915. *La Spagna nella vita italiana durante la Rinascenza* (Bari: Gius. Laterza & Figli).

DÍAZ-BRAVO, ROCÍO (2010a). *Estudio de la oralidad en el* Retrato de la Loçana andaluza *(Roma, 1524)* (Tesis Doctoral, CD-ROM) (Málaga: Universidad de Málaga). En línea: <http://riuma.uma.es/xmlui/handle/10630/4575>.

—— (2010b). "Glosario de voces de la prostitución en el siglo XVI", en Antonia María Medina Guerra y Marta Concepción Ayala Castro (eds. y coords.): *Los diccionarios a través de la historia* (Málaga: Universidad de Málaga).

—— (2012). "Estudio variacionista del léxico anatómico-sexual en el español del siglo XVI", en Antoni Nomdedeu Rull, Esther Forgas Berdet, Maria Bargalló Escrivà, *Avances de lexicografía hispánica (II)* (Tarragona, Publicacions Universitat Rovira i Virgili), pp. 315-28.

DÍAZ-BRAVO, ROCÍO Y MARTA FERNÁNDEZ ALCAIDE (2018). "La oralidad en el siglo XVI: lo literario y lo privado (I). Marcadores discursivos", *Bulletin of Hispanic Studies*, vol. 95, nº 4. En línea: <https://doi.org/10.3828/bhs.2018.21>.

EBERENZ, ROLF Y MARIELA DE LA TORRE (2003). *Conversaciones estrechamente vigiladas: Interacción coloquial y español oral en las actas inquisitoriales de los siglos XV a XVII* (Zaragoza: Libros Pórtico), Hispania Helvetica, 14.

FERNÁNDEZ ALCAIDE, MARTA (2009). *Cartas de particulares en Indias del siglo XVI: edición y estudio discursivo* (Madrid: Iberoamericana/Vervuert).

FRAGO GRACIA, JUAN A. (1988). "Norma lingüística y artificio literario en *La Lozana andaluza*", en *Philologia Hispalensis*, III, pp. 41-66.

—— (1993). *Historia de las hablas andaluzas* (Madrid: Arco/Libros).

FRENK ALATORRE, MARGIT (1983). "La ortografía elocuente (Testimonios de lectura oral en el Siglo de Oro)", en A. David Kossoff, Ruth H. Kossoff, Geoffrey Ribbans, José Amor y Vázquez (coords.): *Actas del VIII Congreso de la Asociación Internacional de Hispanistas: 22-27 de agosto 1983*, vol. I, pp. 549-56.

—— (1999). "Vista, oído y memoria en el vocabulario de la lectura: Edad Media y Renacimiento", en Aurelio González, Lillian von der Walde Moheno y Concepción Company Company (coords.): *Discursos y representaciones de la Edad Media (Actas de las VI Jornadas Medievales)* (México: Universidad Autónoma de México, El Colegio de México), pp. 13-31.

—— (2005). *Entre la voz y el silencio: La lectura en tiempos de Cervantes* (México: Fondo de Cultura Económica). 1ª ed. 1997 (Madrid: Centro de Estudios Cervantinos).

GAUGER, HANS-MARTIN (2004). "La conciencia lingüística en la Edad de Oro", en Rafael Cano Aguilar (coord.): *Historia de la lengua española* (Barcelona: Ariel), pp. 681-97.

GIRÓN ALCONCHEL, JOSÉ LUIS (2004). "Cambios gramaticales en los Siglos de Oro", en Rafael Cano (coord.), *Historia de la lengua española* (Barcelona: Ariel), pp. 859-93.

GRUBER, TERESA MARÍA (2013). "'Nuestra lengua Romance Castellana que ellos llaman española' — Valoraciones y estereotipos en la reflexión sobre el papel del español en el Reino de Nápoles", en Krefeld, Thomas, Wulf Oesterreicher y Verena Schwägerl-Melchior (eds.): *Reperti di plurilinguismo nella Italia spagnola (sec. XVI-XVII)* (Berlín/Boston: De Gruyter), pp. 281-99.

HERNÁNDEZ ALONSO, CÉSAR Y BEATRIZ SANZ ALONSO (2002). *Diccionario de germanía* (Madrid: Gredos).

HERNÁNDEZ ORTIZ, JOSÉ A. (1974). *La génesis artística de La Lozana Andaluza*, prólogo de Juan Goytisolo (Madrid: Editorial Ricardo Aguilera).

HIDALGO [DE SONSECA], JUAN (1609). *Romances de germanía de varios autores con su Bocabulario* (Barcelona: Sebastián de Cornellas), edición de José Hesse (1967) (Madrid: Taurus).

IGLESIAS RECUERO, SILVIA (1998). "Elementos conversacionales en el diálogo renacentista", en Wulf Oesterreicher, Eva Stoll y Andreas Wesch: *Competencia escrita, tradiciones discursivas y variedades lingüísticas: aspectos del español europeo y americano en los siglos XVI y XVII*, ScriptOralia 112, Coloquio internacional, Friburgo en Brisgovia, 26-28 de septiembre de 1996 (Tubinga: Gunter Narr Verlag), pp. 385-419.

KOCH, PETER Y WULF OESTERREICHER (2007). *Lengua hablada en la Romania: español, francés, italiano*, traducción de Araceli López Serena (versión española revisada, actualizada y ampliada por los autores) (Madrid: Gredos). 1ª ed. 1990. *Gesprochene Sprache in der Romania, Französisch, Italienisch, Spanisch* (Tubinga: Max Niemeyer Verlag).

KREFELD, THOMAS, WULF OESTERREICHER Y VERENA SCHWÄGERL-MELCHIOR (eds.) (2013). *Reperti di plurilinguismo nella Italia spagnola (sec. XVI-XVII)* (Berlín/Boston: De Gruyter).

LÓPEZ MORA, PILAR (2007). *Las Ordenanzas del Concejo de Córdoba (1435). Edición y vocabulario* (Málaga: Analecta Malacitana), anejo LXII.

LUCÍA MEGÍAS, JOSÉ MANUEL (1996). "Francisco Delicado: un precursor de la enseñanza del español en la Italia del siglo XVI", en *Cuadernos Cervantes*, julio-agosto 1996, pp. 7-19.

MARAVALL, JOSÉ ANTONIO (1976). "Il problema del Renascimento in Spagna e il Rinascimento veneziano", en Vittore Branca (ed.), *Rinascimento europeo e Rinascimento veneziano* (Florencia, Sansoni).

MÁRQUEZ VILLANUEVA, FRANCISCO (1973). "El mundo converso de *La Lozana andaluza*", *Archivo Hispalense*, 171-73, pp. 87-97.
MEDINA MORALES, FRANCISCA (2005). *La lengua del Siglo de Oro: un estudio de variación lingüística* (Granada: Universidad de Granada).
MENÉNDEZ PIDAL, RAMÓN (1962). "Sevilla frente a Madrid: algunas precisiones sobre el español de América", en Diego Catalán (ed.), *Miscelánea Homenaje a André Martinet: "Estructuralismo e Historia"* (Madrid: Gredos), III, pp. 99-165.
MONDÉJAR CUMPIÁN, JOSÉ (2001). *Dialectología andaluza: Estudios*, edición de Pilar Carrasco y Manuel Galeote (Málaga: Analecta Malacitana), anejo XXXVI. 1ª ed. 1991 (Granada: Editorial Don Quijote).
—— (2002). *Castellano y español: Dos nombres para una lengua, en su marco literario, ideológico y político* (Granada: Editorial Comares).
NAVARRO TOMÁS, TOMÁS (1948) 2ª ed. [1944]. *Manual de entonación española* (Nueva York: Hispanic Institute).
NEBRIJA, ANTONIO DE (1492). *Gramática de la lengua castellana*, edición facsimilar del Instituto de Cooperación Iberoamericana (Madrid: Ediciones de Cultura Hispánica).
—— (1516). *Vocabulario de romance en latín*, Sevilla, transcripción crítica de la edición revisada por el autor, con una introducción de Gerald J. Macdonald (1981) (Madrid: Editorial Castalia).
NEHAMA, JOSEPH (1977). *Dictionnaire du judéo-espagnol* (Madrid: CSIC).
OESTERREICHER, WULF (2002). "El español, lengua pluricéntrica: perspectivas y límites de una autoafirmación lingüística nacional en Hispanoamérica. El caso mexicano", *Lexis* (Lima: PUCP), XXVI, n° 2, pp. 275-304.
—— (2004a). "Textos entre inmediatez y distancia comunicativas. El problema de lo hablado escrito en el Siglo de Oro", en Rafael Cano Aguilar (coord.): *Historia de la lengua española* (Barcelona: Ariel), pp. 729-69.
—— (2004b). "Plurilingüismo en el Reino de Nápoles (siglos XVI y XVII)", *Lexis* XXVIII, 1-2, pp. 217-57.
PALLOTTA, AUGUSTUS (1991). "Venetian Printers and Spanish Literature in Sixteenth-Century Italy", en *Comparative Literature*, vol. 43, n° 1 (Winter 1991), pp. 20-42.
PERUGINI, CARLA (2001). "Le fonti iconografiche della editio princeps de La Lozana andaluza", en Antonella Cancellier y Renata Londero: *Le arti figurative nelle letterature iberiche e iberoamericane: Atti del XIX Convegno AISPI (Associazione ispanisti italiani)* (Roma, 16-18 settembre 1999), vol. 1, pp. 19-30.
POUNTAIN, CHRISTOPHER J. (2009). "Variation in Address Forms in 16th Century Spanish Prose Drama", en Sanda Reinheimer-Rîpeanu (ed.): *Stvdia Lingvistica in honorem Mariae Manoliu* (Bucarest: Editura Universității din București), pp. 282-93.
QUILIS, ANTONIO (1999) 2ª ed. [1993]. *Tratado de fonología y fonética españolas* (Madrid: Gredos, Biblioteca Románica Hispánica).
REAL ACADEMIA ESPAÑOLA (1726-1739). *Diccionario de Autoridades*, reproducido a partir del ejemplar de la Biblioteca de la Real Academia Española (Madrid: Imprenta de la Real Academia Española, por los herederos de Francisco del Hierro), en NTLLE.
—— BANCO DE DATOS (CORDE). Corpus Diacrónico del Español. En línea: <http://www.rae.es>.

—— (2001). *Nuevo Tesoro Lexicográfico de la Lengua Española* [DVD] (Madrid: Espasa Calpe) (NTLLE).

—— (2014), *Diccionario de la Lengua Española* (Madrid: Espasa Calpe). En línea: <http://dle.rae.es/index.html> (DLE).

RICHARDSON, BRIAN (1994). *Print Culture in Renaissance Italy: The Editor and the Vernacular Text (1470-1600)* (Cambridge: Cambridge University Press).

ROPERO NÚÑEZ, MIGUEL (1973). *Plurilingüismo coloquial en* La Lozana andaluza (Sevilla: Universidad de Sevilla).

SAENGER, PAUL (1997). *Space between Words: The Origins of Silent Reading* (Stanford: Stanford University Press).

SÁNCHEZ PÉREZ, MARÍA (2010). "Los refranes de la revista sefardí *Yerusalaim* (1909)", *Paremia*, 19: 2010, pp. 53-60.

SCHWÄGERL-MELCHIOR, VERENA (2013). " 'Plurilinguismo ricettivo' — una chiave di lettura per l'Italia spagnola?", en Thomas Krefeld, Wulf Oesterreicher y Verena Schwägerl-Melchior (eds.): *Reperti di plurilingüismo nella Italia spagnola* (sec. XVI-XVII) (Berlín/Boston: De Gruyter), pp. 261-79.

SURTZ, RONALD E. (1992). "Texto e imagen en el *Retrato de la Lozana andaluza*", *Nueva Revista de Filología Hispánica*, vol. LX, nº 1, pp. 169-85. DOI: http://dx.doi.org/10.24201/nrfh.v40i1.866

TROVATO, PAOLO (1998). *L'ordine dei tipografi: Lettori, stampatori, correttori tra Qattro e Cinquecento* (Roma: Bulzoni Editore).

UGOLINI, F. A. (1974-1975). *Nuovi dati intorno alla biografia di Francisco Delicado: desunti da una sua sconosciuta operetta*, Annali della Facoltà di Lettere e Filosofia della Università degli Studi di Perugia, volumen XII, pp. 445-617.

VALLE, JOSÉ DEL (2015) [1996]. *El trueque s/x en español antiguo: Aproximaciones teóricas* (Berlín/Boston: De Gruyter).

VIAN HERRERO, ANA (1987). "La mímesis conversacional en el *Diálogo de la lengua* de Juan de Valdés", *Criticón* 40, pp. 45-79.

—— (1988). "La ficción conversacional en el diálogo renacentista", *Edad de Oro*, VII, pp. 173-86.

VIGARA TAUSTE, ANA MARÍA (2005²) [1992]. *Morfosintaxis del español coloquial: esbozo estilístico* (Madrid: Gredos).

WARDROPPER, BRUCE W. (1953). "La novela como retrato: el arte de Francisco Delicado", *Nueva Revista de Filología Hispánica*, vol. XII, nº 3/4, pp. 475-88. DOI: http://dx.doi.org/10.24201/nrfh.v7i3/4.273

TABLA DE PERSONAJES

Según Delicado, en el Retrato "hablan" 125 personajes: "Son por todas las personas que hablan en todos los mamotretos o capítulos çiento y veynte e çinco" (Tabla o Éxplicit). Por otra parte, el autor emplea el recurso del polimorfismo onomástico, rasgo característico de la lengua hablada, pues es común llamar a una persona por diferentes nombres dependiendo de la situación comunicativa, de matices expresivos, etc. (Allaigre 2004: 17). Sin embargo, Delicado no siempre especifica cuáles son las diversas denominaciones que recibe una misma persona, lo cual, unido al elevado número de personajes de la obra, dificulta la interpretación y lectura del RLA.

Con objeto de esclarecer la posible confusión con respecto a este asunto, se incluye a continuación una tabla con los 139 personajes del *Retrato de la Loçana andaluza*, tanto los "que hablan" (135)[1] –señalados con letra mayúscula–, como los que son únicamente receptores –indicados con minúscula. En la primera columna, además de los nombres normalizados de cada personaje, en algunos casos se ha añadido información adicional entre paréntesis; en concreto, sobre datos geográficos (ej.: *Beatriz de Baeza, Teresa de Córdoba*) o relaciones familiares (ej.: *hijo de Napolitana, hermano de Rampín*), así como nombres (ej.: *Aldonza/Alaroza, o Vellida, Aguilarico, Penda, Nicoleto*) o datos étnicos (*negra*) mencionados por otros personajes o por el narrador/autor; asimismo, se han añadido numerales ordinales (*primero/a/os, segundo/a/os, tercero*) que diferencian a caballeros, cortesanas, palafreneros y mozos. En la segunda columna se detallan todos los nombres que recibe un mismo personaje (ej.: *Diomedes* o *Mercader; Trigo* o *Jodío*, es decir, 'judío'), con sus respectivas variantes gráficas (ej.: *Teresa, Teressa; Vezina, Vizina; Cortesana, Cortessana*). Se sigue el orden de aparición de los personajes a lo largo del Retrato y se ha especificado el mamotreto en el que aparecen (tercera columna).

---

[1] Tras un cuidadoso análisis, el cómputo final de personajes "que hablan" difiere del número propuesto por el propio Delicado, que pudo equivocarse debido a las prisas por publicar su libro, y de otros estudios previos (cf. Allaigre (2004) y Díaz-Bravo, que en su Tesis Doctoral (2010a: 693-706) ofrece información detallada sobre cada personaje, de gran utilidad para estudios sociolingüísticos: profesión, estamento, nivel económico, prestigio social, nivel de instrucción, procedencia, edad, género, etnia, religión y tiempo como residente en Italia).

	Personajes	Nombres	Nº de mamotreto
1	TÍA (de Lozana)	TÍA	II, III
2	LOZANA (Aldonza, Alaroza, Vellida)	LOÇANA	II–IV, VI–XVI, XVIII–XLII, XLIV–LV, LVII– LXVI
3	DIOMEDES/MERCADER	MERCADER	III
		DIOMEDES	III
4	SEVILLANA/CAMISERA	SEUILLANA	VI, VII
		CAMISERA	VII, VIII, IX,
5	Mencía	Mencía	VI
6	BEATRIZ (Beatriz de Baeza)	BEATRIZ	VII, VIII, IX
7	TERESA HERNÁNDEZ (Teresa de Córdoba)	TERESA HERNÁNDEZ	VII
		TERESA	VII, IX
		TERESSA	VIII, IX
8	SOROLLA	SOROLLA	X
9	AGUILARET (Aguilarico)	AGUILARET	X
10	SOGORBESA	SOGORBESA	X
11	MALLORQUINA	MALLORQUINA	X
12	NAPOLITANA	NAPOLITANA	XI
13	JUMILLA	JUMILLA	XI
14	HIJA (de Napolitana, hermana de Rampín)	HIJA	XI
15	Mancebo (hijo de Napolitana, hermano de Rampín)	Mançebo	XI
16	RAMPÍN	RANPÍN	XI–XIX, XXII, XXVI, XXIX–XXXI, XXXIII, XXXIV, XLI, XLII, XLIX, LI, LXVI

17	LAVANDERA/VIEJA	LAUANDERA	XII
		VIEJA	XVIII
18	ESPAÑOL	ESPAÑOL	XII
19	VECINA	VIZINA	XII
		VEZINA	XII
20	ESTUFERO	ESTUFERO	XIII
21	TÍA (de Rampín)	TÍA	XIII, XIV
22	VIEJO/TÍO (de Rampín)	VIEJO	XIII, XIV
		TÍO	XIV,
23	AUTOR	AUCTOR	XIV, XVII
		AVTOR	XVII
		AUTOR	XVII, XXIV, XXV, XLII, XLIII
24	TRIGO/JODÍO	TRIGO	XVI, XVIII, XXII
		JODÍO	XVI, XVIII
25	TINA	TINA	XVI
26	MAESTRESALA	MAESTRESALA	XIX
		MASTRESALA	XIX
27	MACERO	MAÇERO	XIX
28	VALIJERO	BALIGERO	XIX, XX, XXI, XXII, XXVIII
29	ESCLAVA	ESCLAUA	XXIII
30	CORTESANA (primera)	CORTESANA	XXIII
		CORTESSANA	XXIII
31	CANÓNIGO/MAYORDOMO/ MAESTRO DE CASA	CANÓNIGO	XXIII
		MAYORDOMO	XXIII
		MASTRO DE CASA	XXIII
32	ESCLAVA (negra, Penda)	ESCLAUA	XXIII
33	SILVIO/COMPAÑERO (del Autor)	SILUIO	XXIV
		CONPAÑERO	XXIV
34	PASTELERA	PASTELERA	XXIV

35	SIETECOÑICOS	SIETECOÑICOS	XXIV
36	CORTESANA (segunda)	CORTESANA	XXV
37	CABALLERO (primero)	CAUALLERO	XXV
38	MAGDALENA	MADALENA	XXV
39	PAJE	PAJE	XXV
40	MARIO	MARIO	XXVI
41	GERMÁN	GERMÁN	XXVI
42	SURTO	SURTO	XXVI
43	PORTUGUÉS	PORTOGÉS	XXVII
44	CANAVARIO	CANAUARIO	XXVII
45	GUARDARROPA	GUARDAROPA	XXVII
46	PIERRETO	PIERRETO	XXVII
47	SOBRESTANTE	SOBRESTANTE	XXVII
48	COMENDADOR	COMENDADOR	XXVII
49	NOTARIO	NOTARIO	XXVII
50	BEATRICE	BEATRICE	XXVII
51	PALAFRENERO (primero)	PALAFRENERO	XXVIII
52	ESCUDERO/BADAJO	ESCUDERO	XXVIII
		BADAJO	XXVIII
53	OTRO (escudero)	OTRO	XXVIII
54	SEÑOR DE CASA/ MONSEÑOR/SEÑOR	SEÑOR DE CASA	XXVIII
		MONSEÑOR	XXVIII, XXXII
		SIÑOR	XXVIII
		SEÑOR	XXVIII
55	DESPENSERO	DESPENSERO	XXVIII
56	SENÉS PAJE	SENÉS PAJE	XXIX
		SENÉS	XXIX
57	OTRO PAJE	OTRO PAJE	XXIX
58	HIJA (de Granadina)	HIJA	XXIX
59	GRANADINA/MADRE	GRANADINA	XXIX
		MADRE	XXIX

60	ULIXES/AMIGO	VLIXES	XXX
		AMIGO	XXX
61	COMPAÑERO VALERIÁN/ VALERIO	CONPAÑERO VALERIÁN	XXX
		CONPAÑERO	XXX
		VALERIÁN	XXX
		VALERIO	XXX
62	OLIVERO/COMPAÑERO	OLIUERO	XXXI, XXXII
		CONPAÑERO	XXXI, XXXII
63	PECIGEROLO/FRUTAROLO	PEÇIGEROLO	XXXI
		FRUTAROLO	XXXI
		PIÇIGEROLO	XXXI
64	BARRACHELO	BARACHELO	XXXI
		BARRACHELO	XXXI
65	ESBIRRO/GALINDO	ESBIRO	XXXI
		GALINDO	XXXI
66	MALSÍN	MALSÍN	XXXII
67	POLIDORO	POLIDORO	XXXII
68	TRINCHANTE	TRINCHANTE	XXXIII
69	SALAMANQUINA	SALAMANQUINA	XXXIII
70	ESCUDERO (segundo)	ESCUDERO	XXXIV
		ESCUDIERO	XXXIV
71	JULIO	JULIO	XXXIV
72	FALILLO	FALILLO	XXXIV
73	OROPESA	OROPESSA	XXXIV
74	MOZOS (primeros)	MOÇOS	XXXIV
75	JACOMINA	JACOMINA	XXXV, XLIII
76	BLASÓN	BLASÓN	XXXV
77	SUSTITUTO	SUSTITUTO	XXXV
78	CABALLERO (segundo)	CAUALLERO	XXXVI
79	EMBAJADOR	ENBAXADOR	XXXVI
80	CABALLERO (tercero)	CAUALLERO	XXXVII

81	ANGELICA/ANGELINA	ANGELICA	XXXVII
		ANGELINA	XXXVII
82	MATEUELO	MATHEUELO	XXXVII
83	MOZOS (segundos)	MOÇOS	XXXVII
84	MARZOCO	MARÇOCO	XXXVII
		MORÇOCO	XXXVII
85	PATRÓN	PATRÓN	XXXVII
86	OCTAVIO	OCTAUIO	XXXVIII
		OTAUIO	XXXVIII
87	AURELIO	AURELIO	XXXVIII
88	ORACIO	ORAÇIO	XXXVIII
		ORATIO	XXXVIII
89	MILIO	MILIO	XXXVIII
90	SALUSTIO	SALUSTIO	XXXVIII
91	CAMILO	CAMILO	XXXVIII
92	GUARDIÁN/ALCAIDE	GUARDIÁN	XXXVIII
		ALCAYDE	XXXVIII
		GUARDIANO	XXXVIII
93	TERENCIA	TERENCIA	XXXIX
		TERENÇIA	XXXIX
94	MIGALLEJO	MIGALLEJO	XXXIX
95	CAPITÁN	CAPITÁN	XXXIX
96	GRIEGA	GRIEGA	XL, XLI
97	GIRALDO	GIRALDO	XL
98	TULIA	TULIA	XLI
99	VILLANO	VILLANO	XLIII
100	VITORIA	VITORIA	XLIII
101	PENACHO	PENACHO	XLIII
102	SILVANO	SILUANO	XLIII, XLIV, XLV, XLVII
103	DOROTEA	DOROTEA	XLVIII
104	TERESA NARBÁEZ	TERESA NARBÁEZ	XLVIII
		NARBÁEZ	XLVIII

105	LEONOR	LEONOR	XLVIII
106	HERGETO	HERGETO	XLIX, L
107	TRUJILLO	TRUGILLO	L
108	SAGÜESO	SAGÜESSO	LII, LIII
		SAGÜESO	LIII
109	DIVICIA	DIUIÇIA	LIII, LIV
		DIUITIA	LIV
110	DOMÉSTICA	DOMÉSTICA	LIV
111	CORIDÓN	CORIDÓN	LV
112	OVIDIO	OUIDIO	LVI, LVII
113	GALÁN	GALÁN	LVI, LVII
114	PRUDENCIA	PRUDENÇIA	LVI
115	CRISTINA	CRISTINA	LVI
116	JEREZANA	XEREZANA	LVII
117	CORILLÓN	CORILLÓN	LVII
118	ALTOBELO	ALTOBELO	LVII
119	MONTOYA	MONTOYA	LVII
120	RUFIÁN	RUFIÁN	LVIII
121	ROFIÁN	ROFIÁN	LVIII
122	MONTESINA (Garza Montesina)	MONTESINA	LVIII
123	Gasparejo	Gasparejo	LVIII
124	Margarita	Margarita	LVIII
125	FÍSICO/MÉDICO	FÍSICO	LIX
		MÉDICO	LIX
126	CIRÚGICO	CIRÚGICO	LIX
127	CLARINA	CLARINA	LIX
128	JURISTA	JURISTA	LX
129	CURSOR	CURSOR	LX
130	MEDALDO	MEDALDO	LX
131	NICOLETE (Nicoleto)	NICOLETE	LX
132	CORONEL	CORONEL	LX
133	IMPERIA (Imperia Aviñonesa)	YNPERIA	LX, LXII

134	MÉDICO (Arresto)	MÉDICO	LXI, LXII
135	PEREGRINA	PELEGRINA	LXIII
		PEREGRINA	LXIII
136	PALAFRENERO (segundo)	PALAFRENERO	LXIV
137	CAMARINO	CAMARINO	LXIV
138	SARRACÍN	SARACÍN	LXIV
		SARAÇÍN	LXIV
139	PORFIRIO	PORFIRIO	LXV

www.ingramcontent.com/pod-product-compliance
Lightning Source LLC
Chambersburg PA
CBHW071229170426
43191CB00032B/1215